德语语法大全（上）

Übungsgrammatik für Anfänger

Deutsch als Fremdsprache

Renate Luscher（德）编著
徐　丽　华　　　译

外语教学与研究出版社
北京

京权图字：01-2000-3430

图书在版编目(CIP)数据

德语语法大全.（上）/（德）卢舍尔编著；徐丽华译. — 北京：外语教学与研究出版社，2002.8（2013.3 重印）
ISBN 978-7-5600-2602-2

Ⅰ. 德…　Ⅱ. ①卢…②徐…　Ⅲ. 德语—语法　Ⅳ. H334

中国版本图书馆 CIP 数据核字（2002）第 007231 号

出 版 人：蔡剑峰
项目策划：崔　岚
责任编辑：李　妍
美术编辑：孟耕宇
出版发行：外语教学与研究出版社
社　　址：北京市西三环北路 19 号（100089）
网　　址：http://www.fltrp.com
印　　刷：北京大学印刷厂
开　　本：730×980　1/16
印　　张：20
版　　次：2002 年 8 月第 1 版　2013 年 3 月第 12 次印刷
书　　号：ISBN 978-7-5600-2602-2
定　　价：30.00 元

*　　*　　*

购书咨询：(010)88819929　　电子邮箱：club@fltrp.com
如有印刷、装订质量问题，请与出版社联系
联系电话：(010)61207896　　电子邮箱：zhijian@fltrp.com

物料号：126020101

出版说明

对于多数刚接触德语的初学者而言，德语很难，而且难在语法。其纷繁复杂的名词词性，动词变位，形容词词尾变化以及动词时态、语态等语法现象很容易使学习者感到千头万绪，无从下手，以致影响他们学习的积极性和学习效率。因此我们特地从大量德国原版语法书中挑选了由 Max Hueber 出版社出版的 Übungsgrammatik für Anfänger 一书，并请北京外国语大学德语系徐丽华老师将其译成中文，以期对广大读者有所裨益。

《德语语法大全》(上)(Übungsgrammatik für Anfänger)的原作者 Renate Luscher 是位颇具影响的德语专家，她在本书中透彻地讲解了德语语法规则，把复杂的语法现象条理化，其讲解深入浅出，所有的语法解释都尽可能简单；另外配有趣味性强、内容丰富的练习，很适合初学者打基础。

本书分三个部分，三个部分互为依托，从易到难，由浅至深。第一部分以名词和动词作为基础，主要使用初级教程的词汇。接着名词的是冠词、人称代词和物主冠词。第二部分加进了形容词，并补充了介词、代词、副词和小品词。第三部分主要处理动词不定式的结构、被动态和虚拟式的有关问题。在选择例句和设计练习时，充分考虑到了练习形式要符合循序渐进的要求，因此在形容词一章之后才出现了对作定语的形容词的讲解。书后附录中包括不规则动词表和语法点及重要词汇索引。

特别值得一提的是本书对句法和构词法的重视。对于句法的阐述和练习并非孤立出现，而是与论述语法形态的各章相联系；构词法原则也是某些语法章节联系在一起，学习者在学语法知识的同时可以看清自己学到词汇的结构，扩大词汇量。另外，本书的另一特色是编者特地为各语法知识点编加了索引，极大地方便了读者的查阅。

《德语语法大全》(上)采用渐进式结构，可与任何一本德语初级教程配套使用；既可用于课堂教学，又可用于自学；既可以当语法工具书查阅，又可以作为语法练习手册使用。在语法术语方面，本书与“德语作为外语”(DaF)考试里的术语一致，特别是本书增加了重要的表达结构后更加适应了最新的要求。

本书与《德语语法大全》(下)合为一套丛书，主要使用对象为德语初学者。

外语教学与研究出版社

前　言

一本新语法，一种新方案。

这本初学者用的语法与练习书有哪些与众不同之处？

新语法是渐进式的。

第一部分、第二部分和第三部分互为依托，从易到难。第一部分以动词和名词作为基础，主要使用初级教程的词汇。接着是冠词，人称代词和物主冠词。

第二部分加进了形容词，补充了介词，代词和副词。小品词单独列出来，常用的小品词容易掌握，其作用是使表达更为流畅。

第三部分有数章处理动词不定式的结构、被动态和虚拟式的问题，从而使动词整体结构完整。

在选择例句和设计练习时，充分地考虑到了练习形式符合循序渐进的要求，因此在形容词一节之后才出现了作定语的形容词。

新语法中包括了句法。

第一部分限于主句，第二部分包括了从句，第三部分补充了不定式和间接引语。

在合适的地方插入了对句法基本结构的讲解。带有疑问代词的问句和判断问句出现较早，位于第一章的结尾处。变位动词的位置也属于句法结构最先阐述的。紧接着情态动词自然地出现了对例如带有可分动词的句子框型结构的阐述。

由此可见，对句法的阐述和句法练习不是孤立地出现的，而是与论述语言形态的各章相联系的。以关系从句为例，如果它与指示代词相同的形式得以阐明，那么它就更容易被学会。从句与连词相联系或者间接引语与第一虚拟式相联系是不言而喻的。

新语法重视构词法。

如同句法一样，构词法原则也与某些语法章节联系在一起。因而合成词和名词化便在名词这一章中处理，对此，在动词这一章中讲到动词名词化时作了提示。

以词族“fahren”为例，展示了构词的可能性。不同的前缀丰富了动词词汇。在形容词一章中，不同的前缀和后缀展示了各种构词的可能性。在学习语法知识的同时，学习者可以看清自己学到的词汇的结构，扩大词汇量。词汇量是根据德语初级水平测试(Zertifikat Dentsch)的标准而确定的。

新语法也将学习者包括其中。

书中设置了许多学习窍门向学习者指出了学习过程中的难点，这些学习窍门既适用于一般学习，又针对德语学习的特殊困难。学习窍门和诀窍是针对特殊的绊脚石和德语语言的特点而提出的。

新语法有特别的练习形式。

练习紧接在语法章节、句法基本结构和构词法表格之后。学习者在单词、句子和篇章的层次上做练习。以“课文中的语法”为标题的练习是使学习者看清篇章结构，为自己写文章做准备。这样,本书为学生在中级阶段做篇章练习做了重要的准备工作。

要求高的练习,尤其是篇章练习通过浅色印刷特别标示出来了。这些练习可以在第二遍通读的时候再做,在设计这些练习时,都尽可能地使它们的内容上下连贯。

本书可与任何基础德语教材平行使用。所有的语法解释语言上都尽可能简单,内容丰富的索引方便查找,按照顺序编号有利于快速查阅。

在语法术语方面,本书与德语初级水平测试(Zertifikat Deutsch)里的术语一致。特别是本书增加了重要的表达结构后更加适应了最新的要求。

目　录

第一部分(Teil A)

第二部分(Teil B)

第三部分(Teil C)

缩略语

A	Akkusativ	第四格	N	Nominativ	第一格
Akk.	Akkusativ	第四格	n	neutral	中性
D	Dativ	第三格	Nr.	Nummer(am Buchrand)	节号
Dat.	Dativ	第三格			
etw.	etwas	某事	P.	Person	人
f.	feminin	阴性	Pl.	Plural	复数
G.	Genitiv	第二格	Refl. P.	Reflexivpronomen	反身代词
jmd.	jemand	某人(第一格)	S.	Seite	页
jmdm.	jemandem	某人(第三格)	Sg.	Singular	单数
jmdn.	jemanden	某人(第四格)	ugs.	umgangssprachlich	口语的
m	maskulin	阳性	z. B.	zum Beispiel	例如

第一部分

I. 动词（1）

动词有三个人称的单、复数形式： 1

Singular 单数			**Plural 复数**		
1. Person	第一人称	ich wohne	**1. Person**	第一人称	wir wohnen
2. Person	第二人称	du wohnst Sie wohnen（尊称）	**2. Person**	第二人称	ihr wohnt Sie wohnen（尊称）
3. Person	第三人称	er/sie/es wohnt	**3. Person**	第三人称	sie wohnen

第二人称是称谓形式：

du 和 *ihr* 表示亲近、熟悉的关系，*Sie* 表示正式、尊敬的关系。（与第三人称复数的动词形式相同 *sie wohnen*）。

动词在形式上有动词词干和动词词尾：*wohn-* 是动词词干，*-e* 是动词词尾（= *ich wohne*）。

动词在不同的时态中出现： 2

过去	*现在*	*将来*
现在完成时 Ich habe in Kiel gewohnt. 我曾经在基尔居住过。	**现在时** Jetzt lebe ich in Stuttgart. 现在我在斯图加特生活。	**现在时 + 时间说明语** Morgen fahre ich nach Berlin. 明天我将乘车去柏林。
过去时或者过去完成时 Sie wohnte viele Jahre in Wien. Davor hatte sie in Graz gelebt. 她在维也纳居住过许多年。在那之前，她曾经在格拉茨生活过。		**将来时** Ich werde nach Hamburg ziehen. 我将搬迁到汉堡去。

（被动态请参阅第 164—第 167 节，虚拟式请参阅第 168—172 节，命令式请参阅第 53、54 节。）

3 动词是句子的核心，它支配动词补足语，此外还有说明语：

	Iss!			你吃吧！	
Ich	**esse.**			我吃。	
Ich	**esse**	*Salat.*		我吃沙拉。	第四格补足语
Ich	**esse**	*heute*	Salat.	我今天吃沙拉。	时间说明语
Ich	**esse**	*gern*	Salat.	我喜欢吃沙拉。	情状说明语

4 现在：现在时

规则变化动词形式

	wohnen	arbeiten	heißen
ich	wohn**e**	arbeit**e**	heiß**e**
du	wohn**st**	arbeit**est**	heiß**t**
er/sie/es	wohn**t**	arbeit**et**	heiß**t**
wir	wohn**en**	arbeit**en**	heiß**en**
ihr	wohn**t**	arbeit**et**	heiß**t**
sie	wohn**en**	arbeit**en**	heiß**en**

5 arbeiten – ich arbeite, du arbeitest, . . .
reden – ich rede, du redest, . . .
atmen – ich atme, du atmest
rechnen – ich rechne, du rechnest

(1)动词词干以 *t/ d, m/ n* 结尾：
须加 *-e-* 再加词尾。
加 *-e-* 以便于发音。

6 heißen – du heißt, er/sie heißt
reisen – du reist, er/sie reist
lassen – du lässt, er/sie lässt
duzen – du duzt, er/sie duzt
sitzen – du sitzt, er/sie sitzt

(2)动词词干以 *ß, s, ss, z, tz* 结尾：
第二人称单数和第三人称单数形式一样。

7 basteln – ich bastl**e**, du bast**elst**
angeln – ich angl**e**, du ang**elst**

(3)动词以*-eln* 结尾：
第一人称原词尾中的 *-e-* 去掉。

1. 请在动词不定式下面划线。

gehe reisen arbeitest sammeln
wechseln antwortet heißen rechne
ändern dauert lächle lernen
zeichnet öffne beweise bittest

*规则:*动词不定式的词尾是____或者是____。

2. 请用动词的正确形式填空。

Ich heiß__ ______ / wohn__ ______ / komm__ ______

Wohn__ / Arbeit__ / Komm__ Sie______?

Wie heiß__ ______?

Wo wohn__ ______?

Woher komm__ ______?

3. 请标出第5—7节和练习1中词干以 t/d, m/chn, ß, ss, z, tz 结尾的动词和以 eln 结尾的动词。

4. 动词是什么样的? 请使用词典。

a) die Wohnung *wohnen – er/sie wohnt*
b) die Arbeit ______
c) die Reise ______
d) das Studium ______
e) die Frage ______
f) die Antwort ______
g) die Rechnung ______

8 不规则动词变化形式

	geben	fahren	laufen	sein	haben	werden
ich	geb*e*	fahr*e*	lauf*e*	**bin**	hab*e*	werd*e*
du	**gib***st*	**fähr***st*	**läuf***st*	**bi***st*	**ha***st*	**wir***st*
er/sie/es	**gib***t*	**fähr***t*	**läuf***t*	**is***t*	**ha***t*	**wird**
wir	geb*en*	fahr*en*	lauf*en*	**sind**	hab*en*	werd*en*
ihr	geb*t*	fahr*t*	lauf*t*	**seid**	hab*t*	werd*et*
sie	geb*en*	fahr*en*	lauf*en*	**sind**	hab*en*	werd*en*

有一些不规则变化动词，在单数第二人称和第三人称现在时里，元音发生变化：
e → i(e), a → ä, au → äu。

同样：

e → i(e)	a → ä	au → äu
essen (**i**sst)	fallen (f**ä**llt)	(很少出现)
fressen (fr**i**sst)	fangen (f**ä**ngt)	
geben (g**i**bt)	halten (h**ä**lt)	
helfen (h**i**lft)	lassen (l**ä**sst)	
lesen (l**ie**st)	schlafen (schl**ä**ft)	
nehmen (n**i**mmt)	tragen (tr**ä**gt)	
sehen (s**ie**ht)	wachsen (w**ä**chst)	
sprechen (spr**i**cht)	waschen (w**ä**scht)	
stehlen (st**ie**hlt)		
sterben (st**i**rbt)		
treffen (tr**i**fft)		
vergessen (verg**i**sst)		

提示

请您在词汇本和词汇卡上经常记下动词不定式和第三人称现在时单数的形式，这样您很容易就会看出动词元音的变化。

动词不定式	*现在时*
geben	er/sie/es gibt

Übungen

5. *请填写正确的动词。*

a) Fritz _____ Elektrotechniker.
b) Er _____ jetzt fertig.
c) Er _____ eine gute Ausbildung.
d) Er _____ zufrieden.
e) Er _____ eine Stelle.

6. *Rainer Faaß 是谁?*

Sanders & Co.
Stauffenbergstr. 15
82319 Starnberg
Tel. 0 81 51/19 22-15
Fax 0 81 51/19 22-21
E-Mail faass@sanders. de

Rainer Faaß
Diplom-Ingenieur
Abteilungsleiter Export

Rainer Faaß
_____ bei der Firma _____.
Er _____ von Beruf _____.
Er _____ die Telefon Nr. _____.
Er _____ auch eine E-Mail-Adresse.
Die Firma _____ in Starnberg.

7. *请填写元音字母。*

a) G __bt es hier eine Kantine?
b) Der Bus f __hrt in die Innenstadt.
c) Im Restaurant „Mühle“ __sst man gut.
d) Wir gehen __ssen.
e) N __mmst du das Auto?
f) Wir l __fen.

8. *sein 现在时的变化形式是不规则的,那么 haben 和 werden 呢?请给这两个动词作动词变位,并与第 8 节进行比较。*

规则:

Die ____. und die ____. Person Präsens von *haben* sind unregelmäßig.
Die Formen haben kein ____.
Die ____. und die ____. Person Präsens von *werden* sind unregelmäßig.
Die Formen haben ein ____.

9. 动词是什么样的？

a）Ich ______(arbeiten)in Dresden.
b）Wo ______(arbeiten)Sie?
c）Mein Name ______(sein)Wilhelmsen.
d）Wie ______(heißen) Sie?
e）Ich ______(heißen) Naumann.
f）Wo ______(arbeiten) Sie?
g）Ich ______(sein)im Export.
h） ______(haben)Sie eine Wohnung?
i）Nein，ich ______(suchen)eine Wohnung in Dresden.
j）Meine Familie ______(wohnen) in Bremen.
k）Ich ______(fahren) am Wochenende nach Hause.
l）Meine Frau und die Kinder ______(kommen) auch nach Dresden.

句法基本结构 1

1. 疑问句

在学德语的第一节课，您就学习了疑问句和主句。

	句中第一位	句中第二位 *动词*				
特殊疑问句	Wo	wohnen	Sie?	In Kiel.		您住哪里？住在基尔。
	Ich	wohne		in Kiel.		我住在基尔。
一般疑问句		Wohnen	Sie	in Kiel?	Ja.	您住在基尔吗?是的。
	Ja, ich	wohne		in Kiel.		是的，我住在基尔。

特殊疑问句：
疑问词位于第一位，(请参阅疑问词，在第 10、118 和 119 节中)。变位动词位于第二位。

一般疑问句：
第一位是空的，用 Ja, . . . 或者 Nein, . . . 回答。

2. 疑问词

Wie	heißen Sie?	您叫什么名字?	属性
Wie	alt sind Sie?	您有多大年纪?	
Woher	sind/kommen Sie?	您从哪里来?	地点
Wohin	wollen Sie?	您想到哪里去?	
Wann	fahren Sie ?	您什么时候乘车走?	时间
Wie lange	bleiben Sie?	您停留多长时间?	持续时间
Warum	fragen Sie?	您为什么提问?	原因
Wer	ist das?	这是谁?	人, 人物
Was	sind Sie von Beruf?	您从事什么职业?	事情
Wie viel	Geld haben Sie?	您有多少钱?	数字、数量
Wie viele	Personen sind Sie?	您们有多少人?	

10. 课文中的语法——请您先读课文。

在食堂

■ Guten Tag. Mein Name ist Schmeller.

▲ Guten Tag, Herr Schmeller, ich heiße Bender. Ich arbeite seit gestern in der Buchhaltung. Und Sie?

■ Im Export.

▲ Aha. Interessant.

■ Sind Sie aus Frankfurt?

▲ Nein, leider. Ich wohne in Hannover. Jetzt suche ich hier eine Wohnung. Helfen Sie mir?

■ Das ist schwierig. Wie viele Zimmer brauchen Sie?

▲ Vier. Ich habe zwei Kinder. Meine Familie ist noch in Hannover. Die Kinder gehen zur Schule.

■ Und wo wohnen Sie jetzt?

▲ Ich habe ein Zimmer.

■ Ich bringe Ihnen die Lokalzeitung. Vielleicht finden Sie etwas.

▲ Danke, Herr Schmeller, das ist sehr nett.

■ Na dann viel Glück! Und toi, toi, toi!

请您在动词下划线，记下动词不定式和第三人称单数的形式。

例如: ich heiße → heißen – er/sie heißt

请标出问句。

11 过去: 现在完成时

（现在完成时还是过去时？请参阅第 19、20 节。）

形式:

	规则变化 wohnen		不规则变化 fahren	
ich	habe	gewohn**t**	bin	gefahr**en**
du	hast	gewohn**t**	bist	gefahr**en**
er/sie/es	hat	gewohn**t**	ist	gefahr**en**
wir	haben	gewohn**t**	sind	gefahr**en**
ihr	habt	gewohn**t**	seid	gefahr**en**
sie	haben	gewohn**t**	sind	gefahr**en**

现在完成时的构成:现在时的 *haben* 或者 *sein* + 动词的第二分词。

12 Er ist Techniker. 他是技术员。 职业 (1) *sein* 是独立动词

Er ist aus Berlin. 他是柏林人。 原籍

Er ist im Ausland. 他在国外。 地点

Das ist die Firma Intercom. 这是因特康公司。 + 名词

Er ist berufstätig. 他是在职的。 + 形容词

Er ist angestellt. 他被雇用了。 + 第二分词

Er **ist** in die Stadt **gefahren.** 他乘车进城去了。 或者助动词（用在现在完成时中）

13 Er hat Arbeit. 他有工作。 (2) *haben* 是独立动词

Er hat zwei Kinder. 他有两个孩子。

Sie **hat** in Augsburg **gewohnt**. 她在奥格斯堡住过。 或者是助动词（用在现在完成时中）

第二分词 14

wohnen arbeiten	ge-wohn-**t** ge-arbeit-**et**	**ge-. . . -(e)t**	(1)规则变化的第二分词
telefonieren	telefonier**t**	**. . . -t**	以 *-ieren* 结尾的动词:没有 *ge-*。
bezahlen	bezahl**t**	前缀 **. . . -t**	带有不可分前缀的动词:没有 *ge-*。
einkaufen	ein-ge-kauf-**t**	(前缀)**-ge-. . . -t**	带有可分前缀的动词:*-ge-* 位于中间。
denken	ge-dach-**t**	**ge-. . .** (元音变化)**. . . -t**	混合变化动词
fahren	ge-fahr-**en**	**ge-. . . -en**	(2)不规则变化的第二分词
bekommen	bekomm-**en**	(前缀)**-. . . -en**	带有不可分前缀的动词:没有 *ge-*。
anrufen	an-ge-ruf-**en**	(前缀)**-ge-. . . -en**	带有可分前缀的动词:*-ge-* 位于中间。

haben 还是 *sein*?

大多数动词构成现在完成时的时候都用 *haben* 作助动词: 15

erzählen	Sie **hat** eine Geschichte erzählt.	她讲了一个故事。	(1)所有要求第四格的动词常常是这样。
sich wünschen	Er **hat** sich ein Fahrrad gewünscht.	他曾想有一辆自行车。	(2)所有反身动词都是这样。

有些动词构成现在完成时的时候用 *sein* 作助动词,这些动词没有第四格宾语: 16

fahren	München → Hamburg Sie **ist** nach Hamburg gefahren.	她乘车去汉堡了。	(1)表示运动
werden	gesund → krank Er **ist** krank geworden.	他生病了。	表示变化

(2)一些用 *sein* 作助动词的重要的动词

fallen – er ist gefallen
fliegen – er ist geflogen
gehen – er ist gegangen
geschehen – es ist geschehen
kommen – er ist gekommen
laufen – er ist gelaufen
passieren – etwas ist passiert
reisen – er ist gereist
rennen – er ist gerannt
schwimmen – er ist geschwommen
sein – er ist gewesen
springen – er ist gesprungen
verschwinden – er ist verschwunden
wachsen – er ist gewachsen
werden – er ist geworden

例外:

bleiben – er ist geblieben.

提示

提示

请把第二分词和助动词 haben 或者 sein 的第三人称单数形式一起记住，这样,您可以少犯错误:

lesen – er/sie hat gelesen
gehen – er/sie ist gegangen

Übungen

11. 请用 bin 和 habe 填空。

a) Ich ______ viel Motorrad gefahren.
b) Ich ______ einen Unfall gehabt.
c) Ich ______ in eine Wiese gefallen.
d) Ich ______ später nichts mehr gewusst.
e) Ich ______ lange im Krankenhaus gewesen.
f) Ich ______ Glück im Unglück gehabt.

12. 请填空。

a) ______ ihr etwas gegessen?
b) Warum ______ du nicht gewartet?
c) ______ Sie geflogen oder mit dem Zug gefahren?
d) Wir ______ uns um zehn getroffen.
e) Was ______ passiert?

13. 请讲述下面的简历。

a) Ich bin zuerst in die Gesamtschule ______ . (gehen)
b) Dann bin ich in die Realschule ______ . (wechseln)
c) Ich habe eine Lehre ______ . (machen)
d) Ich habe dann ein Tischlermeister-Stipendium ______ . (bekommen)
e) Die prüfung habe ich mit Gut ______ . (abschließen)
f) Ich habe zuerst bei meinem Vater ______ . (arbeiten)
g) Aber dann bin ich selbstständig ______(werden) und habe eine Firma ______ . (gründen)
h) Wir haben viele Aufträge ______ . (haben)
i) Dann bin ich aber krank ______ (werden) und habe schließlich ______ . (zumachen)
j) Jetzt habe ich Arbeit bei einer Baufirma ______ . (finden)

过去：过去时

(现在完成时还是过去时？请参阅第 19、20 节。)

形式

	现在时	过去时 规则动词		不规则动词
		wohnen	arbeiten	fahren
ich	wohn *e*	wohn**te**	arbeite**te**	**fuhr**
du	wohn *st*	wohn**test**	arbeite**test**	**fuhrst**
er/sie/es	wohn *t*	wohn**te**	arbeite**te**	**fuhr**
wir	wohn *en*	wohn**ten**	arbeite**ten**	**fuhren**
ihr	wohn *t*	wohn**tet**	arbeite**tet**	**fuhrt**
sie	wohn *en*	wohn**ten**	arbeite**ten**	**fuhren**

您立即便可看出规则变化动词：它们有 *-(e)te-* + 词尾的结构。

不规则变化动词变换元音：
fahren - fuhr。

有些动词还改变一个或者数个辅音：
gehen - ging。

动词的第一人称和第三人称单数的过去时形式是一致的：
ich/er/sie wohnte，*ich/er/sie war*，*ich/er/sie hatte*。

18

	sein	haben
ich	war	hatte
du	warst	hattest
er/sie/es	war	hatte
wir	waren	hatten
ihr	wart	hattet
sie	waren	hatten

（用法请参阅第 12、13 节。）

技巧与诀窍

大多数动词是规则变化的，很简单。
不规则变化动词列在本书的 246—252 页上。
请您在您的词汇本或者词汇卡上这样记录：

动词不定式	*现在时*	过去时	现在完成时
fahren	er/sie fährt	fuhr	ist gefahren

在词典中可以查到过去时形式 *fuhr*：

fuhr Präteritum, 1. und 3. Person Sg.; ↑ fahren *oder*: fahren; fährt, fuhr, ist gefahren

现在时 过去时 完成时。

Übungen

14. 请用 *war, hatte, ist* 和 *hat* 填空。

a) Er ______ faul in der Schule.
b) Aber er ______ ein Motorrad und viele Freunde.
c) Er ______ keine Arbeit.
d) Dann ______ er eine Idee.
e) Jetzt ______ er eine Firma und viele Mitarbeiter.
f) Er ______ bekannt in der Computerbranche.

15. 您知道他们是谁吗?请用过去时填空。

a) Er ______ Physiker. (sein)
b) Er ______ von 1879 bis 1955. (leben)
c) Er ______ in München das Gymnasium. (besuchen)
d) Er ______ es ohne Prüfung. (verlassen)
e) Mathematik ______ ihn sehr. (interessieren)
f) Er ______ in Zürich. (studieren)
g) Mit 24 Jahren ______ er Professor. (werden)
h) Mit 42 Jahren ______ er den Nobelpreis für Physik. (bekommen)

您知道他吗?

a) Sie ______ Pianistin und Komponistin. (sein)
b) Sie ______ in Leipzig geboren. (werden)
c) Sie ______ Reisen durch ganz Europa und ______ Konzerte. (machen, geben)
d) Sie ______ den Komponisten Robert Schumann. (heiraten)
e) Sie ______ nach Berlin und ______ später in Baden-Baden und Frankfurt am Main. (ziehen, leben)
f) Sie ______ am Konservatorium. (lehren)
g) Sie ______ die Werke ihres Mannes. (interpretieren)
h) Zusammen mit Johannes Brahms ______ sie die Werke Schumanns. (veröffentlichen)

您知道她吗?

请用现在完成时讲述关于 *C. Sch.* 的事情。

a) Ich ______ ein Buch über C. Sch. ______(lesen).
b) Das ______ mich sehr ______(faszinieren).

c) Sie _____ Konzerte in ganz Europa __________(geben).
d) Sie _____ eine Familie mit acht Kindern __________(haben).
e) Sie _____ Schumann, Beethoven und Brahms __________(spielen).
f) Sie _____ die Werke von Schumann __________(veröffentlichen).

16. 请将下列动词的过去时形式按规律列入表中。

u	a	o	ie(=lang)	i(=kurz)
fuhr	aß	flog	hieß	stritt

fahren essen fliegen heißen streiten laufen finden
wachsen gewinnen trinken frieren ziehen fangen
bleiben schreiben kommen nehmen schließen verlieren
überweisen schlafen

注意:许多动词的过去时形式带有 a,只有少数动词带有 u。

17. 请在动词过去时词尾下划线并写出相应的动词不定式。

	besuchte __________	arbeitete __________	lernte __________
ich/er/sie	blieb __________	war __________	ließ __________
	wartete __________	studierte __________	kam __________

请查看第 17 节中的表格并写出规则。

动词第 ___人称和第 ___人称单数形式是一样的。
它们的第 ___人称和第 ___人称单数形式没有词尾。
规则变化动词有 ___ + 词尾。
不规则变化动词大多数情况下变换 __________。

18. 您知道这些动词的过去时形式吗?
请填写动词不定式和第二分词。

	动词不定式	第二分词
a) fuhr		
b) kam		
c) sah		
d) flog		
e) fand		
f) half		
g) las		
h) wusste		
i) rief		
j) mochte		
k) gab		
l) ging		
m) aß		
n) trank		
o) blieb		
p) war		
q) schlief		
r) sandte		
s) wurde		
t) ließ		
u) verlor		
v) saß		

19. 以 -ieren 结尾的动词叫什么？请记下单数第三人称现在时、过去时和完成时形式，请使用词典。

a) der Transport *transportieren*
er/sie transportiert transportierte hat transportiert

b) das Training ______

c) der Buchstabe ______

d) das Studium ______

e) die Demonstration ______

f) die Produktion ______

规则: 以 -ieren 结尾的动词是 ■ 规则变化。
■ 不规则变化。

它们的第二分词都没有 *ge-*。

19 现在完成时还是过去时?

现在完成时	*过去时/过去完成时*
表示亲近和情感， 用于直接引语、口头和书面的叙述 (第一人称和第二人称)。	表示距离和思考， 大多用于书面语言 (第三人称)。

在书面报告中采用过去时:

警察提交的事故报告

Ein PKW-Fahrer wollte von der Parkstraße links in die Bahnhofstraße einbiegen. Die Ampel schaltete auf Grün und der Fahrer fuhr los. Gleichzeitig überquerte eine Frau die straße auf dem Fußgängerweg. Sie hatte ebenfalls Grün. Der PKW-Fahrer sah die Frau nicht und verursachte den Unfall.

口头叙述采用现在完成时:

Ich bin Zeuge und erzähle:

Ich habe den Unfall gesehen. Ich habe hinter dem Auto gestanden. Es ist plötzlich losgefahren...

20	Gestern **war** ich in der Stadt. Ich **hatte** Zeit. Ich **wollte** ein paar Einkäufe machen.	昨天我在城里。 我曾经有时间。 我曾想买些东西。	(1)在口头和书面表达中，作为独立动词的 haben、sein 和情态动词用过去时。
21	Der PKW-Fahrer **bog ab** und **verursachte** den Unfall. (=过去时) Er **hatte** die Frau nicht **gesehen.** (=过去完成时)	汽车司机转弯并造成了交通事故。 他没有看见那个妇女。	(2)过去完成时表示过去时之前的时间。 过去完成时的构成: sein/haben 的过去时 + 第二分词

22

提示

如果您讲述什么事情，请用现在完成时。

常犯错误原因是:在口语中，现在完成时使用得太少。

例如:

Ich habe mich beeilt. Zuerst bin ich Autobahn gefahren. Ich habe nach zwei Stunden Pause gemacht... (Nicht: ich beeilte mich sehr. Zuerst fuhr ich ...)	我抓紧时间，起初我在高速公路上行驶，两个钟头后我休息了一下……

我们发现，现在完成时在书面语言中也用得越来越多。

技巧与诀窍

请用现在完成时讲述生平：

Goethe ist in Frankfurt geboren. Er hat in Leipzig studiert... 歌德出生于法兰克福，他在莱比锡上了大学……

请您也讲讲您的生平：

Ich bin 19___ in Augsburg geboren. Ich bin auch dort zur Schule gegangen. 我于19___年出生于奥格斯堡，也在那里上学。

用书面语言写的生平记述用过去时：

Goethe wurde 1749 in Frankfurt geboren. Er studierte in Leipzig...

您求职时用的简历也用过去时书写：

Ich wurde 19___ in Augsburg geboren. Dort ging ich ...

句法基本结构 2

变位动词的位置

在德语中，说明语和补足语常常位于句首，例如在一个问题之后。

位于句首是为了表示强调。

变位动词总是位于第二位。

第一位	第二位			
Perter	**kommt**	morgen.		彼得明天来。
Wann	**kommt**	Peter?		彼得什么时候来？
Morgen	**kommt**	Peter.		彼得明天来。
Er	**hat**	aus Hannover	angerufen.	他从汉诺威打来了电话。
Von wo	**hat**	er	angerufen?	他从哪儿打来了电话？
Aus Hannover	**hat**	er	angerufen (, nicht aus Hamburg).	从汉诺威他打来电话，(而不是从汉堡)。
Er	**wollte**	Thomas	sprechen.	他想跟托马斯说话。
Wen	**wollte**	er	sprechen?	他想跟谁说话？
Thomas	**wollte**	er	sprechen (, nicht Christian).	他想跟托马斯说话(而不是克里斯蒂安)。

20. *请填写 er ist / ist er 或者 er hat / hat er。*

a) Tom _____ 1970 geboren.
b) 1976 ___ ___ in die Schule gekommen.
c) 1988 ___ ___ seinen Führerschein gemacht.
d) 1989 ___ ___ mit dem Studium angefangen.
e) 5 Jahre später ___ ___ endlich Geld verdient.
f) ___ ___ eine Wohnung gemietet.
g) Geheiratet ___ ___ aber noch nicht.

21. *课文中的语法——请阅读下面课文并完成作业。*

a) 我想当编辑。

■ Wo sind Sie zur Schule gegangen?

▲ Ich bin 1970 in Nürnberg geboren und dort auch zur Schule gegangen. Ich habe das Gymnasium besucht und habe 1989 Abitur gemacht. Zuerst wollte ich Medizin studieren. Aber das war nicht so einfach. Ich habe keinen Studienplatz bekommen. Ich musste warten.

■ Und was haben Sie dann studiert?

▲ Ich habe gewechselt und Sprachen studiert. Englisch und Deutsch.

■ Und wo haben Sie studiert?

▲ Die ersten Semester war ich in Nürnberg. Das Examen habe ich an der Freien Universität in Berlin gemacht. Ich hatte noch Deutsch als Fremdsprache im Nebenfach.

■ Haben Sie auch unterrichtet?

▲ Ich habe in Sprachenschulen Deutsch-Unterricht gegeben. Nach dem Studium habe ich als Journalist gearbeitet. Und jetzt möchte ich gern als Redakteur für Ihre Umwelt-Zeitschrift arbeiten ... Ich habe einige Artikel mitgebracht ...

请划出所有现在完成时形式并将这些形式写入表中。

现在完成时形式	动词不定式	规则变化	不规则变化
er/sie hat studiert	studieren	X	■

请您现在划出所有过去时的形式并记下不定式。

请您划出变位动词和主语。

例如: Sind Sie zur Schule gegangen? — Sind Sie

b）当经理的成功之路：

Der heute 35jährige Manager Stefan F. hat einen interessanten Berufsweg: Er ist jetzt Werbeleiter in der Textilbranche — aber davor hat er in einem Ferienclub gearbeitet, zuletzt als Clubchef. Er war flexibel, teamfähig und musste improvisieren: Das war seine tägliche Arbeit. Außerdem lernte er drei Fremdsprachen — ganz nebenbei. Multikulturelle Erfahrungen konnte er täglich sammeln. Seine Gäste hatten verschiedene Nationalitäten und kamen aus vielen Ländern.

Das qualifizierte ihn für seine Karriere. Fachwissen ist heute Voraussetzung, entscheidend ist aber die persönliche Qualifikation.

请划出过去时形式，将这些形式填入表格中：

过去时	不定式	规则变化	不规则变化

c）25 岁的阿尼姆告诉人们：

Die Saison beginnt im Frühjahr. Da passieren die Unfälle. Nach der Pause im Winter haben die Motorradfahrer nämlich keine Übung mehr. Der April vor vier Jahren hat mein Leben total verändert: Ich wollte eigentlich Maschinenschlosser werden. Aber dann kam alles anders. Mein Leben lief nicht mehr normal.

Und so ist es passiert: Ich hatte eine schwere Maschine und wir sind zum Gardasee gefahren, Plötzlich passierte es. Ein Autofahrer sieht nicht, dass ich überhole und fährt links raus. Ich bremse, schleudere und stürze . . . Dann weiß ich nichts mehr. Mein Motorrad ist auf der Straße liegen geblieben und ich bin über eine Mauer geflogen. Später konnte ich mich an nichts mehr erinnern. Ich wusste nicht einmal, wie ich heiße, wer meine Eltern sind und wie ich ins Krankenhaus gekommen bin. In den folgenden Jahren habe ich viele Monate im Krankenhaus verbracht. In meinen Träumen falle ich immer noch, das hört nicht auf . . .

Heute besuche ich eine Grafiker-Schule. Ich bin der Älteste in der Klasse. Motorrad fahre ich inzwischen wieder, sehr vorsichtig, besonders im Frühjahr.

请标出所有过去时的形式和现在完成时的形式，并记下不定式的形式。

请记下哪些句子成分在第一位，哪些句子成分在第二位，哪些句子成分在第三位：

第一位	第二位 动词	第三位
Die Saison	beginnt	im Frühjahr.
Da	passieren	die Unfälle.
Nach der Pause im Winter	haben	die Motorradfahrer . . .
Der April vor vier Jahren	hat	mein Leben. . .
Aber dann	kam	alles. . .
. . .		

请标出主语。

将来：现在时和第一将来时

24 在大多数情况下，用**现在时加时间补足语**表示将来：

In zwei Jahren mache ich Abitur. 两年后我将参加高中毕业考试。
Heute/Morgen/Nächste Woche gehe ich zum Arzt. 今天/明天/下周我去医生那里看病。

25 用**第一将来时**也可以表示将来：

	werden	+ 不定式
ich	werde	gehen
du	wirst	gehen
er/sie /es	wird	gehen
wir	werden	gehen
ihr	werdet	gehen
sie	werden	gehen

第一将来时的构成：助动词 *werden* + 不定式。
（请参阅第 47 节句法基本结构 3c。）

Nächste Woche **werde** ich zum Arzt **gehen**.	下周我去医生那里。	(1)在第一将来时中，*werden* 是助动词。
Ich **werde** dich **abholen**.	我将去接你。	
In diesem Jahr **wird** er die Prüfung **machen**.	今年他将考试。	
Er **wird** Arzt.	他将成为医生。	(2) *werden* 作为独立动词，意思是变化。
大学生 → 医生		
Im Herbst **werden** die Blätter bunt.	在秋天，树叶变得五颜六色。	
绿色 → 五颜六色		

（用 werden 表示推测和意图，请参阅第 179 节及其后的几节。）

Übungen

22. 请用 werden 的正确形式填空。

a) Was ______ im Jahr 2000 sein?
b) Rauchen ______ verboten sein.
c) Die Menschen ______ noch mehr arbeiten.
d) Die Arbeit ______ knapp sein.
e) Jeder ______ mit jedem kommunizieren.
f) ______ die Menschen glücklicher sein?
g) Das ______ wahrscheinlich nicht passieren.

23. 请造句，有两句不需要用 werden。

a) Ende Juli, die Ferien, anfangen
b) ab Juli, die Autos, nach Süden, rollen
c) ein Verkehrschaos, es gibt
d) der Verkehr, jährlich, zunehmen
e) auch der Flugverkehr, zunehmen
f) wir, Lösungen, finden müssen
g) das, nicht einfach, sein

24. 请造句，使用 werden 或者不用 werden。

a) Um Mitternacht/die Uhr zwölf Mal (schlagen)
b) Morgen/es/Regen (geben)

c) Das Wochenende/schön(werden)
d) Die meisten/schon am Freitag ins Wochenende(fahren)
e) Jeden Freitagnachmittag/es/viele Verkehrsstaus(geben)
f) Nur bei Regen/die Menschen zu Hause(bleiben)

25. werden 可以用作命令式。请告诉孩子们该做什么。

a) Martin und Sigi, ihr _____ sofort euer Zimmer aufräumen.
b) Klarissa, du _____ sofort deine Aufgaben machen.
c) Martin, du _____ Papa helfen.
d) Carola _____ abtrocknen.
e) Isa _____ den Tisch decken.
f) Um sieben _____ wir essen.

26. 课文中的语法——请先阅读课文。

■ Na, Andreas, was willst du denn werden?
Weißt du das schon?
▲ Natürlich, ich werde Pilot.
■ Aha, und warum?
▲ Da werde ich viel unterwegs sein. Ich werde viele Länder...
■ ... und Flughäfen ...
▲ ... sehen. Und ich werde Technik lernen.
■ Magst du Technik?
▲ Ja, logisch. In zwei Jahren mache ich das Abitur. Und dann werde ich auf die Fachschule gehen. Und dann auf die Flugschule.
■ Als Pilot musst du aber fit sein.
▲ Sehen, Hören, Kondition – alles super.
■ Na, dann kann nichts schief gehen!

请标示出 werden 的形式,看看有多少形式是独立动词,有多少形式是助动词。
___ Vollverben, ___ Hilfsverben

情态动词 26

现在时

	dürfen	können	müssen	sollen	wollen	
ich	darf	kann	muss	soll	will	möchte
du	darf*st*	kann*st*	muss*t*	soll*st*	will*st*	möchtest
er/sie/es	darf	kann	muss	soll	will	möchte
wir	dürf*en*	könn*en*	müss*en*	soll*en*	woll*en*	möchten
ihr	dürf*t*	könn*t*	müss*t*	soll*t*	woll*t*	möchtet
sie	dürf*en*	könn*en*	müss*en*	soll*en*	woll*en*	möchten

单数第一和第三人称没有词尾。

同样:	wissen	mögen
ich	**weiß**	**mag**
du	**weiß***t*	**mag***st*
er/sie/es	**weiß**	**mag**
wir	wiss*en*	mög*en*
ihr	wiss*t*	mög*t*
sie	wiss*en*	mög*en*

请比较下列句子中情态动词的意思:

Er ist wieder gesund. Er **darf** arbeiten.	他恢复了健康,他可以工作。
Er ist nicht krank. Er **kann** arbeiten.	他没有生病,能够工作。
Er hat vier Kinder. Er **muss** arbeiten.	他有四个孩子,必须工作。
Die Familie sagt, er **soll** arbeiten.	他的家人说,他应该工作。
Der Student **will** in den Ferien arbeiten.	这个大学生愿意在假期工作。
Er **möchte** arbeiten.	他想工作。

Er **will** in den Ferien **arbeiten.**
他想在假期里工作。

(1)情态动词 + 不定式:在大多数情况下,情态动词与不定式连用(请参阅第 47 节句法基本结构 3c)。 27

28 Was **möchten** Sie bitte?	您想要什么?	(2) *möchte* 是客气的表达形式,表达愿望。
Ich **möchte** Herrn Heinrich sprechen.	我想与海因里希先生说话。	
Ich **möchte** gern telefonieren.	我想打电话。	
29 Sie **kann** Englisch (sprechen).	她会英语。	(3)不定式常常可以省略:
Sie **darf** nach Hause (gehen).	她可以回家。	*Sie kann Englisch (sprechen).*
Sie **muss** nach Frankfurt (fahren).	她必须(乘车)去法兰克福。	*= Sie kann Englisch.*
Er **kann** heute nicht (kommen).	他今天不能来。	
Er **will** nicht (kommen).	他不想来。	
Ich **möchte** gern (kommen), aber ich **kann** nicht (kommen).	我愿意来,但是不能来。	
30 Inge **mag** Thomas.	英格喜欢托马斯。	(4) *mögen* 的意思是"喜欢",不需要不定式。
Kerstin **mag** Wien.	克斯汀喜欢维也纳。	

31

技巧与诀窍

是 *ss* 还是 *ß*? 这很简单:

1. 在短元音后面是 *ss*: *du isst, er muss, ihr lasst*。
2. 在长元音后面和双元音后面是 *ß*: *Straße, ich weiß*。

请先大声朗读这个单词,然后您便能判断是长元音还是短元音了。
(请参阅练习 30 和 31。)

Übungen

27. 填空。

a) können ________ du kommen?
b) wollen Er ________ in Berlin arbeiten.
c) müssen Sie ist krank. Sie ________ zu Hause bleiben.
d) dürfen Sie ________ nicht arbeiten.
e) sollen Der Arzt sagt, sie ________ zu Hause bleiben.

28. 请用情态动词填空。

a) ________ Sie unsere Exportleiterin kennen lernen? - Ja, gern.

b) ________ ich vorstellen? Das ist Herr Moser, unser Vertreter aus Italien, das ist Frau Wiedemann.
c) Ich ________ Ihnen jetzt den Betrieb zeigen.
d) Wir ________ zuerst in die Auftragsabteilung gehen.
e) ________ Sie auch das Lager sehen?
f) Sie ________ noch die Abteilung Fortbildung besuchen.
g) Sie ________ an einer Besprechung der Marketing-Abteilung teilnehmen.
h) Wir gehen um 12 Uhr in die Kantine. ________ Sie lieber Fisch oder Fleisch?

29. 请将动词不定式填入表中。您觉得困难吗？如有困难，请先变位。

dürfen müssen sein reden kommen arbeiten
sprechen haben sollen geben können lernen
werden wollen fahren

规则变化动词	动词词干带 -*e*- + 词尾	不规则变化动词	情态动词

30. 请将短元音用(˘)、长元音用(-)表示出来。请大声朗读。
*例如：*sprĕchĕn, rēdĕn

a) wohnen, kommen
b) die Liste
c) Eva und Peter essen.
d) Das wissen Sie sicher.

31. 是 s, ss 还是 ß?

a) Der Infinitiv hei __t „mü __en".
b) Wie schreiben Sie er „mu __"?
c) „Wi __en" mü __en Sie mit __ schreiben.
d) „Er wei __ "schreiben Sie mit __.
e) „Die Stra __e" hat ein __. Das a ist lang.

f) „e__en“ hat__. Das e ist ________.
„er i__t“ schreiben Sie mit__. Das ist neu.

g) Buchstabieren Sie bitte „rei__en“: r - e - i - __ - e - n.
Es gibt Geschäftsrei__en und Urlaubsrei__en.

32 **过去时**

	dürfen	können	müssen	sollen	wollen
ich	**durfte**	**konnte**	**musste**	**sollte**	**wollte**
du	**durfte***st*	**konnte***st*	**musste***st*	**sollte***st*	**wollte***st*
er/sie/es	**durfte**	**konnte**	**musste**	**sollte**	**wollte**
wir	**durfte***n*	**konnte***n*	**musste***n*	**sollte***n*	**wollte***n*
ihr	**durfte***t*	**konnte***t*	**musste***t*	**sollte***t*	**wollte***t*
sie	**durfte***n*	**konnte***n*	**musste***n*	**sollte***n*	**wollte***n*

同样：wissen：er/sie wusste, hat gewusst。

情态动词的过去时比现在完成时要用得多一些。

33 **现在完成时**

		dürf*en*	könn*en*	müss*en*	soll*en*	woll*en*
ich	habe	geduf*t*	gekonn*t*	gemuss*t*	gesoll*t*	gewoll*t*
du	hast					
er/sie/es	hat					
wir	haben					
ihr	habt					
sie	haben					

34 Ich **habe** nicht **kommen können.** 我没能来。

Bist du aufgestanden? 你起床了吗？
Ja, ich **habe** schon **aufstehen dürfen.** 是的，我已经可以起来了。
→Ja, ich **durfte** schon **aufstehen.**

(1)作情态助动词用：
haben + 两个动词不定式
用过去时更好。

Ich **habe kommen wollen**, aber ich **habe** nicht **losfahren können**. Der Motor war kaputt.
→ Ich **wollte kommen**, aber ich **konnte** nicht **losfahren**. Der Motor war kaputt.

我本来想来,可是我无法来，发动机坏了。

Er war nicht da. Er **hat** nicht **gedurft**. 他不在，他不可以来。

Die Schule war schwer: Beate **hat gewollt**, aber nicht **gekonnt**. 学校课程太难，贝阿特想学,但是没学成。

(2)作独立动词用：haben + 第二分词 35

情态动词的意思是什么?

können und dürfen — 可能、能力和允许 36

Sie kann Deutsch (sprechen). 她会德语。
Sie kann Geige (spielen). 她会拉小提琴。
(表示能力)
Können Sie mir helfen? 您能够帮助我吗?
(客气地提问)

Dürfen wir rauchen? 我们可以吸烟吗?
Hier darf nicht geraucht werden. 这里不允许吸烟。(允许和禁止)

können

dürfen

Kann / Darf ich mal den Kopierer benutzen? 我可以用一下复印机吗?
(Aber: Kann man hier kopieren? = Gibt es hier einen Kopierer?)
(但是:这里能复印吗? = 这里有复印机吗?)

用第二虚拟式更客气一些 (请参阅第 169、170 节。)
Könnte/Dürfte ich den Kopierer benutzen?

37 *müssen und sollen* — 义务和任务

Wir müssen pünktlich sein. 我们必须准时。(表示义务)

Du sollst nicht stehlen. 你不得偷窃。(表示道德义务)

müssen

sollen

Die Ware muss/soll am 15. in Köln sein. 货物必须/应该于十五日到达科隆。(表示任务)

Herr Sander muss /soll die Papiere vorbereiten. 桑德尔先生必须/应该准备证件。(他的任务)

Ich muss / soll die Papiere vorbereiten. 我必须/应该准备证件。(我的任务)

muss = 这是我知道的,
soll = 这是别人告诉我的。

Konjunktiv II(第二虚拟式):

Ich müsste um 5 zu Hause sein. 我必须5点钟到家。(表示义务)
Sie sollten pünktlich sein. 您应该准时。(表示建议)
Sie sollten nicht so viel rauchen. 您不该吸这么多烟。(表示指责)

38 *wollen und möchten* — 意愿和愿望

Die Firma will Gewinn machen.
公司想要赢利。(表示意愿)

Möchten Sie einen Termin?
您想要预约吗?(表示愿望)
Ich möchte gern wissen . . . 我很想知道……
(在客气的提问中常用 möchte。)
(= . . . würde gern wissen)

wollen

möchte

Ich will/möchte Sie nicht stören, aber. . . 我不想打扰您,但是……(表示打算)
(*möchte* 比 *will* 客气。)

Übungen

32. 您可以（dürfen）、能够（können）或者想要（möchten）做什么？

dürfen
können
möchten

a）(nicht)Klavier spielen
b）nach Hause telefonieren
c）den Chef sprechen
d）(nicht)Spanisch sprechen
e）keinen Lärm machen
f）nicht bei Rot über die Kreuzung gehen
g）Sie zum Kaffee einladen
h）leider nicht früher kommen

33. 您喜欢（mögen）谁（wen）或者什么（was）？

Ich ________ dich.
Du ________ mich.
Er/sie ________ Mathematik.
Wir ________ Sprachen.
Ihr ________ Partys.
Sie ________ keinen Kaffee.

34. 请写出动词不定式。

Willst du? ____________________
Warum nicht?
Du musst! ____________________
Ich muss nicht.
Du sollst! ____________________
Aber bestimmt nicht. Kannst du? ____________________
Ja, gern.

你知道吗，哪些形式更客气一些？____________________
哪些情态动词没有变音？____________________

35. 请把 wissen、weiß、wusste、gewusst 填入句中。

■ ________ Sie was?
▲ Ich ________ nichts.
■ Ich ________ schon lange, dass...
▲ Das ________ ich auch. Aber ich hatte es vergessen.
■ Na sehen Sie. Alle haben es nämlich ________.
Und seit gestern ________ ich auch...
▲ Na klar. Das ________ ich auch...

36. 在家办公

请把 können, wollen, müssen, möchten, dürfen 或者 sollen 填入句中。

a) Arbeit zu Hause __________ schön sein: kein Chef, keine Arbeitszeiten und Essen in der Familie.

b) Man __________ am Vormittag, am Nachmittag oder abends arbeiten.

c) Tele-Arbeit __________ die Lösung für die Zukunft sein.

d) Besonders Berufe in der Textverarbeitung und Informatik sind geeignet. Tele-Arbeit __________ viele Arbeitsplätze schaffen.

e) Mütter mit Kindern __________ gern zu Hause arbeiten.

f) Sie __________ kochen und die Kinder zur Schule bringen. Daneben __________ sie aber auch Geld verdienen.

g) Tele-Arbeit heißt 60% der Zeit zu Hause arbeiten und 40% im Büro. D. h. Tele-Arbeiter __________ ihren Arbeitsplatz zu Hause verlassen und haben einen Schreibtisch im Büro.

h) Sie __________ regelmäßig ihren Chef und ihre Kollegen sprechen.

i) Allein zu Hause arbeiten __________ ein Problem sein. Psychologen warnen: Isolation droht. Tele-Arbeiter _____ deshalb engen Kontakt zu ihrem Büro halten.

j) Sie interessieren sich für Tele-Arbeit? Dann __________ Sie genau wissen, was Sie wollen. Tele-Arbeit ist neu und hat Vorteile, aber auch Nachteile.

37. 您想非常有礼貌地说话，请重复下列句子，用上 könnte 或者 dürfte。

a) können Sie mir helfen? __________________

b) Kann ich Sie etwas fragen? __________________

c) Darf ich kurz telefonieren? __________________

d) Dürfen wir hier rauchen? __________________

e) Können wir eine Pause machen? __________________

f) Darf ich Sie unterbrechen? __________________

g) Kann ich mal die Prospekte sehen? __________________

h) Können Sie mir ein Taxi rufen? __________________

i) Darf ich das kopieren? __________________

j) Können Sie die Auskunft anrufen? __________________

k) Kann ich das Fenster aufmachen? __________________

l) Können wir einen Kaffee haben? __________________

m) Kann ich ein Fax schicken? __________________

n) Kann ich die CD-ROM haben? __________________

38. 课文中的语法——办公室规则

Begrüßung

Wenn Sie im Büro ankommen, sollten Sie freundlich grüßen. Azubis können in der Berufsschule „Hi" sagen. Vor Kunden sollten Sie sich aber für ein „Guten Morgen" entscheiden. Wenn Sie jemand begegnen, sollten Sie auch immer Kontakt mit den Augen suchen.

Mittagspause

In vielen Firmen sagt man ab 11 Uhr nicht „Guten Tag" oder „Grüß Gott", sondern „Mahlzeit". Das sollten Sie nicht verwenden. Grüßen Sie mit „Hallo" oder „Guten Tag" und sehen Sie den anderen freundlich an. „Mahlzeit" ist absolut out.

Rauchen

Jeder kann einen rauchfreien Arbeitsplatz fordern. Wenn Sie rauchen wollen, müssen Ihre Kollegen einverstanden sein. Sie sollten auch in Konferenzen oder Teamgesprächen immer fragen: „Stört es, wenn ich rauche?"

请您用您的母语解释课文中情态动词的意思。

lassen 和 brauchen 的用法

lassen 的形式

	现在时	过去时	现在完成时
ich	lass*e*	**ließ**	habe gelassen (或者 lassen)
du	läss*t*	**ließ***t*	has*t*
er/sie/es	läss*t*	**ließ**	ha*t*
wir	lass*en*	**ließ***en*	hab*en*
ihr	lass*t*	**ließ***t*	hab*t*
sie	lass*en*	**ließ***en*	hab*en*

过去时单数第一和第三人称没有词尾。

(请参阅第 47 节句法基本结构 3c。)

Er **lässt** die Akten **kommen.** 他让人把卷宗拿来。 (1)作情态助动词：lassen + 动词不定式

Er **hat** die Akten **kommen lassen.**
Er **ließ** die Akten **kommen.**
他已经让人把卷宗拿来了。 现在完成时：haben + 两个动词不定式 但用过去时更好。

Er wollte halbtags arbeiten, aber der Chef **hat** ihn nicht **gelassen.**
Lassen Sie das!
他想工作半天，但是上司不让。
您别干这事！
(2)作独立动词：现在完成时：haben + gelassen（有些不客气。）

40 *lassen* 作情态助动词

lassen + 不定式

(表示行动)
Sie lässt den Gast abholen.
她让人去接客人。
(＝让别人做某件事情)

Sie lässt die Papiere im Büro. 她把文件放在办公室。
Sie lässt die Akten liegen. 她忘了拿走卷宗。
(＝不带走或者忘记带走某物。)

Sie lässt die Kinder spielen. 她允许孩子们玩耍。
(＝ 允许)

(不表示行动，有些句中甚至没有动词不定式。)
sich (nicht) lassen + 不定式
Das lässt sich organisieren. 这事能办到。
(= Das kann man organisieren.)
Der Computer lässt sich nicht reparieren. 计算机无法修理了。
(= Man kann ihn nicht reparieren.)

Übungen

39. 请填空。

a) Er hat die Briefe liegen ________.
b) Sie hat den Computer reparieren ________.
c) Sie hat Dieter nicht an den Computer ________.

d) Sie hat ihn links liegen ________ .
e) Er hat den Computer laufen ________ .
f) Sie hat das Gerät holen ________ .

40. 习惯用语：a 还是 ä ?

a) L __ ss das!
b) Da l __ sst sich nichts machen.
c) L __ ss nur! Ich mache das schon.
d) Das l ________ sich machen.
e) ________ Sie sich nichts gefallen!
f) Leben und leben ________.

brauchen
(请参阅动词不定式 + *zu*,第 160 节)

Ich **brauche** Papier und Kugelschreiber. 我需要纸和圆珠笔。 brauchen 是独立动词

肯定: Sie **brauchen** nur **anzurufen**. 您只需打个电话。
否定: Sie **brauchen** nicht zu **kommen**. 您不用来。
(= müssen nicht kommen)
或者是情态助动词: *brauchen* + *zu* + 动词不定式

41

41. 请填空。

a) ________ Sie Hilfe?
b) Ist alles in Ordnung oder ________ ihr etwas?
c) Ich ________ jetzt einen Kaffee.
d) Wir ________ kein Handy.
e) Du wirst ein Handy ________ . Es ist praktisch.
f) Ich ________ nicht mit einem Handy zu telefonieren, ich habe ein Telefon.
g) In der Natur oder beim Sport ________ ich nicht zu telefonieren.
h) Aber in der Firma oder unterwegs ________ du die Kommunikation.

在哪句中 brauchen 是情态助动词?

Übungen

42 混合变化动词

形式

不定式		现在时	过去时	现在完成时
brennen	er/sie/es	brennt	**brannte**	hat gebr**annt**
bringen		bringt	**brachte**	hat gebr**acht**
denken		denkt	**dachte**	hat ged**acht**
kennen		kennt	**kannte**	hat gek**annt**
nennen		nennt	**nannte**	hat gen**annt**
rennen		rennt	**rannte**	ist ger**annt**
senden		sendet	**sandte**	hat ges**andt**

混合变化动词是词尾规则的动词，但是在过去时和完成时中，它们的词干元音有变化：*e – a – a*.（请参阅情态动词，第 26—35 节）。

42. 请标出词干元音。

nannte rannte gekannt
gebrannt sandte

在过去时和完成时中，混合变化动词的词干元音是 ____ 。

43. 请填空。

a) Warum bist du so ____ ?(rennen)
b) Hast du etwas ____ ?(mitbringen)
c) Tante Birgit hat ein Päckchen ____ . (senden)
d) Sie hat an deinen Geburtstag ____ . (denken)
e) Ich habe sie immer Tantchen ____ . (nennen)
f) Auf dem Foto habe ich sie sofort ____ . (erkennen)
g) Weihnachten hat unser Weihnachtsbaum ____ . (brennen)
h) Er ____(rennen) zum Bahnhof.
i) Er ____(bringen) die Zeitung.
j) Er ____(kennen) die Leute.
k) Wir ____(senden)eine E-Mail.
l) Was ____(denken) du?

可分动词和不可分动词

形式

可分动词		不可分动词		
Ich rufe an.	我打电话。	Ich verreise.	我去旅行。	现在时
Ich habe angerufen.	我已打过电话了。	Ich bin verreist.	我去旅行了。	现在完成时
Sie rief an.	她曾打过电话。	Sie verreiste.	她曾去旅行。	过去时
Sie hatte angerufen.	(在那之前)她曾打过电话。	Sie war verreist.	(在那之前)她曾去旅行。	过去完成时
Ruft sie an?	她打电话吗?	Verreist sie?	她去旅行吗?	问句
Hat sie angerufen?	她已经打了电话吗?	Ist sie verreist?	她已经去旅行了吗?	
Wann hat sie angerufen?	她什么时候打的电话?	Wann ist sie verreist?	她是什么时候去旅行的?	
Ruf mal an!	你打电话吧!	Verreise doch!	去旅行吧!	命令式

可分动词的前缀重读(ánrufen),不可分动词的词干重读(verréisen)。
可分动词的前缀或者和动词在一起,或者单独存在。(请参阅第47节,句法基本结构3。)

例如:

fahren

ab/fahren – fährt ab
los/fahren – fährt los
mit/fahren – fährt mit
nach/fahren – fährt nach
überfahren – überfährt
vorbei/fahren – fährt vorbei
weg/fahren – fährt weg

在德语中,许多动词有不同的前缀。

如果您不确定,请查阅词典,词典中对可分动词做了特别标注,或者您可以从例句中看出。

ˈ**abfah · ren**〈V. 130〉**1**〈V. t.; hat〉Güter ~ *mittels Wagen abtransportieren*; eine Strecke ~ *entlangfahren*; etwas ~ lassen *mit Wagen abholen lassen*; ihm ist ein Bein abgefahren worden *durch Überfahren abgetrennt worden*; ein Rad ~ *ein R. durch (unvorsichtiges) Fahren abbrechen*; jmdn. ~ lassen *jmdn. abweisen, jmdm. eine barsch ablehnende Antwort geben;* auf etwas od. jmdn. ~〈salopp〉*über etws od. jmdn. in Begeisterung geraten. sich*

Wahrig, Deutsches Wörterbuch

ab · fah · ren [vt] **1** ***etw. a.*** (*hat*) etw. mit e-m Fahrzeug wegtransportieren **2** ***etw. a.*** (*hat/ist*) e-e Strecke suchend entlangfahren **3** ***etw. a.*** (*hat*) etw. durch häufiges Fahren abnutzen〈e-n Reifen a.〉**4** ***j-m etw. a.*** (*hat*) j-m e-n Körperteil durch Überfahren abtrennen: *Ihm wurden bei dem Unfall beide Beine abgefahren;* [vi] (*ist*) **5** (von Personen) ≈ wegfahren **6** ***etw. fährt ab*** ein Fahrzeug setzt sich in Bewegung od. verläßt e-n Ort **7** ***(voll) auf j-n/etw. a.*** *gespr*;

Langenscheidt Großwörterbuch DaF

前缀

44 **可分前缀是：**

ab-	abgeben (gibt ab), abholen (holt ab)
an-	anfangen (fängt an), ankommen (kommt an)
auf-	aufhören (hört auf), aufräumen (räumt auf)
aus-	auspacken (packt aus), aussteigen (steigt aus)
bei-	beitragen (trägt bei), beitreten (tritt bei)
ein-	einkaufen (kauft ein), einladen (lädt ein)
fest-	festhalten (hält fest), feststellen (stellt fest)
her-	herfahren (fährt her), herkommen (kommt her)
hin-	hinfahren (fährt hin), hinkommen (kommt hin)
herein-	hereinkommen (kommt herein), hereintreten (tritt herein)
hinaus-	hinausgehen (geht hinaus), hinaustreten (tritt hinaus)
los-	losfahren (fährt los), losgehen (geht los)
mit-	mitkommen (kommt mit), mitmachen (macht mit)
nach-	nachdenken (denkt nach), nachsprechen (spricht nach)
vor-	vorschlagen (schlägt vor), vorstellen (stellt vor)
vorbei-	vorbeifahren (fährt vorbei), vorkommen (kommt vorbei)
weg-	wegbringen (bringt weg), weggehen (geht weg)
weiter-	weiterarbeiten (arbeitet weiter), weitermachen (macht weiter)
zu-	zuhören (hört zu), zuschauen (schaut zu)
zurück-	zurückbringen (bringt zurück), zurückgeben (gibt zurück)
zusammen-	zusammenarbeiten (arbeitet zusammen), zusammenlegen (legt zusammen)

前缀要重读：*ábgeben*

有的可分前缀是介词(例如 *bei*),有的可分前缀是副词（例如 *los*)。

45 **不可分前缀是：**

be-	beginnen (beginnt), benutzen (benutzt), bezahlen (bezahlt)
emp-	empfangen (empfängt), empfehlen (empfiehlt)
ent-	entlassen (entlässt), entscheiden (entscheidet)
er-	erfinden (erfindet), erklären (erklärt), erzählen (erzählt)
ge-	gefallen (gefällt), gehören (gehört), gelingen (gelingt)
miss-	misslingen (misslingt), missverstehen (missversteht)
ver-	verändern (verändert), verbrauchen (verbraucht), verlieren (verliert)
zer-	zerreißen (zerreißt), zerstören (zerstört)

前缀不重读：*begínnen*

既可作可分前缀又可作不可分前缀的是：

durch-	durchlaufen（läuft durch），durchlaufen（durchläuft）
über-	übersetzen（setzt über），übersetzen（übersetzt）
um-	umfahren（fährt um），umfahren（umfährt）
unter-	unterstellen（stellt unter），unterscheiden（unterscheidet）
wider-	widerspiegeln（spiegelt wider），widersprechen（widerspricht）
wieder-	wiederbringen（bringt wieder），wiederholen（wiederholt）

例如：

Ich **setze** über den Fluss **über**. 我过河。 – Ich **übersetze** den Text. 我翻译课文。
Er **fährt** den Radfahrer um. 他撞倒了骑车人。 – Er **umfährt** die Baustelle. 他绕过工地。

重读前缀：*úbersetzen（setzen über），úmfahren（fährt um）*
非重读前缀：*übersétzen（übersetzt），umfáhren（umfährt）*

44. 动词＋不同的前缀：

ab- los- mit- nach-
vorbei- fahren über-
er- weg- zurück-

您知道它们的意思吗？请您查字典。

45. 请标出前缀。

missverstehen	abfahren	ankommen	aussteigen
wegfahren	vorbeifahren	bekommen	umziehen
verlieren	zerreißen		

请写出现在时单数第三人称形式，标出可分前缀。可分前缀有：________。
它们是 ___ 或 ___。

46. 重音在那里？

a）Wiederholen Sie bitte.
b）Ich übersetze den Satz.
c）Können Sie den Inhalt wiedergeben?
d）Ich muss genau zuhören.

e) Die Gruppe will zusammenarbeiten.

f) Was wollen Sie vorschlagen?

g) Das müssen wir festhalten.

h) Hat Ihnen das Spiel gefallen?

请您写出可分动词。

规则：

可分动词重音在 ______________________，

______________________动词重音在词干。

47. *请组成复合动词并把它们分别归入表中。*

an- er- aus-

ab- ver- be- weiter- vor-

weg- unter- zurück- wieder-

holen machen gehen

可分动词	单数第三人称	例如：

不可分动词	单数第三人称	例如：

请把这些单词译成您的母语，并且比较它们的形式。您是怎样翻译前缀的呢？

句法基本结构 3

句子的框形结构

句子的框形结构是德语的一个特点。

	第二位			句尾
a) Herr Schmidt	hat		heute Morgen	angerufen.
	Hat	er	heute Morgen	angerufen?
b) Er	ruft/rief		heute Morgen	an.
	Ruft	er	wieder	an?
	Rufen	Sie	bitte	an!
c) Ich	möchte	ihn		anrufen.
Ich	lasse	ihn		anrufen.
Ich	werde	ihn	morgen	anrufen.

动词变位部分位于第二位。

第二分词、前缀和不定式位于句尾。

48. *frühstücken,是 er/sie frühstückt还是 er/sie stückt früh?*

a) *请填空:*

Wann ____________ Sie ____________?

Ich habe gestern nicht ____________.

b) 请标出重音:frühstücken

c) 写出动词变位形式:er / sie ____________.

d) frühstücken 重读前缀,但是它却 __________ 可分。

49. *写出动词不定式,合写还是分写?*

例如: Fritz fährt gern Rad.

Rad fahren

a) Im Urlaub ist er Schi gefahren. ____________________

b) Er hat viele Leute kennen gelernt. ____________________

c) Er fährt gern Auto. ____________________

d) Er geht nicht gern spazieren. ____________________

e) Sie kann gut Maschine schreiben. ____________________

f) Hat sie sauber gemacht? ____________________

g) Bleiben Sie doch sitzen. ____________

h) Unsere Tochter ist sitzen geblieben. Sie macht die Klasse noch einmal. ____________

i) Warum bleibt ihr stehen? ____________

j) Wir fahren nicht weg, Kersten ist krank. ____________

k) Was bleibt uns anderes übrig? ____________

50. 请写出相应动词。

a) die Abfahrt *abfahren – er/sie fährt ab*

b) die Zusammenarbeit ____________

c) die Anmeldung ____________

d) der Vorschlag ____________

e) der Beitrag ____________

f) die Einladung ____________

g) die Vorstellung ____________

h) die Übersetzung ____________

i) die Entscheidung ____________

j) der Verbrauch ____________

k) der Verlust ____________

51. 课文中的语法——请先读课文。

Wie schreibt man RADFAHREN, Schweizerdeutsch VELOFAHREN?

■ Wie schreibt man RADFAHREN? Zusammen oder getrennt? Groß oder klein?

▲ Getrennt natürlich und Rad groß.

■ Und warum?

▲ Also – AUTO FAHREN schreibt man getrennt und Auto natürlich groß. Jetzt schreibt man RAD FAHREN auch getrennt und Rad groß.

■ Eigentlich logisch.

▲ Ja, siehst du, neue Rechtschreibung! Sie hat doch Vorteile, wie du siehst.

■ Gibt es noch andere Beispiele?

▲ SCHI FAHREN, SCHLITTSCHUH LAUFEN, MASCHINE SCHREIBEN...

■ O.K. MASCHINE SCHREIBEN braucht man kaum noch. Wer schreibt denn noch auf der Schreibmaschine, alle schreiben mit dem Computer.

▲ Ja gut, du wolltest Beispiele. . .

■ Hast du auch eine Regel?

▲ Ja, und die lautet so: Die Verbindung aus Substantiv und Verb schreibt man getrennt.

■ Aha. Und Verbindungen aus Verb und Verb?

▲ Das ist wichtig. Ist dein Wörterbuch sehr alt? Jetzt werden Wörter aus Verb + Verb getrennt geschrieben. Also: sitzen bleiben, sitzen lassen oder spazieren gehen, kennen lernen usw. Zum Beispiel: Er bleibt im Sessel sitzen und: Er ist in der Schule sitzen geblieben. SITZEN BLEIBEN auseinander.

■ Das ist einfacher, finde ich. Und wie ist es mit Verbindungen aus Adjektiv und Verb?

▲ Gute Frage. Wie schreibst du FERNSEHEN?

■ Zusammen und klein. Aber das ist bestimmt falsch.

▲ Nein, nein, das ist richtig. Fernsehen schreibt man zusammen. Und was meinst du, wie schreibt man FESTHALTEN?

■ Mm.

▲ O. k., ich gebe dir zwei Beispiele. Erstes Beispiel: Halte dich fest!
Zweites Beispiel: Wir halten das im Protokoll fest. Ich erkläre es dir. Die Regel lautet: Verbindungen aus Adjektiv und Verb schreibt man getrennt, wenn man das Adjektiv steigern oder erweitern kann. Also *fester* oder *sehr fest*. Man kann sagen: Halte dich fester oder halte dich sehr fest. Aber man kann nicht sagen: Wir halten das im Protokoll fester.
Deshalb: erstes Beispiel auseinander, zweites Beispiel zusammen.

■ Naja, das ist nicht so einfach. Aber einfacher geht es wohl nicht.

▲ Stimmt genau!

请写出 Rad fahren 这种类型的动词。

动词不定式	现在时	过去时	现在完成时
Rad fahren	er/sie fährt Rad	fuhr Rad	ist Rad gefahren

哪个动词和哪个动词可以放在一起?

lassen　　sitzen　　liegen　　sich gefallen
bleiben　　stehen　　kommen

反身动词

48 **形式**

	第四格	第三格
ich	interessiere **mich** für Sport	wünsche **mir** ein Rennrad
du	interessierst **dich**	wünschst **dir**
er/sie/es	interessiert **sich**	wünscht **sich**
wir	interessieren **uns**	wünschen **uns**
ihr	interessiert **euch**	wünscht **euch**
sie/Sie	interessieren **sich**	wünschen **sich**

反身代词与人称代词一样，只有第三人称单数和复数是 *sich*，反身代词有第三格和第四格。
反身代词要与动词一起记忆，没有规律可循。

49 **反身动词**

sich ausruhen – Ruh dich aus! 你好好休息吧！
sich bedanken – Wir bedanken uns. 我们表示感谢。
sich beeilen – Beeil dich! 快点儿！
sich beschweren – Beschwer dich nicht! 不要抱怨！
sich entschließen – Warum entschließt du dich nicht? 为什么你不作出决定？
sich bewerben – Er hat sich beworben. 他提出求职申请了。
sich ereignen – Bei Schnee ereignen sich Unfälle. 在下雪天发生事故。
sich erholen – Sie hat sich gut erholt. 她休息得很好。
sich erkälten – Erkälte dich nicht! 别着凉！
sich erkundigen – Hat er sich erkundigt? 他打听了吗？
sich freuen – Freust du dich? 你高兴吗？
sich irren – Wir haben uns geirrt. 我们弄错了。
sich kümmern – Kümmere dich um ihn! 你关心关心他吧！
sich schämen – Schäm dich! 你应该感到羞愧！
sich verabreden – Ich habe mich mit ihm verabredet. 我与他有一个约会。
sich verhalten – Er verhält sich nicht richtig. 他的行为不正确。
sich weigern – Warum weigerst du dich? 你为什么拒绝？
sich wundern – Alle wundern sich. 大家都感到惊奇。

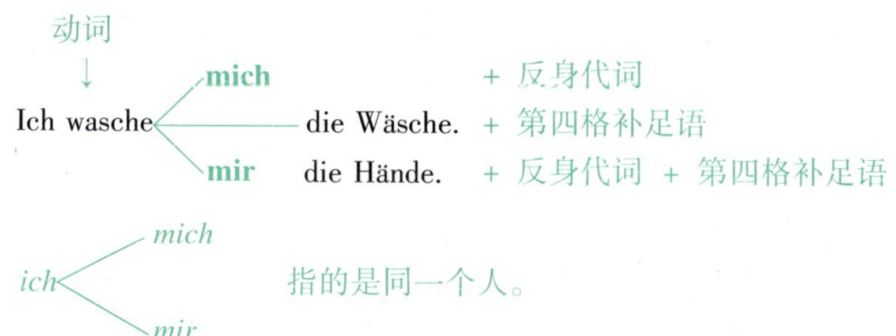

sich ändern	Ich ändere **mich** nicht.	反身代词＝第四格	我是不会改变的。
etwas ändern	Wir ändern unsere Pläne.	第四格补足语	我们改变我们的计划。
sich ärgern	Ich ärgere **mich** darüber.	反身代词＝第四格	对此我感到生气。
jemand(en) ärgern	Hast du Eva geärgert?	第四格补足语	你使埃娃生气了吗?
sich anmelden	Hast du **dich** angemeldet?	反身代词＝第四格	你报名了吗?
jemand(en) anmelden	Hast du Pit angemeldet?	第四格补足语	你给皮特报名了吗?
sich anziehen	Ich ziehe **mich** jetzt an.	反身代词＝第四格	我现在穿衣服。
etwas anziehen	Ich ziehe meine Jacke an.	第四格补足语	我穿上夹克衫。
sich etwas anziehen	Ich ziehe **mir** meine Jacke an.	反身代词→第三格	我给自己穿上夹克衫。
sich vorstellen	Darf ich **mich** vorstellen?	反身代词＝第四格	我能作自我介绍吗?
jemand(en) vorstellen	Darf ich Herrn E. vorstellen?	第四格补足语	我能介绍 E 先生吗?
sich etw. /jmd. vorstellen	Ich stelle **mir** die Arbeit anders vor.	反身代词→第三格	我想象中的工作不是这样的。
sich waschen	Ich wasche **mich**.	反身代词＝第四格	我自己洗洗。
etw. /jmd. waschen	Ich wasche die Wäsche.	第四格补足语	我洗衣服。
sich etwas waschen	Ich wasche **mir** die Hände.	反身代词→第三格	我洗手。
sich kämmen	Ich kämme **mich**.	反身代词＝第四格	我梳理头发。
etw. /jmd. kämmen	Der Frisör kämmt die Kundin.	第四格补足语	理发师为女顾客梳头。
sich etwas kämmen	Ich kämme **mir** die Haare.	反身代词→第三格	我给自己梳头。
sich etwas kaufen	Ich kaufe **mir** den PC.	反身代词＝第三格＋第四格补足语	我给自己买电脑。

ctwas kaufen	Ich kaufe den PC.	第四格补足语	我买电脑。
sich etwas merken	Hast du **dir** die Nummer gemerkt?	反身代词＝第三格＋第四格补足语	你记住号码了吗?
etwas merken	Hast du nichts gemerkt?	第四格补足语	你没有觉察到吗?
sich widersprechen	Du widersprichst **dir**.	反身代词＝第三格	你自相矛盾。
jemandem widersprechen	Du widersprichtst ihm.	第三格补足语	你不同意他的看法。

51 交互动词

表示交互关系时总是用复数形式。
(反身代词为 *uns*, *euch*, *sich*):

Wir treffen uns morgen.	我们明天见面。
Wir sind uns begegnet.	我们碰见了。
Wir haben uns gut unterhalten.	我们谈得很投机。
Wir verstehen uns gut.	我们相处得很好。
Die beiden haben sich (ineinander) verliebt.	他们俩相爱了。
Inge und Heinz haben sich verlobt.	英格和海因茨订婚了。

提示

记住反身动词的单数第一人称形式,这样,您就知道用 *mir* 还是用 *mich*。

动词不定式	*现在时*	*过去时*	*现在完成时*
sich bewerben	ich bewerbe mich	bewarb mich	habe mich beworben

52. 请写出相应的反身代词。

er ______ sie(Sg.) ______

du ______ Sie ______

ich ______

wir ______ ihr ______

sie(Pl.) ______

单数和复数第三人称的反身代词是 ______ ，单数第 ____ 人称和第 ____ 人称的反身代词有第三格和第四格的不同形式：*mich* 和 ______ ，______ 和 ______ 。

53. 您提出求职申请了吗？

a) sich bewerben — Ich habe ____ bei der Firma Textil ________ .
b) sich entschließen — Ich habe ____ für einen Beruf im Verkauf ______________ .
c) sich etwas vorstellen — Das stelle ich ____ interessant vor.
d) sich interessieren — Ich interessiere ____ für Mode.
e) sich informieren — Ich habe ____ vorher genau über die Firma ______________ .
f) sich freuen — Jetzt freue ich ____ auf den Job.

54. 写出名词，请您使用字典。

a) sich verlieben — *die Liebe*
b) sich verloben — ______________
c) heiraten — ______________
d) sich streiten — ______________
e) sich trennen — ______________
f) sich scheiden lassen — ______________

55. 写出反身动词，请您使用字典。

a) die Freude — ______________
b) der Wunsch — ______________
c) das Interesse — ______________
d) die Vorstellung — ______________
e) die Information — ______________
f) das Ereignis — ______________
g) die Bewerbung — ______________
h) die Unterhaltung — ______________
i) die Anmeldung — ______________
j) der Ärger — ______________
k) die Erkältung — ______________
l) der Irrtum — ______________

56. 课文中的语法 —— 请先阅读下面短文。

Weiterbildung lohnt sich

Auf die Frage „Hat sich Weiterbildung gelohnt?“ antworteten von je 100 Teilnehmern:

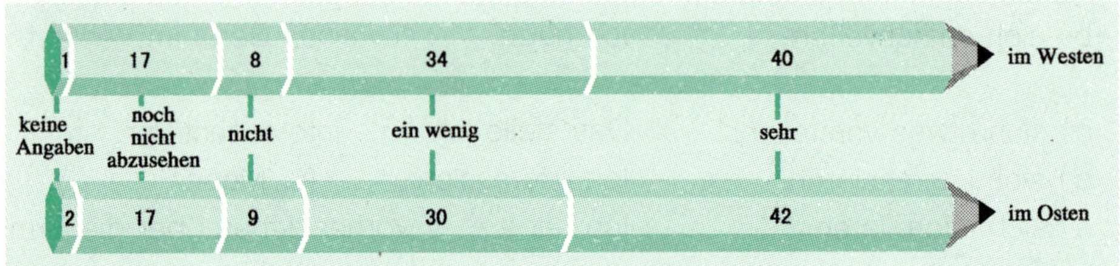

Wissen macht sich bezahlt（=lohnt sich）. Das sagten Arbeiterinnen und Arbeiter, die sich beruflich weitergebildet haben. Es handelt sich um Kurse zur betrieblichen Einarbeitung, Qualifizierung und Umschulung.

写出短文里的反身动词，把它们译成您的母语，它们在您的母语里也是反身动词吗？

句法基本结构 4

***sich* 在主句中的位置**

	第二位		
a) Er	wünscht	sich einen Laptop.	他想要一台手提电脑。
Er	hat	sich einen Laptop gewünscht.	他曾经想要一台手提电脑。
b) Zum Geburtstag	wünscht	er sich einen Laptop.	过生日他想要一台手提电脑。

a）反身代词紧靠变位动词或者助动词：
Er wünscht sich – hat sich ... gewünscht

b）如果有两个代词，第一格人称代词在前，然后是反身代词：*... wünscht er sich...*

57. *请填写反身代词。*

a) Hast/du/bedankt?
b) Er/interessiert/für Fußball.
c) Warum/ärgerst/du?
d) Wir/kaufen/einen Laptop.
e) Sie/hat/beeilt.
f) Hast/du/den Namen/gemerkt?
g) Warum/entschuldigst/du/nicht?
h) Sie/hat/gerade/verabschiedet.
i) Er/hat/bei Siemens/beworben.
j) Wir/haben/gut/unterhalten.
k) Er/hat/zum/Sprachkurs/angemeldet.
l) Was/wünschst/du?

Übungen 53

命令式

形式

	***du*-Form**		***ihr*-Form**		***Sie*-Form**
du rufst	Ruf!	ihr ruft	Ruft!	Sie rufen	Rufen Sie!
du rufst an	Ruf an!	ihr ruft an	Ruft an!	Sie rufen an	Rufen Sie an!
du arbeitest	Arbeite!	ihr arbeitet	Arbeitet!	Sie arbeiten	Arbeiten Sie!
du änderst	Änd(e)re!	ihr ändert	Ändert!	Sie ändern	Ändern Sie!
du gibst	Gib!	ihr gebt	Gebt!	Sie geben	Geben Sie!
du fährst	Fahr! (不变音)	ihr fahrt	Fahrt!	Sie fahren	Fahren Sie!
du bist	**Sei**!	ihr seid	Seid!	Sie sind	**Seien** Sie!
du hast	Hab!	ihr habt	Habt!	Sie haben	Haben Sie!

命令式的句子以动词开始(*Kommen Sie . . . !*)。有第二人称单数的命令式、第二人称复数的命令式和第二人称尊称(包括单、复数)的命令式。在第二人称单数命令式中,去掉现在时词尾 *-st*,就是命令式形式,第二人称复数命令式形式与现在时第二人称复数动词变位形式相同,尊称的命令式形式里,动词在前,然后才是 *Sie*。

Ruf! 请你叫喊! /Ruft! 请你们叫喊! 用在亲近、熟悉的关系中
Rufen Sie! 请您叫喊! 用在正式、尊敬的关系中
Ruf an! 请打电话!
Setz dich! 请坐下!

Sie 不能丢。
动词的命令式形式在前,前缀或者反身代词在后。

对 *du* 的命令式中有动词词尾 *-e*

arbeiten	du arbeit**e**st	Arbeit**e**!	你工作吧！	动词词干以 *-t-/ -d-* 结尾；
reden	du red**e**st	Red**e**!	你说话吧！	
lächeln	du läch**el**st	Läch**le**!	你微笑吧！	动词以 *-eln/ -ern* 结尾；
ändern	du änd**er**st	Änd(e)**re**!	你作些改变吧！	
besichtigen	du besichtigst	Besichtig**e**!	你参观吧！	动词词干以 *-ig-* 结尾；
atmen	du atm**e**st	Atm**e**!	你呼吸吧！	动词词干以辅音 *-m-/ -ffn-* 结尾。
öffnen	du öffn**e**st	Öffn**e**!	你打开吧！	

54

		命令式表示：
Rufen Sie mir bitte ein Taxi!	请给我叫一辆出租车来！	请求或者要求，
Rauch nicht so viel!	别抽这么多烟！	建议或者劝告，
Mach jetzt deine Schulaufgaben!	你现在做学校的作业！	命令
Kommen Sie gut nach Hause!	您在回家路上走好！	或者愿望。

55 *提示*

您一定想把话说得客气一些，那么提要求时请别忘了用“*bitte*”：
Bitte, gib mir noch eine Tasse Kaffee! 请你再给我一杯咖啡！
或者：*Gib mir bitte noch eine Tasse Kaffee!*
或者：*Gib mir noch eine Tasse Kaffee, bitte!*

或者用问句的形式表达这个意思：
Gibst du mir noch eine Tasse Kaffee? 再给我一杯咖啡行吗？
或者：*Gibst du mir bitte noch eine Tasse Kaffee?*
或者：*Gibst du mir bitte noch eine Tasse Kaffee, bitte?*
或者：*Bitte, gibst du...?*
命令式在表示建议、劝告、命令和愿望时，不用 *bitte*：
表示愿望：Komm gut nach Hause! 回家路上走好！
命令式通常语气强烈，例如：Rauch nicht so viel! 你别抽这么多烟！
如果加进 doch、mal、或者 nur，语气要委婉一些：

Rauch doch nicht so viel!	你还是别抽这么多烟吧！
Komm doch mal her!	你过来一下！
Bleiben Sie nur sitzen!	您坐着（别起身）！

（请参阅第 152 节。）
或者：*Setz dich!* 坐下！ *Setz dich doch!* 坐下吧！
作为问题提出来：*Willst du dich nicht setzen?* 你不想坐下吗？
更客气一些的表达法是用虚拟式：*Helfen Sie mir bitte!* 请您帮助我！
Könnten Sie mir helfen? 您能帮助我一下吗？
（请参阅第 169、170 节）

58. 请您表达客气的请求。

a) mir den Brief der Firma Karl/bringen — *Bringen Sie mir bitte den Brief...*
b) ein Fax an Fa. Kölbel/schreiben ____________
c) die Konferenz/vorbereiten ____________
d) den Besuch/am Empfang/abholen ____________
e) einen Tisch/im Restaurant/reservieren ____________
f) die Getränke/besorgen ____________
g) ein Zimmer/für eine Nacht/bestellen ____________
h) Prospekte/hinlegen ____________

请把话说得更客气一些: ***Könnten Sie*** ...?

59. 请您表达建议。

a) Chancen prüfen — *Prüf deine Chancen!*
b) (Es gibt 380 Ausbildungsberufe.) sich genau informieren ____________
c) mit Lehrern, Eltern und Freunden über deinen Berufswunsch sprechen ____________
d) die Vorteile und Nachteile diskutieren ____________
e) (an ein Mädchen) sich doch für einen Jungenberuf entscheiden ____________
f) (bei einer Absage) doch nicht enttäuscht sein ____________
g) zuerst ein Praktikum machen ____________

60. 请你给我解释一下怎样使用 CD 唱机。

a) ____________ (einschalten) das Gerät ______.
b) ____________ (drücken) die Taste OPEN.
c) ____________ (einlegen) die CD ______.
d) ____________ (starten) die Wiedergabe und ____________ (drücken) PLAY.
e) ____________ (suchen) einen bestimmten Abschnitt.
f) ____________ (halten) die Taste.

g) ____________(loslassen) die Taste _____ .
h) ____________(programmieren) die Titel in einer Reihenfolge.
i) ____________(stoppen) die Wiedergabe.
j) ____________(fassen) nie auf die CD. _________ (halten) sie am Rand.
k) ____________(abspielen) keine kaputte CD _________ .

61. 课文中的语法 —— 请阅读下列广告。

Rufen Sie uns an.

Erfolg im Beruf

Sprachkurse
Berufliche Fortbildung
Computerkurse

Informieren Sie sich.

Informationen zur Weiterbildung

Sprechen Sie mit uns. Wir sind der Experte für Weiterbildung.
Fordern Sie unseren Katalog an.
Rufen Sie uns an. Wir beraten Sie gern persönlich.
DAB Weiterbildung schafft Zukunft

Telefonieren Sie gern? Dann kommen Sie zu uns.
Wir suchen **Teilzeit-Sachbearbeiterinnen** für die Kundenberatung.
Arbeitszeit wöchentlich 3 Stunden,
am Mittwoch oder Donnerstag, abends.
Arbeitszeit nach Vereinbarung.

Wenn Sie beim Telefonieren lächeln können, dann rufen Sie uns an.
Am 9. April von 9 – 12 Uhr
Ekkehard Fritze Frans-Hals-Str. 8, 86157 Augsburg
Tel. 08 21/99 65 31 Fax 08 21 / 99 76 77
Hofmark Versicherungen

请找出命令式。

句法基本结构 5

否定

1. *ja, nein, doch* 56

Arbeiten Sie im Export?	您在出口行业中工作吗?	**Ja**, ich arbeite im Export.	是的,我在出口行业中工作。
		Nein, ich arbeite **nicht** im Export.	不,我不在出口行业中工作。
Haben Sie **nicht** gefrühstückt?	您没吃早饭吗?	**Doch**, ich habe gefrühstückt	我吃过早饭了。
		Nein, ich habe **nicht** gefrühstückt.	我没吃早饭。
Machen Sie **keine** Mittagspause?	您中午不休息吗?	**Doch**, ich mache gleich Mittagspause.	我马上就去午休。
		Nein, ich mache **keine** Mittagspause.	我中午不休息。

2. 否定句子 57

	动词				句尾	
Sie	arbeitet		heute	**nicht.**		她今天不工作。
Sie	hat		heute	**nicht**	gearbeitet.	她今天没有干工作。
Sie	ruft	ihn	heute	**nicht**	an.	她今天不给他打电话。
Er	will	das Auto			kaufen.	他想买这辆汽车。
Er	will	das Auto		**nicht**	kaufen.	他不想买这辆汽车。

nicht 在句子框型结构中尽可能位于句尾,但是在句框里。

Er	hat	etwas		gesehen.	他看见了一些东西。
Er	hat		**nichts**	gesehen.	他什么也没看见。

nichts = nicht etwas

3. 否定一个句子成分 58

Nicht sie	ruft	ihn	heute	an	(, sondern ihre Schwester).	不是她今天给他打电话(,而是她的姐姐)。
Sie	ruft	heute	**nicht ihn**	an	(, sondern ihren Vater).	她今天不是给他打电话(,而是给她的父亲)。
Sie	ruft	ihn	**nicht heute**	an	(, sondern morgen).	她今天不给他打电话(,而是明天打)。

nicht 位于所否定的句子成分前面。

Ich	habe	ein	Auto.	我有一辆汽车。
Ich	habe	**kein**	Auto.	我没有汽车。
Er	ist		Arzt.	他是医生。
Er	ist	**nicht/kein**	Arzt.	他不是医生。

kein- 是否定冠词。(请参阅第 80 和第 82 节。)

Übungen

62. *您今天情绪不佳,总是说事物相反的一面,请用 nicht 和 kein-。*

a) Das Wetter ist schön.
b) Das Essen ist gut.
c) Die Arbeit gefällt mir.
d) Ich trinke einen Kaffee.
e) Ich freue mich auf den Urlaub.
f) Ich rufe Herrn Schmidt an.

63. *请否定下列句子。*

a) Herr Krause arbeitet. *Herr Eberl* ______________
b) Er arbeitet gern. *Er* ______________
c) Er fährt mit dem Auto ins Büro. ______________
d) Er interessiert sich für Politik. ______________
e) Er hat dem Kollegen gratuliert. ______________
f) Er hat ein Fax geschrieben. ______________
g) Er kann Auto fahren*. ______________
h) Er kann gut Auto fahren.

* *nicht* 位于固定用法前面。

64. *交通参与者的规则,请您在劝告中用 nicht 或者 kein-。*
例如:
bei Rot über die Straße gehen
Geh nicht bei Rot über die Straße.

a) auf Landstrßen über 100 fahren
b) Alkohol trinken
c) bei Nebel so schnell fahren
d) so plötzlich bremsen
e) so schnell fahren
f) in der Stadt über 50 fahren
g) beim Fahren telefonieren
h) so oft hupen
i) in der Kurve überholen
j) so weit links fahren

II. 名词

der Mann, die Frau, das Kind　　名词分为阳性,阴性和中性。 59
das Hotel, die Hotels　　名词有单数和复数。
das/dem Hotel, des Hotels　　名词在不同的格中出现。

das große Hotel　　名词的左边可以有形容词、
die kommende Woche　　分词
drei (große) Hotels　　和(或者)数词。
das größte Hotel der Stadt　　名词的右边可以有第二格的名词。

das Hotel → es　　在名词的位置上可以出现代词。

名词的词性

形式 60

maskulin	阳性	der Mann	der Geburtsort
feminin	阴性	die Frau	die Nationalität
neutral	中性	das Kind	das Alter

冠词 *der*、*die* 和 *das* 表示词性。

指人的名词有自然性: 61

der

der Mann, der Herr, der Junge
der Vater, der Sohn, der Bruder, der Onkel

der Schüler, der Ausländer, der Kollege
der Direktor, der Professor

以 *-er* 结尾表示职业的名词:
der Lehrer, der Maler, der Dichter, der Politiker
der Bauer, der Handwerker, der Akademiker

die

die Frau, die Dame

die Mutter, die Tochter, die Schwester, die Tante

die Schülerin, die Ausländerin, die Kollegin

die Direktorin, die Professorin

以 *-in* 结尾表示职业的名词：

die Lehrerin, die Malerin, die Dichterin, die Politikerin

die Bäuerin, die Handwerkerin, die Akademikerin

名词有如下特点：

das Mädchen, das Fräulein, das Mannequin, das Weib	(1)冠词是中性，所指的人是阴性。
der Mensch, der Gast, der Boss, der Lehrling das Staatsoberhaupt, das Mitglied	(2)有些名词的冠词是 der 或者 das，指的却是女人或者男人。
der Vati (Vater), die Omi (Oma), die Anni (Anna), der Wolfi (Wolfgang)	(3)词尾-*i* 在名字和家庭成员中出现，表示喜爱和亲昵。
der/die Promi (= Prominente) der/die Ossi (= Ostdeutsche) der/die Wessi (= Westdeutsche) der/die Azubi (= Auszubildende) der Profi (= der Professionelle, *nur maskulin*)	词尾 -*i* 也在一些缩写词中出现，通常是复数形式：*die Ossis, Wessis, Azubis...*
der/die Auszubildende (= der Lehrling) der/die Reisende der/die Abgeordnete der/die Angestellte	(4)有些名词用冠词 *der* 或 *die* 区分性别。
der Kaufmann/die Kauffrau der Fachmann/die Fachfrau	(5)带-*frau* 的词汇为新词汇。

提示

请您始终把单词和冠词一起记住，把单词这样分类：

der	die	das
…	…	…

词性规则

阳性名词

der Montag, der Dienstag, der Mittwoch, der Donnerstag, der Freitag, der Sonnabend (Samstag), der Sonntag	(1)一周的某一天
der Januar (在奥地利说 der Jänner), der Februar, der März, der April, der Juni, der Juli, der August, der September, der Oktober, der November, der Dezember: der Monat *但是:* die Woche, das Jahr	(2)月份
Der Frühling, der Sommer, der Herbst, der Winter	(3)季节
der Norden, der Süden, der Osten, der Westen	(4)方向
der Regen, der Schnee, der Wind	(5)天气
der Morgen, der Mittag, der Nachmittag, der Abend *但是:* die Nacht	(6)一天里的一段时间
der VW, der BMW, der Mercedes, der Porsche, der Audi, der Fiat, *但是 Motorräder:* die BMW, die Harley Davidson	(7)汽车
der Gang (gehen), der Verlust (verlieren), der Hinweis (hinweisen)	(8)源于动词又无词尾的名词
der Kuchen, der Wagen, der Schaden	(9)多数以 *-en* 结尾的名词
der Motor der Optimismus, der Pessimismus, der Realismus	(10)所有以 *-or* 或者 *-us* 结尾的外来词

63 阴性名词

die Eiche, die Buche, die Kiefer	(1)许多树木
die Rose, die Nelke, die Orchidee	(2)许多花卉
die Fahrt (fahren), die Tat (tun), die Sicht (sehen),	(3)多数源于动词并以 -*t* 结尾的名词
die Reise, die Brille, die Tasche *但是*: der Bote, der Biologe (请参阅第 74 节, 阳性弱变化名词)	(4)许多以 -*e* 结尾的名词
die Einheit, die Staats-angehörigkeit,	(5)以 -*heit*/ -*keit*、
die Malerei, die Bäckerei	-*ei*、
die Wirtschaft	-*schaft*、
die Einladung	-*ung* 结尾的名词。
die Konferenz, die Intelligenz, die Existenz	(6)所有以 -*enz*
die Industrie, die Philosophie	-*ie*
die Fabrik, die Musik, die Politik	-*ik*
die Religion	-*ion*
die Realität, die Universität	-*tät*
die Kultur, die Reparatur	-*ur* 结尾的外来词。

64 中性名词

(1)源于动词不定式的名词

essen → das Essen
baden → das Baden
rauchen → das Rauchen
leben → das Leben
hören → das Hören
lesen → das Lesen
schreiben → das Schreiben

Rauchen verboten　　Baden verboten　　Pizza zum Mitnehmen

blau → das Blau
schön → das Schöne
同样: wenn, aber → das Wenn, das Aber

和源于形容词的名词。

短语: Da gibt's kein Wenn und Aber. 这里没有什么可推托的。

die Blume → das Blümchen/ das Blümlein
das Kind → das Kindchen/ das Kindlein

(2)所有以缩小形式 *-lein/ -chen* 结尾的名词, *-chen* 是现在常见的缩小形式。

请记住:后缀 -chen 和 -lein 使所有的东西都变小了。

das Element, das Experiment, das Parlament

(3)所有以 *-(m)ent* 结尾的名词。

das Gymnasium, das Studium, das Zentrum

(4)所有以 *-um* 结尾的名词。

Übungen

1. 请标出冠词。

a) ___ Norden (m)
b) ___ Motorrad (n)
c) ___ Rose (f)
d) ___ Motor (m)
e) ___ Wirtschaft (f)
f) ___ Kultur (f)
g) ___ Optimismus (m)
h) ___ Zentrum (n)
i) ___ Essen (n)
j) ___ Einladung (f)
k) ___ Praktikant
l) ___ Nachmittag
m) ___ Sonntag
n) ___ Jahr
o) ___ Partei
p) ___ Reisende
q) ___ Auto
r) ___ Wagen
s) ___ Kuchen
t) ___ Woche

2. 请找出单音节名词并填写冠词。

a) ___ Film
b) ___ Ort
c) ___ Tisch
d) ___ Bett
e) ___ Stuhl
usw.

*规律:*单音节名词常常是 ________________。

3. 请写出相应的阴性或者阳性名词。

der Mechaniker ______ | ______ die Redakteurin
der Boss ______ | der Kollege ______
der Frisör ______ | der Fachmann ______
______ die Arzthelferin | der Lehrling ______
der Ingenieur ______ | der Meister ______
der Elektroniker ______ | der Handwerker ______
______ die Chefin | ______ die Managerin
______ die Leiterin | ______ die Flugzeugbauerin
der Schornsteinfeger ______

4. 下面这些职业名称的阴性形式是什么?

der Fachgehilfe ______ | der Gärtner ______
der Tischler ______ | der Maler ______
der Politiker ______ | der Arzt ______
der Schüler ______ | der Verkäufer ______
der Pilot ______ | der Rechtsanwalt ______
der Frisör ______ | der Kaufmann ______

规律:表示职业的阴性名词词尾大多为 ______ 。

请划出以 -*er* 结尾的表示职业的名词。您还认识哪些这样的词?
规律:以 -*er* 结尾的表示职业的名词是 ______ 。

5. 读出下面的缩写词并加上冠词。

Das ist. . .

a) EU ______ (Europäische Union) (f)
b) IC ______ (Intercity) (m)
c) FC Bayern ______ (Fußballclub) (m)
d) VW ______ (Volkswagen) (m)
e) SZ ______ (Süddeutsche Zeitung) (f)
f) SPD ______ (Sozialdemokratische Partei Deutschlands) (f)
g) CDU ______ (Christlich-Demokratische Union) (f)
h) DM ______ (Deutsche Mark, gesprochen: D-Mark) (f)
i) PKW ______ (Personenkraftwagen) (m)
j) LKW ______ (Lastkraftwagen) (m)

6. *您喜欢旅游吗？您经常忘记带东西吗？下面是一张记事条，请您把它填上。*

a) Badeanzug	Ja, der ist wichtig.	f) Sonnenbrille	______
		g) Reiseführer	______
b) Badehose	Ja, ______	h) Kamera	______
c) Pass	______	i) Zahnbürste	______
d) Ausweis	______	j) Ticket	______
e) Handtasche	______	k) Kreditkarte	______

7. *找出以 -e 结尾的名词，例如：*

Presse　　Krise　　Straße　　Geschichte　　Tomate　　Bote

把名词和冠词一起记住。

*规律：*以 -e 结尾的名词大多是 ______ 。

8. *下列单词中有一个有两个冠词。*

Reise　　Reisetasche　　Busreise　　Reisende　　Reisen

*这个词是：*der/die ______

9. *哪个单词应大写？请您把下面的句子写正确。*

sind sie berufstätig? ______

was sind sie von beruf? ______

10. *请写句子。*

dashausisteineschule ______

______

ichbinmotorradfahrer ______

______

fritzfährtfahrrad ______

______

herrimhoffkommtausderschweiz ______

______

11. 课文中的语法。

a) 请您填写旅馆登记:

Hotelanmeldung

Name	________________
Vorname	________________
Geburtsort	________________
Geburtsdatum	________________
Nationalität	________________
Adresse	________________
Unterschrift	________________

b)在大厅服务台:

Rezeption: Hier die Anmeldung.

Gast: Muss ich das alles ausfüllen?

Rezeption: Nur die Anschrift und die Pass-Nummer oder Personalausweis-Nummer, das genügt. ... Bitte noch die Unterschrift.

Gast: Ah ja, vielen Dank. –Bitte sehr!

记住下列名词的冠词:

____ Name (m)
____ Vorname (m)
____ Geburtsort (m)
____ Geburtsdatum (n)
____ Nationalität (f)
____ Adresse(=____ Anschrift) (f)
____ Unterschrift(f)

c) 为什么 Rhein 是阳性名词而 Elbe 是阴性名词?

Flussnamen sind alt. Sie sind entstanden, als es noch keine Artikel in der deutschen Sprache gab. Die Artikel gibt es erst seit dem 11. Jahrhundert. Davor bestimmte die Endung das Genus maskulin, feminin oder neutral.

Viele männliche Flussnamen stammen von Flussgöttern: Das war die Zeit noch vor den Germanen. Die Bezeichnung für den Rhein kommt auch aus dieser Zeit, also aus der Zeit lange vor Christi Geburt. Deshalb heißt es *der Rhein*.

Andere Flussnamen bekamen einen Zusatz. Dieser Zusatz bedeutete „fließendes Wasser“ und war im Lateinischen und Althochdeutschen weiblich. Elbe aus indogermanisch „ albh“ wurde deshalb wahrscheinlich *die Elbe*.

Nicht so einfach ist es mit der Donau. Sie hieß lateinisch „ danubius“, war also männlich (Endung -*us*). Im Althochdeutschen wurde sie „ tunowa“ genannt. Deshalb erhielt sie später den weiblichen Artikel und heißt seitdem *die Donau*.

您的母语里有冠词吗?
有词性吗?

构词法

65

词族“fahren”

您需要构词法吗?当然啦!凭借它您能够认出单词,立即明白许多词的意思,您的词汇量会越来越大。

许多单词是从一个基本词派生出来的:

fahren		→ die Fahrt
Berg	+ Ge-	→ das Gebirge
Haus	+ -chen	→ das Häuschen
fahren	+ -zeug	→ das Fahrzeug
erfahren	+ -ung	→ die Erfahrung usw.

名词也从动词、形容词和分词派生出来:

leben	→ das Leben
blau	→ das Blau
bekannt	→ der/die Bekannte
reisend	→ der/die Reisende
angestellt	→ der/die Angestellte

名词也可以是复合词:

die Abfahrt = ab + die Fahrt
der Fahrgast = fahren + der Gast
der Fahrkartenautomat = fahren + die Karten + der Automat

另外，德语中大约有五十万个单词，其中约一半为名词，四分之一为动词，六分之一为形容词。

下面是„fahren"词族里的单词：

Abfahrt Rückfahrt Hinfahrt abfahren anfahren losfahren wegfahren zurückfahren fortfahren sich verfahren überfahren umfahren mitfahren nachfahren befahren vorfahren die Fahrt die Überfahrt der Fahrer das Fahrzeug der Fahrgast die Fahrkarte der Fahrplan das Fahrrad der Fahrkartenautomat erfahren fahrerlos der Fahrradlenker die Fahrradklingel der Fahrradhändler das Fahrradgeschäft der Fahrschein die Fahrkosten die Fahrerlaubnis das Fahrwasser fahrtüchtig die Fuhre der Gefährte das Gefährt die Erfahrung erfahren sein

只有很少一些词您必须查字典：
die Fuhre = 一辆车装载的货；
der Gefährte = 同伴；*erfahren* = 得知（以前的意思是：旅行）；
erfahren sein = 有经验的；*die Erfahrung* = 经验。

但是在前缀上您必须小心，一个特定的前缀赋予动词一个特定的意义：
Ich *fahre mit* 意为：某人乘车出行，我跟着一起去。
Ich *habe mich verfahren* 意为：我开车走错路了。
anfahren = 将车启动；*abfahren* = 把……用车运走；
fortfahren = 继续干，或者把……用车运走
（请参阅第 43 节，可分动词和不可分动词。）

您也要注意词性：

	阳性名词	**阴性名词**	**中性名词**
fahren	der Fahr**er**	die Fahr**t**	das Fahr**en**
	der Fahrradhändl**er**	die Hinfahr**t**	das Fahr**zeug**
		die Rückfahr**t**	
		die Erfahr**ung**	
		die Fuhr**e**	

如果您想更多的了解构词法，请参阅第 76 和第 96 节。

12. *-heit 还是 -keit? 请使用字典。*

a) die Ein___
b) die Tätig___
c) die Krank___
d) die Geschwindig___
e) die Gesund___
f) die Möglich___
g) die Gelegen___
h) die Faul___

13. *您会写与哪个词相应的名词? 请使用字典。*
例如: managen → der Manager, das Management

a) malen
b) planen
c) zurückfahren
d) studieren
e) leiten

arbeiten
verkaufen
tischlern
Fahrrad fahren

14. *请写出相应的名词,请使用字典。*

a) essen *das Essen*
b) Schi fahren *das*___
c) wandern ___
d) jung *der/das*___
e) jugendlich *der/die* ___
f) braun *der*___ (= 奥地利用语:咖啡)
g) hell *das*___ (=一种啤酒)
h) klar *der*___ (= 烈性酒)

单数和复数

形式

多数名词有单数和复数形式:

Singular 单数: der Beruf, die Firma, das Team — 冠词是 *der, die, das*。

Plural 复数: die Berufe — 冠词总是 *die*。

名词的复数形式常有变音：

a → ä: Laden → Läden

o → ö: Sohn → Söhne

u → ü: Bruder → Brüder

au → äu: Baum → Bäume

共有五种复数形式：

	单数	复数	
1. **-**（常常变音）	das Zimmer	die Zimmer	以 *-er, -en, -chen / -lein* 结尾的名词。
	der Garten	die Gärten	
	das Häuschen	die Häuschen	
2. **-e**（常常变音）	der Weg	die Wege	（许多）单音节名词
	der Baum	die Bäume	
	das Ergebnis	die Ergebnisse	以 *-nis* 结尾的名词
	das Zeugnis	die Zeugnisse	
3. **-er**（变音）	das Bild	die Bilder	（许多）单音节名词
	das Haus	die Häuser	
4. **-(e)n**	die Blume	die Blumen	
	der Mensch	die Menschen	（请参阅第 74 节，阳性弱变化名词。）
	die Freundin	die Freund**innen**	以 *-in* 结尾的阴性名词
	die Lehrerin	die Lehrer**innen**	
	die Politikerin	die Politiker**innen**	
5. **-s**	das Büro	die Büros	外来词经常是这样
	der Chef	die Chefs	
	das Team	die Teams	
	die Party	die Partys	
	der PKW	die PKWs	缩写词也常常是这样

请这样写复数形式：

das Zimmer, -

der Weg, -e

das Ergebnis, -se

das Bild, -er

die Lehrerin, -nen

das Büro, -s

der Garten, ¨-

der Baum, ¨-e

das Haus, ¨-er

外来词有以下特征：

(1)以-*um* 结尾的名词

das Zentrum → die Zentren
das Museum → die Museen
das Studium → dic Studien
但是：
das Visum → die Visa

(2)以-*a*结尾的名词

die Firma → die Firmen
das Thema → die Themen
die Villa → die Villen

没有复数的名词

67

(1)一座房子、两座房子，这是可数的，抽象名词不可数，所以它们只以单数的形式出现。

das Geld, der Spaß, der Stress, der Sport, die Musik, die Gewalt, die Ordnung, das Glück, das Vertrauen, die Erziehung, die Kommunikation, die Kritik, die Jugend, das Alter, das Eigentum, der Unterricht, der Hunger, der Durst, die Werbung, die Umwelt, das Wetter, der Verkehr, der Urlaub, die Gesundheit

(2)名词化的动词不定式

das Wandern, das Suchen, das Sprechen

(3)物质名词

das Gold, der Strom, der Regen, der Essig, der Kaffee, der Tee

(4)集合名词

das Gepäck, das Getreide, die Polizei, die Bevölkerung, das Publikum, das Geschirr

(5)数量和计量单位

3 Kilo Kartoffeln
10 Pfund Äpfel
30 Mark
*但是：*10 Tonnen

68 **没有单数的名词**

die USA, die Niederlande, die Alpen, die Anden

(1)一些地理名称只有复数形式。

die Eltern, die Leute

(2)表示人的群体也用复数形式。

die Kosten, die Kenntnisse, die Papiere, die Möbel, die Jeans, die Ferien

(3)有几个重要的名词也以复数形式出现。

提示

您想有把握吗?那么请在记单词时总是记下和学习名词的冠词和单、复数形式:*das Glas, Gläser*(或者 *¨er*)。

技巧与诀窍

Ferien 的单数形式是什么?

这里有几个窍门:*Ferien* 的单数形式是 *Ferientag*。

Leute 的单数形式是 *eine Person* 或者 *ein Mann* 或者 *eine Frau*。

Eltern 的单数形式是 *ein Elternteil*,或者 *der Vater*, *die Mutter*。

有些词,词尾加上 *-stück* 或者 *-art*。

Möbel: ein Möbel*stück*

Musik: ein Musik*stück*

Gepäck: ein Gepäck*stück*

Getreide: eine Getreide*art*

Sport: eine Sport*art*

提示

在词典里注出:

Jahr,	*das,*	*-(e)s,*	*-e*
	冠词	第二格	复数

15. *写出下列单词的复数形式。*
例如：der Weg -e, → die Wege

a) das Erlebnis
b) das Foto
c) der LKW
d) der Lehrer
e) die Kartoffel
f) der Apfel

16. *这些名词有复数形式吗？如果有，复数形式是什么？*

a) der Verkehr
b) die Straße
c) der Bus
d) der PKW
e) die Jeans
f) der Kaffee

17. *请填写量词*：*Flasche*、*Glas*、*Liter*、*Pfund*、*Tasse*、*Teller*、*Becher*、*Portion*、*Scheibe*、*Stück*，
常常有多种可能性。
例如：Bier
ein Glas/eine Flasche/ ein Liter Bier

______________________ Wein
______________________ Butter
______________________ Kaffee
______________________ Suppe
______________________ Jogurt
______________________ Honig
______________________ Käse
______________________ Schinken
______________________ Brot
______________________ Kuchen
______________________ Wurst

18. *哪些名词的单、复数是一样的？*

das Thema	das Zimmer	das Erlebnis	das Häuschen
das Bild	der Lehrling	der Manager	die Party
der Schüler	der Bruder	der Handwerker	der Maler
der Garten	der Pilot	die Schwester	der Vater
der PKW			

19. *请将名词排在下列表中。*

Fisch　　Mineralwasser　　Kaffee
Obst　　Fleisch　　Zucker　　Butter　　Tee
Mehl　　Gemüse　　Apfel
Milch　　Wurst　　Kirsche　　Müesli　　Erdäpfel(奥地利方言)
Erdbeere　　Kartoffel　　Getränk　　Weintraube

哪些名词只有单数形式?	*哪些名词有单、复数形式?*

20. *请记下您早餐吃些什么、喝些什么?*
(鸡蛋、一杯咖啡/茶、黄油 —— 什么也没吃……)

21. *课文中的语法 —— 哪些是单数?哪些是复数?*

Kartoffeln, Brot und Eier. . .
2 Kilo Kartoffeln
1 l Milch(l = Liter)
5 Brötchen
10 Eier
1 Pfund Spinat
1 Brot
1 Becher saure Sahne

■ Heute gibt's Spinat mit Ei.
▲ Fein. Aber mit Zwiebeln, ja? Und etwas Sahne.
■ Aber natürlich!

■ Was hast du aufgeschrieben? Lies mal vor!
▲ Kartoffeln, Brötchen, Äpfel, Weintrauben, Bananen.
■ Okay, das haben wir alles.

■ Was ist mit Getränken?
▲ Wir brauchen nichts. Alles da – Mineralwasser, Limo, Cola, Bier.
■ Franken Wein ist heute im Angebot.
▲ Na gut. Der ist für dich. Ich trinke lieber Bier.

请标示出以复数形式出现的名词,写下第一格的单、复数形式。请记下带冠词的、以单数形式出现的名词。

名词变格

形式

德语中有四个格。

Herr Müller wohnt in Dresden.	米勒先生住在德累斯顿。	第一格
Er arbeitet bei Siemens.	他在西门子公司工作。	针对人提问用: Wer?
		针对物提问用: Was?
Die Stadt liegt in Sachsen.	这座城市位于萨克森。	
Ich schreibe eine Postkarte.	我写一张明信片。	
Ich besuche **meine Eltern.**	我看望我的父母。	第四格
Ich schreibe **eine Postkarte.**	我写一张明信片。	针对人提问用: Wen?
		针对物提问用: Was?
Ich schreibe **dir.**	我给你写信。	第三格
Ich schreibe auch **der Firma** eine Postkarte.	我给公司写一张明信片。	提问用: Wem?
Das ist das Haus **der Eltern**.	这是父母的房子。	第二格
		提问用: Wessen?

70 单数

	阳性		*阳性弱变化*		*阴性*		*中性*	
第一格	**der**	Vater	**der**	Mensch	**die**	Mutter	**das**	Kind
第四格	**den**	Vater	**den**	Mensch**en**	**die**	Mutter	**das**	Kind
第三格	**dem**	Vater	**dem**	Mensch**en**	**der**	Mutter	**dem**	Kind
第二格	**des**	Vater**s**	**des**	Mensch**en**	**der**	Mutter	**des**	Kind**es**
第一格	ein	Vater	ein	Mensch	ein**e**	Mutter	ein	Kind
第四格	ein**en**	Vater	ein**en**	Mensch**en**	ein**e**	Mutter	ein	Kind
第三格	ein**em**	Vater	ein**em**	Mensch**en**	ein**er**	Mutter	ein**em**	Kind
第二格	ein**es**	Vater**s**	ein**es**	Mensch**en**	ein**er**	Mutter	ein**es**	Kind**es**

71 复数

	阳性		*阳性弱变化*		*阴性*		*中性*	
第一格	**die**	Väter	**die**	Menschen	**die**	Mütter	**die**	Kinder
第四格	**die**	Väter	**die**	Menschen	**die**	Mütter	**die**	Kinder
第三格	**den**	Väter**n**	**den**	Menschen	**den**	Mütter**n**	**den**	Kinder**n**
第二格	**der**	Väter	**der**	Menschen	**der**	Mütter	**der**	Kinder
第一格		Väter		Menschen		Mütter		Kinder
第四格		Väter		Menschen		Mütter		Kinder
第三格		Väter**n**		Menschen		Mütter**n**		Kinder**n**
第二格		–		–		–		–

des Vater**s**, des Kind**es**
den Väter**n**, Mütter**n**, Kinder**n**
den/dem/des Mensch**en**
die/den/der Mensch**en**

名词在
单数第二格、
复数第三格、
和阳性弱变化的名词中有词尾。

第二格 72

des Vaters, des Kindes

(1)阳性名词和中性名词的第二格单数词尾加 *-s* 或 *-es*。

des Buches, des Hauses, des Gastes
des Flusses, des Schmerzes

(2)单音节词和否则不容易发音的单词通常加 *-es*。

Julias Eltern
Doktor Maiers Sprechzeiten
Professor Erdmanns Aufsatz
Herrn und Frau Lehmanns Urlaubserlebnisse

(3)人和物的名称的第二格直接位于它修饰的名词之前。

Barbaras Eltern
= die Eltern von Barbara
die Schwester von Herrn Bauer

(4)特别在口语中,用 *von* +第三格取代第二格。

die Mitte Europas/von Europa
der Bürgermeister von Hamburg
die Einwohner von Dresden

在地理名称中 *von*+第三格也常常取代第二格。

第三格复数 73

den Vätern, den Müttern, den Kindern

所有名词第三格复数加词尾-*n*。
例外: 以-*s* 结尾的名词
(den Autos, den Chefs)。

阳性弱变化名词 74

第一格	der Mensch
第四格、第三格、第二格单数	den/dem/des Menschen
第一格、第四格、第三格、第二格复数	die/die/den/der Menschen

阳性弱变化的名词是很容易识别出来的,它们的数量不多,都是阳性名词。它们在第四格、第三格和第二格的单数和复数中词尾带 *-en* 或者 *-n*。

属于阳性弱变化的名词有：
(1)所有以*-e*结尾的阳性名词

der Junge, des Jungen
der Kollege, des Kollegen
der Kunde, des Kunden
der Affe, des Affen...

和另外一些阳性名词

der Bär, des Bären
der Bauer, des Bauern
der Kamerad, des Kameraden
der Nachbar, des Nachbarn
der Herr, des Herrn (复数 Herren)...

(2)以 *-ant/-ent/-ist/-at/-oge/-graf* 为结尾的名词。

der Demonstrant, des Demonstranten
der Präsident, des Präsidenten
der Polizist, des Polizisten
der Demokrat, des Demokraten
der Biologe, des Biologen
der Fotograf, des Fotografen...

(3)在第二格中以 *-ns* 结尾的名词。

der Buchstabe, des Buchstabens
der Friede, des Friedens
der Gedanke, des Gedankens
der Name, des Namens
das Herz, des Herzens

Das Herz 是唯一一个弱变化的中性名词。

(4)以 *-e* 和 *-er* 结尾的、表示国籍的名词。
-e = 阳性弱变化。
-er = 阳性名词变化
(请参阅第 70、71 节)。

der Bulgare, des Bulgaren
der Chinese, des Chinesen
der Däne, des Dänen...
der Argentinier, des Argentiniers
der Belgier, des Belgiers
der Engländer, des Engländers...

但是：
阳性名词单数
der Deutsche, des Deutschen
ein Deutscher, eines Deutschen
阴性名词单数
die Deutsche, der Deutschen
eine Deutsche, einer Deutschen
复数
die Deutschen, der Deutschen
Deutsche, Deutscher

(形容词变化的名词请参阅第 91—93 节)

提示

请记下阳性弱变化名词的第二格，*der Mensch*, *des Menschen*。这样您就能立刻把变格的名词识别出来。

字典上标出了什么？

Mensch,	der;	-en,	-en
	冠词	第二格	复数

22. 请填空。

a) der Beruf des ____(Fotograf)
b) die Mutter von ______ (Herr) Neumann
c) ______ (Gabriele) Kinder
d) der Bürgermeister ____ Bremen
e) die Präsidentin ____ Bundestages
f) die Vereinigung ______ (Deutschland)
g) Er schreibt _____ Bundeskanzler einen Brief.
h) Sie schreibt _____ Leserbrief.
i) Kennen Sie meinen ______ (Kollege)?
j) Ich werde _____ (Herr) Petrelli meinem _____ (Kollege) vorstellen.

23. 请写出下列单词的第二格形式。

a) der Mann, des __________
b) die Frau, __ __________
c) der Meister, __ __________
d) die Praktikantin, __ __________
e) der Türke, __ __________
f) der Grieche, __ __________
g) der Name, __ __________
h) der Albaner, __ __________
i) der Herr, __ __________
j) die Dame, __ __________
k) der Dozent, __ __________
l) der Lehrer, __ __________
m) die Lehrerin, __ __________
n) der Brief, __ __________

24. 您喜欢穿什么？请回答，用复数且不用冠词。

Ich trage gern (Pullover) (Turnschuh) (Kleid) (Hosenanzug) (Hemd) (Hose) (Overall)

25. *请填写括号里单词的第三格复数形式。*

a) Gib doch________ (die Kinder) ein Taschengeld!
b) Schreib doch ________ (unsere Eltern) eine Karte!
c) Bring doch ________ (die Geschwister) ein Geschenk mit!
d) Glaub doch ________ (die Politiker) kein Wort!
d) Schenk doch ________ (unsere Gäste) einen Atlas!

26. *男人穿什么？女人穿什么？请造句。*

Mantel (m)	Jacke (f)	Rock (m)	Turnschuhe (Pl.)
Schal (m)	Handschuhe (Pl.)	Hose (f)	Hosenanzug (m)
Bluse (f)	Hemd (n)	Schlips (m)	Anzug (m)
Kleid (n)	Hut (m)	Bikini (m)	Badeanzug (m)
Badehose (f)			

27. *找出表示国籍的名词，并写出它们的阴性名词形式，请使用字典。*

以 -*er* 结尾的阳性名词	阴性名词	以 -e 结尾的阳性名词	阴性名词
der/ein Italiener	die/eine Italienerin	der/ein Däne	die/eine Dänin

规则：
阳性名词以 -*er* 结尾，相应的阴性名词以 ____________结尾。
阳性名词以 -*e* 结尾，相应的阴性名词以 ____________结尾，没有 -*e*-。

现在请写出复数：

die/- Italiener	die/- Italienerinnen	die/- Dänen	die/- Däninnen

规则：
词尾 -*er* 在复数里还是 -*er*。
阴性名词的复数词尾是 ____________。

28. *课文中的语法。*

a) *您想认识迈尔先生吗？—— 请填空。*

Müller: Kennen Sie Herr___ Maier? Nein? Warten Sie, ich stelle Sie vor.
Guten Tag, Herr___ Maier. Darf ich Ihnen Frau Schulte vorstellen?
Von der Firma Extrablatt.

Maier: Guten Tag, Frau Schulte.

Schulte: Guten Tag, Herr Maier.

请写出"Herr"的变格形式：

单数	复数
der Herr	die ____________
den ____________	die ____________
dem ____________	den ____________
des ____________	der ____________

b) „Das war des Pudels Kern." 这个习用语的意思是什么？

Leser von Goethes Faust kennen den Ausdruck. „Faust" ist das bekannteste Werk von Johann Wolfgang von Goethe. Viele Ausdrücke und Wendungen aus diesem Werk zitiert man noch heute.

Eine Szene aus „Faust": Doktor Faust geht mit seinem Diener spazieren. Sie treffen einen Hund, einen Pudel, der sich sehr merkwürdig benimmt. Sie sind von ihm fasziniert und nehmen ihn mit nach Hause. Dort bellt der Pudel pausenlos und beginnt plötzlich zu wachsen. Schließlich ist er so groß wie ein Elefant. Das Tier verschwindet in einer Wolke und Mephisto tritt heraus. Mephisto ist als Schüler verkleidet. „Das war also des Pudels Kern", ruft Faust, „ein fahrender (=reisender) Scholast (=Schüler)."

记下动词并找出它们的主语。

动词	主语
kennen	Leser von Goethes Faust
ist	Faust
zitiert	man

75 句法基本结构 6

主句

动词决定句子的结构，特别是决定补足语的格。记住下列模式，分析您的句子。

第一格	动词	第一格	
Er	ist	Fotograf.	他是摄影师。
Bayern	ist	ein Bundesland.	巴伐利亚是一个州。
Sie	wird/bleibt	Lehrerin.	她将成为/还是教师。
Sie	arbeitet	als Lehrerin.	她是教师。

第一格	动词	
Klaus	arbeitet.	克劳斯在工作。

同样：Klaus schläft, schreit, isst, friert, singt, läuft, kommt usw.

第一格	动词	第四格补足语	
Klaus	hat	Hunger.	克劳斯饿了。
Er	schreibt	(einen Aufsatz).	他写(一篇文章)。

(很多动词有第四格补足语。)

第一格	动词	特性补足语	
Er	ist	freundlich.	他很友好。
Sie	arbeitet	fleißig.	她工作努力。

第一格	动词	第四格补足语	特性补足语	
Wir	finden	ihn	sympathisch.	我们对他有好感。

第一格	动词	第四格补足语	动词不定式	
Martina	möchte/will/darf		verreisen.	玛悌娜想/可以出门旅行。
Wir	hören/sehen	Stefan	kommen.	我们听到/看见施特凡来了。
Angela	lernt		schreiben.	安格拉学习写字。
Du	brauchst		nicht aufzuräumen.	你不必收拾物品。
Du	brauchst	Martina	nicht zu fragen.	你不必问玛悌娜。

Übungen

29. *请填写句子。*

例如: Beate arbeitet als Praktikantin.

Wo arbeitet Beate als Praktikantin?

a) Klaus isst.

Was ______________________________?

b) Martin schreibt einen Aufsatz.

Wann? – Morgen ______________________________.

c) Er ist wütend.

Warum ______________________________?

d) Wir finden Helmut nett.

Wie findet ihr Helmut? Nett? – Natürlich ______________________________.

e) Du brauchst nicht aufzuräumen.

Muss ich aufräumen? – Nein, heute ______________________________.

f) Martina möchte verreisen.

Nächste Woche ______________________________.

30. *请标出练习 29 中的主语。*

例如: Beate arbeitet als Praktikantin.

Wo arbeitet Beate als Praktikantin?

构词法

76

复合词

德语中有许多复合词，每天都有新词汇，许多词汇出现又消失，经常还会出现由三个或者更多单词组成的复合词。

一些重要的组合方式：

Substantiv + Substantiv	名词 + 名词
der Zimmer/schlüssel	= das Zimmer + **der** Schlüssel
der Hotel/zimmer/schlüssel	= das Hotel + das Zimmer + **der** Schlüssel

最右边的单词决定复合词的词性。

Substantiv + *s* / *es* + Substantiv	名词 + s/es + 名词
加 *s*/*es* 便于发音	
das Geburtsdatum	= die Geburt + s + das Datum (= das Datum der Geburt)
der Geburtsort	= die Geburt + s + der Ort (= der Ort der Geburt)
die Tageszeit	= der Tag + es + die Zeit (die Zeit des Tages)
Substantiv + *n* + Substantiv	名词 + ***n*** + 名词
die Sonnenbrille	= die Sonne + n + die Brille (= die Brille gegen die Sonne)
Verbstamm (z. B. *fahr-*) + Substantiv	动词词干（比如: *fahr-* ）+ 名词
das Fahrrad	= fahren + das Rad (das Rad zum Fahren)
das Wohnhaus	= wohnen + das Haus (= das Haus zum Wohnen)
die Badehose	= baden + die Hose (= die Hose zum Baden)
Adjektiv + Substantiv	形容词 + 名词
das Hochhaus	= hoch + das Haus
der Schnellzug	= schnell + der Zug

另外还有：

Adverb + Substantiv: die Hinfahrt, die Rückfahrt　副词 + 名词

Präposition + Substantiv: die Unterschrift　介词 + 名词

Übungen

31. 您认识复合词吗？哪个单词能和 “Hotel-”组成复合词？

Hotel___	Leiter	Zimmer	Gast
	Anmeldung	Direktor	Mensch
	Portier	Rechnung	

请您也把冠词记住：*der Hotelportier, . . .*

III. 冠词

德语中冠词位于名词前，从冠词上能看出名词的性，数，格。 77

Der Urlaub war sehr schön.	假期过得很好。	= 阳性，单数，第一格。
In **diesem** Urlaub habe ich mich gut erholt.	我在这个假期里休息得很好。	= 阳性，单数，第三格。
Wir hatten einen **schönen, interessanten** Urlaub.	我们的假期过得美好而又有趣。	冠词与名词之间可以有一个或者多个形容词。

定冠词 78

	单数 *阳性名词*	*阴性名词*	*中性名词*	复数
第一格	d***er*** Urlaub	d***ie*** Pension	d***as*** Gästehaus	d***ie*** Zimmer
第四格	d***en*** Urlaub	d***ie*** Pension	d***as*** Gästehaus	d***ie*** Zimmer
第三格	d***em*** Urlaub	d***er*** Pension	d***em*** Gästehaus	d***en*** Zimmern
第二格	d***es*** Urlaubs	d***er*** Pension	d***es*** Gästehauses	d***er*** Zimmer

同样：

第一格	dies*er* Urlaub	dies*e* Pension	dies*es* Gästehaus	dies*e* Zimmer
第四格	dies*en* Urlaub	dies*e* Pension	dies*es* Gästehaus	dies*e* Zimmer
第三格	dies*em* Urlaub	dies*er* Pension	dies*em* Gästehaus	dies*en* Zimmern
第二格	dies*es* Urlaubs	dies*er* Pension	dies*es* Gästehauses	dies*er* Zimmer

(请参阅指示代词，第 117，122，123 节)

jed*er*	jed*e*	jed*es*	jed*e*
manch*er*	manch*e*	manch*es*	manch*e*

(请参阅不定代词，第 117 和第 128 节)

welch*er*	welch*e*	welch*es*	welch*e*

(请参阅疑问词，第 117 – 119 节)

79 不定冠词

	单数 *阳性名词*	*阴性名词*	*中性名词*	复数
第一格	**ein** Gast	**ein*e*** Reise	**ein** Erlebnis	-Gäste/-Reisen/
第四格	**ein*en*** Gast	**ein*e*** Reise	**ein** Erlebnis	-Erlebnisse
第三格	**ein*em*** Gast	**ein*er*** Reise	**ein*em*** Erlebnis	
第二格	**ein*es*** Gastes	**ein*er*** Reise	**ein*es*** Erlebnisses	

ein 也是基数词：ein Gast，zwei Gäste。

80 否定词

	单数 *阳性名词*	*阴性名词*	*中性名词*	复数
第一格	**kein** Gast	**kein*e*** Reise	**kein** Erlebnis	**kein*e*** Gäste
第四格	**kein*en*** Gast	**kein*e*** Reise	**kein** Erlebnis	**kein*e*** Gäste
第三格	**kein*em*** Gast	**kein*er*** Reise	**kein*em*** Erlebnis	–
第二格	–	–	–	–

第二格不常用。

同样:

mein	mein*e*	mein	mein*e*

dein，sein/ihr，unser，euer，ihr
（请参阅物主冠词，第 89 节）

irgendein	irgendein*e*	irgendein	irgendwelch*e*
was für ein	was für ein*e*	was für ein	was für welch*e*

alle，einige，mehrere（只有复数形式）。
（请参阅不定代词，第 128 节）

可能您不经常重复名词，那么请注意，阳性第一格的词尾是 -*er*，中性第一格的词尾是 -*s*：

Wir fahren mit dem Bus. 我们乘坐公共汽车 – Da steht aber kein*er*. 那儿没有车
Gleich kommt ein*er*. 很快就来一辆车。
（请参阅代词，第 117 节）

定冠词还是不定冠词? 81

定冠词用在表示特殊或者熟悉的事物上:

Irene hat **den schönsten** Anorak.	依雷妮有一件最漂亮的带风帽厚上衣。	最高级。
Der 1. Januar ist immer frei.	一月一日总是假日。	序数词。
Der Januar hat 31 Tage.	一月有 31 天。	众所周知的事物。
Die Schlossstraße ist da vorn.	宫殿大街在前面。	街道名称。

不定冠词用在表示一般性的或者新的事物上:

Gibt es **einen Sonderpreis**?	有特价商品吗?	
Gibt es **Sonderpreise**?	有一些特价商品吗?	不定冠词没有复数形式。
Es gibt eine große Zahl **von Sonderpreisen.**	有许多特价商品。	用 von + 第三格取代第二格复数。

无冠词(零冠词) 82

Das ist Herr Weber. 这是韦贝尔先生。 Beethoven schrieb 9 Symphonien. 贝多芬写了九首交响曲。(+ 形容词: **der** späte Beethoven 晚年的贝多芬)	在人名前不用冠词。
Was macht die Carolin? 卡罗琳在干什么? Der Müller ist nicht zu Hause. 米勒先生不在家。 Die Müllers sind im Urlaub. 米勒一家在度假。	但是,在口语中人名前常用冠词。
Sie ist Reiseleiterin. 她是导游。 Sie ist Italienerin. 她是意大利人。 Sie ist Katholikin. 她是天主教教徒。	表示职业, 国籍, 宗教信仰。
Luft und Wasser sind Elemente. 空气和水是两大元素。 (+ Adjektive: **die** schlechte Luft) Er kauft Bier und Wein. 他买啤酒和葡萄酒。 (*但是*: **einen** Kasten Bier 一箱啤酒) Das Haus ist aus Holz, nicht aus Beton. 这所房子是用木头建造的而不是用混凝土建造的。	表示不确定的数量、物质名称和数量单位。
Sie war in Griechenland, Spanien, Australien, in Bangkok und Tokio. 她去过希腊、西班牙、澳大利亚、曼谷和东京。 (*但是*: **in den** USA, **in der** Schweiz, **in der** Bundesrepublik)	国名、城市名和洲名前不用冠词。

Wir haben Hunger und Durst. 我们又饿又渴。
Er hat viel Zeit und wenig Geld. 他时间多，钱少。
(*但是:* **das** wenige Geld; Er hat **ein** Auto.)

抽象名词前不用冠词。
(*haben* + Substantiv)

Ich habe Grippe. 我患流感了。
(*但是:* **eine** schwere Grippe)

疾病名称前常不用冠词。

Morgens lese ich Zeitung. 我早上看报纸。
(*但是:* **die** Süddeutsche Zeitung)
Kannst du schon Auto fahren? 你会开车吗。
(*但是:* **das** Auto meiner Eltern)

固定搭配中不用冠词。

Ende gut, alles gut. 结局好，一切都好。
Er hat mehr Glück als Verstand.
他与共说靠本事，不如说靠运气。

有些成语、谚语中不用冠词。

vor Ankunft des Zuges 在火车抵达之前
ohne Begleitung 在没有陪同的情况下
zu Ostern, zu Pfingsten, zu Weihnachten
在复活节时、在圣灵降临节时、在圣诞节时

经常在介词(*nach, ohne, vor, zu*)之后没有冠词。

Reisen mit Spaß 充满乐趣的旅游
Grammatik für Anhänger 初学者语法
Gästehaus mit Doppelzimmern - Frühstücksbüfett
-Schwimmbad 宾馆有双人间，带自助早餐和游泳池。

在标题中，书名、列举事物时没有冠词。

Sie ist keine Reiseleiterin. 她不是导游。
Sie ist keine Intalienerin. 她不是意大利人。
Ich habe keinen Hunger. 我不饿。

用了否定词 *kein-*，没有冠词。

83 **简化形式：介词＋定冠词**

Wir gehen heute **ins** Restaurant. 我们今天去餐馆。
Wir gehen heute **in das** Restaurant, das du empfohlen hast.
我们今天去你推荐的餐馆。

Ich fahre jetzt **zum** Reisebüro. 我现在去旅行社。
Ich fahre **zu dem** Reisebüro in der Schillerstraße。
我现在去那家位于席勒大街的旅行社。

不强调定冠词	强调定冠词
am	an dem
ans	an das
beim	bei dem
im	in dem
ins	in das
vom	von dem
zum	zu dem

... zu dem Reisebüro in der Schillerstraße. zur zu der
... zu dem neuen Reisebüro.
... zu dem Reisebüro, das du empfohlen hast 在名词有补足语、有形容词或者带从句时，强调定冠词。

提示

用定冠词还是用不定冠词？

Ich wünsche mir **einen** Urlaub auf einer Insel. = 不确定的、新提到的事物。
我希望在一个岛上度假。
Der Urlaub im letzten Jahr war schön. = 确定的、已知的事物。
去年的假期很美好。

84

Übungen

1. 您认识谁？

Ich kenne	einen	Experte	Philosoph	
	keinen	Student	Jurist	Bär
	keine	Biologe	Pessimist	Bürokrat
	viele	Idealist	Architekt	Optimist

2. 需要不需要用冠词？

a) Er ist ____ Musiker.
b) Er ist sogar ____ guter Musiker.
c) Er ist aber ____ Solist, sondern ____ Orchestermusiker.
d) ____ Orchester reist viel, auch in ____ Ausland.
e) Er war schon in ____ Japan und in ____ USA.
f) Die nächste Reise ist ____ Ostern. Es ist ____ Europa-Reise.

3. 填定冠词、不定冠词、还是不填冠词？

a) ____ Urlaub (m) am Bodensee
b) ____ Bodensee (m) ist beliebt.
c) In letzter Zeit ist aber ____ Zahl (f) der Besucher zurückgegangen.
d) ____ Schweiz, ____ Österreich und ____ Bundesrepublik machen jetzt ____ gemeinsames Programm (n).

e) Im April erscheint ____ neue Broschüre (f).
f) Es gibt am Bodensee ____ Oldtimer-Eisenbahn (f).
g) Für ____ Eisenbahn sind ____ Aktionstage (Pl.) geplant.

4. *请填冠词。*

a) Ich möchte ____ Tageszeitung. —____ SZ oder ____ FAZ?
b) Hat die Gruppe ____ Reiseleiter?— Ja, ____ Reiseleiter ist Herr Schwarz.
c) Ich wünsche mir ____ Urlaub am Meer. — O. k., buchen wir ____ Urlaub.
d) Möchtest du ____ Kaffee oder ____ Tee? — ____ Tee, bitte. ____ Kaffee ist alle, glaube ich.

5. *下面是报纸中的标题和题目,需要用冠词吗?*

Was ____ Konzert Kostet　　Musik i____ Fernsehen
____ Reise und ____ Erholung　　____ Abend i____ Fernsehen
____ Urlaub mit ____ Sport und ____ Spaß

6. *请填写冠词。*

Musik ____ Fernsehen
In ____ Sendung „Apropos ____ Musik" berichten wir über ____ türkischen Rap-Superstars „Cartel". Sie haben inzwischen auch in ____ Deutschland ____ großes Publikum.

7. *课文中的语法——请先读广告。*

a) *为单独出行的人安排的度假*
Sylt im Sommer
Urlaub für Individualisten — Gästehaus mit 15 komfortablen DZ (Doppelzimmern)— Frühstücksbüfett und Halbpension — Schwimmbad — ca. 1 km vom Strand, 4,5 km vom Stadtzentrum — Alternativ zum Massentourismus—freundliche, persönliche Atmosphäre

标示出所有的名词,记下带冠词和复数形式的名词。请与广告做比较,哪里有冠词,哪里没有冠词。

b）假日

■ Wie war denn der Urlaub?

▲ In diesem Jahr sehr schön. Letztes Jahr war das Wetter furchtbar schlecht. Dieses Jahr war's prächtig, kein Regen, nur Sonne.

■ Naja, kein Urlaub ist wie der andere, jedes Mal eine Überraschung.

▲ Das stimmt. — Auf welche Wochentage fällt eigentlich Weihnachten in diesem Jahr?

■ Sie denken immer nur an Urlaub! Auf Donnerstag und Freitag, glaube ich.

▲ Ja ideal. Da gehe ich zum Schifahren. Immer in dieselbe Gegend und immer in dasselbe Hotel.

■ Wie langweilig!

▲ Im Gegenteil! Jedes Jahr schöner Schnee und immer frische Luft. Kommen Sie doch mal mit!

请用蓝色的笔标示出与名词、形容词和介词相联系的所有冠词。请用红色的笔标示出没有冠词的名词。

c）一年中最美好的日子

Claudia: Da ist eine Anzeige in der Süddeutschen. Hast du die gesehen?

Frank: Was für eine Anzeige?

C.: Hier: Insel Sylt — Pension mit Komfort, nur 500 Mark die Woche.

F.: „Mit Komfort" — das bedeutet: die Pension ist nicht besonders. Das sind irgendwelche Angebote: viel Reklame und nichts dahinter. Ich bleibe lieber zu Hause und mache es mir gemütlich.

C.: Gemütlich . . . Und dann arbeitest du wieder. Es ist jedes Jahr dasselbe. Ich möchte weg und du möchtest nicht weg. Jeder Mensch braucht doch Urlaub und zwar von zu Hause. Auch du.

F.: Zu Hause habe ich alles: Bücher, Computer, Fernseher . . . Und in so einer Pension da habe ich nichts!

C.: Na Gott sei Dank! Da kannst du baden, Rad fahren, alles. . .

F.: Außerdem: Die Autobahnen sind voll. Alle fahren im August weg, keiner bleibt zu Hause. Da muss doch einer vernünftig bleiben.

C.: Gut. Kompromiss. Wir bleiben eine Woche zu Hause. Den Rest des Urlaubs organisiere ich.

F.: Okay, das ist ein Vorschlag. Das machen wir.

请找出冠词，并用蓝色的笔标示出冠词和名词，一些名词没有冠词，请将它们用红笔标示出来。

IV. 人称代词

85 **形式**

单数

	第一人称	第二人称		第三人称		
第一格	ich	du	Sie	er	sie	es
第四格	mich	dich	Sie	ihn	sie	es
第三格	mir	dir	Ihnen	ihm	ihr	ihm
第二格	–	–		–		

复数

	第一人称	第二人称		第三人称
第一格	wir	ihr	Sie	sie
第四格	uns	euch	Sie	sie
第三格	uns	euch	Ihnen	ihnen
第二格	–	–		–

尊称 *Sie* 总是大写。
第二格形式用的较少。

第一和第二人称

Ich heiße Marlene. Und **du**?
Wir sind Geschwister. Und **ihr**?

我叫玛蕾娜，你呢？
我们是姐妹，你们呢？

第一人称和第二人称的人称代词只指人。

Könnten **Sie** mir sagen, wo der Goetheplatz ist?

您能告诉我，歌德广场在哪里吗？

第二人称是称谓，称呼您不认识的人，请用尊称 *Sie*。

Ich rufe **Sie** morgen wieder an, da kann ich **Ihnen** den genauen Termin geben. Auf Wiedersehen, Herr Walter.

明天我再给您打电话，明天我就能给您一个准确的预约时间了。再见！瓦尔特先生。

如果您出于工作关系认识某人，与他没有私人交往，也请用 *Sie*。

Hast **du** Lust, uns am Wochenende zu besuchen?
Wann habt **ihr** Zeit, Samstag oder besser Sonntag?

你有兴趣周末拜访我们吗？
你们什么时候有时间，星期六还是星期日更好一些？

在家里、对朋友、亲戚、大约十五岁以下的孩子以及对好朋友，请用 *du*。

Sehr geehrte Frau Niebuhr, haben **Sie** vielen Dank für Ihr Schreiben vom. . .	尊敬的尼布尔女士: 感谢您……日的来信	年青人和运动员之间也用 *du*，同事之间只有在有约定的情况下才用 *du*。
Liebe Beate, ich habe angerufen, aber **du** bist nie zu Hause. Jetzt schreibe ich **dir** schnell. . . Kauf **dir** doch einen Anrufbeantworter, das wäre toll!	亲爱的贝阿特: 我给你打了电话，可是你总是不在家。现在我赶紧给你写封信……你买个电话录音器吧，那多棒啊!	从称 *Sie* 转向称 *du* 具有特殊意义，成年人以此表示他们之间的友谊和好感，如果您没有把握就先用 *Sie*，这样您就不会做错。

es 86

Das ist unser Wochenendhäuschen. **Es** ist jetzt zwei Jahre alt.	这是我们的周末小屋。 现在它已经两年了。	代词 *es* 代替: (1)中性名词
Es regnet/ schneit. **Es** blitzt/donnert. **Es** klingelt/läutet. **Es** brennt. **Es** schmeckt.	下雨/下雪。 打闪/打雷。 铃响了/钟敲响了。 着火了。 好吃。	(2)固定搭配
Wie spät ist **es**? **Es** ist schon spät. **Es** wird kalt. **Es** bleibt kalt.	几点了? 已经晚了。 天气变冷了。 天气仍然冷。	
Es geht mir gut. **Es** gefällt mir hier. **Es** gibt hier alles.	我过得还不错。 我喜欢这里。 这里什么都有。	
Es wird gebaut.	人们盖房子。	(3)常用在被动态句子里，请参阅第 164－167 节。
Wer ist da? —Ich bin es. Ist Frau Heller da? —Ich weiß es nicht.	谁呀? －是我 . 黑勒女士在吗? －我不知道。	(4) 表明与上文的联系。
Ich lehne **es** ab, **darüber zu diskutieren/daß wir darüber diskutieren.**	我拒绝讨论此事。	(5) 指代不定式或者从句。
Es kamen viele Leute zum Fest.	许多人来参加庆典。	(6) oft 位于第一位。

第一位	第二位			
Es	geht		mir gut.	(1) *es* 在固定搭配中不能少。
Gut	geht	**es**	mir.	
Heute	geht	**es**	mir gut.	
Es	kamen	viele Leute	zum Fest.	(2) *es* 仅位于第一位。
Viele Leute	kamen		zum Fest.	
Zum Fest	kamen	viele Leute.		

Übungen

1. 聚会上有很多人,您认为他们之间用 du 还是用 Sie 打招呼?

Hallo, Max, wie geht's? Man sieht... ja kaum noch.

▲ Guten Abend, Frau Henrich.
■ Guten Abend, schön, ... mal wieder zu sehen.

Guten Abend, herzlich willkommen. (geben)... mir ... Jacke?

▲ (haben)... den Weg gleich gefunden?
■ Kein Problem... (haben) alles sehr gut beschrieben.

Na, wie geht's denn so? (studieren) ... noch?

Wir haben uns lange nicht gesehen. ...(sehen) ja gut aus. Kompliment!

Komm, hier ist so viel Wirbel! (möchten)... auch eine Bowle?

2. 请用各种代词填空。

Liebe Tina,
heute muss ich ... unbedingt schreiben. Was machen ... mit Mamas Geburtstag?

... weißt, ... ist schwierig wie jedes Jahr. ... sagt immer, ... braucht nichts, und dann freut ... sich natürlich doch, wenn ... uns etwas ausdenken. Ich möchte ... heute etwas vorschlagen. Wir schenken ... wirklich nichts, d. h. nicht das Übliche, eine Tasche, einen Pullover oder so was. Wir schenken

... einen Wochenendausflug und zwar mit ... allen. Wir fahren alle zusammen irgendwohin und essen gemütlich. Wir können auch übernachten. Was hältst ... davon? Ruf ... bitte bald an.
Herzlichst Rolf

PS:
Wir können ... natürlich auch hier treffen. Vielleicht spielt das Wetter nicht mit. Dann könnt ... alle zu... (wir) kommen. ... weißt, ... haben genug Platz. ... müssen natürlich ein Progamm machen. Kennst ... Spiele? Also melde ... !

3. *英格和卡斯腾想邀请安内特和赫尔穆特，请您填写下面的电话谈话。*

▲ Wir möchten ... gern mal wieder sehen. Wann habt ... mal Zeit? Passt es ... nächsten Samstag?
■ Nicht so gut. Da sind ... in Hannover. Leider.
▲ Und in vierzehn Tagen? Was macht ... da?
■ Da ist Annette nicht zu Hause. ... ist auf einer Dienstreise.
▲ Na! Jetzt bist ... an der Reihe. Was schlägst ... vor?
■ ... spreche erst mit Annette. Dann rufe ... ... zurück.
▲ Gut! Melde ... aber bald. ... gehen noch in den Biergarten.
■ Ja, ... wollen auch noch weg. ... melde mich sofort. Tschüs!
▲ Bis gleich.

4. *课文中的语法。*

Zwei Bekannte
▲ Wie lange kennen wir uns schon?
■ Lange. Bestimmt fünf Jahre. Das war doch damals das Fest bei Erich Kohler. Da haben Sie mir von Ihren Reisen erzählt. Immer rund um den Globus. Ich war richtig neidisch.
▲ Und jetzt fahre ich nur noch an den nächsten Badesee. Am liebsten mit dem Fahrrad. — Übrigens, wollen wir nicht „du" sagen? Ich bin der Jochen.
■ Und ich bin Peter. Darauf müssen wir anstoßen. Prost, Jochen.
▲ Prost, Peter. — Und nun erzähl mal, was machst du denn so ...?

请划出所有的人称代词，然后再找动词。

87 **句法基本结构 7**

要求第三格补足语的动词

您已经学过第四格补足语（请参阅第 75 节），这里是要求第三格补足语的动词，请您记住它们：

ähneln: Sie ähnelt ihr. 她长得像她。
antworten: Antworte mir. 你回答我！
begegnen: Sie ist mir begegnet. 她碰见我了。
danken: Ich danke dir. 我谢谢你！
fehlen: Das fehlt mir. 我缺少这些东西。
folgen: Folgt mir. 请你们跟着我！
gefallen: Das gefällt mir. 我喜欢它。
gehören: Gehört dir das? 这是你的东西吗？
gelingen: Das gelingt ihr. 她办成了此事。

glauben: Ich glaube dir. 我相信你。
gratulieren: Wir gratulieren dir. 我们祝贺你。
helfen: Hilf mir, bitte! 请你帮助我！
misslingen: Das ist ihm misslungen. 他遭到失败。
nützen: Das nützt mir. 这对我有用。
schaden: Das schadet dir. 这对你有害。
schmecken: Das schmeckt mir. 这合我的口味。
widersprechen: Ich widerspreche dir. 我反对你的看法。

88 **句法基本结构 8**

带第三格和第四格补足语的动词

1. 有些动词要求第三格补足语和第四格补足语。第三格补足语在前，第四格补足语在后。
   第三格常常是人，而第四格是物。

	第二位	第三格	第四格	
Ich	gebe	dem Postboten	das Päckchen.	我将小邮包交给邮递员。
Ich	habe	dem Postboten	das Päckchen gegeben.	我将小邮包交给了邮递员。

同样：

stellen, setzen, legen, hängen（请参阅第 143 节）

jmdm. etwas

beantworten	erlauben	schreiben
beweisen	erzählen	senden
borgen/leihen	mitteilen	verbieten
bringen	sagen	versprechen
erklären	schenken	wegnehmen
empfehlen	schicken	zeigen

2. 第三格补足语或者第四格补足语有时位于句首：

Dem Postenboten	werde	ich	das Päckchen geben (nicht der Sekretärin).	我会把小邮包交给邮递员的（而不是女秘书）。
Das Päckchen	gebe	ich	dem Postboten mit.	我将小邮包交给邮递员。

3. 代词总是位于前面，字母少的在字母多的前面。

	第二位	代词	名词	
Ich	gebe	es	dem Postboten.	我将这件东西交给邮递员。
Ich	gebe	ihm	das Päckchen.	我将小邮包交给他。
Ich	gebe	es（=第四格）	ihm（=第三格）	我将这件东西交给他。

4. 如果有两个名词，第三格位于第四格前面；如果有两个代词，第四格位于第三格前面：

Ich gebe dem Postboten（=第三格） das Päckchen（=第四格）. 我将小邮包交给邮递员。

Ich gebe es（=第四格） ihm（=第三格）.

Übungen

5. *mir 还是 mich？*

a）Markus hat _____ zum Geburtstag gratuliert.
b）Er hat _____ angerufen. Er möchte _____ besuchen.
c）Jörg hat _____ nicht geantwortet.
d）Frag _____ doch! Ich erklär' es dir.
e）Christine ist verreist. Sie hat _____ nichts gesagt.
f）Kannst du _____ helfen?

6. *请用名词或代词的第三格形式填空。*

a）Bernd hat _____ geschrieben. Ich muss _____ sofort antworten.
b）Beate, schmeckt es _____ nicht? Was fehlt _____?
c）Was wünscht ihr _____ zu Weihnachten?
d）Wir schenken _____ （den Eltern） etwas Praktisches.
e）Ich habe einen Jogging-Anzug für Fred. Ich schenke ihn _____.
f）Für meine Schwester haben wir ein Fahrrad. Wir schenken es _____.

7. 请填空。

a) Hast du ______ ______ geschickt? (dein Bruder, das Päckchen)
b) Schreib ______ ______ aus dem Urlaub! (ich, eine Karte)
c) Christoph erklärt ______ ______. (die Regel, sein Nachbar)
d) Der Ober empfiehlt ______ ______. (das Schnitzel, der Gast)
e) Ich erzähle ______ jetzt ______. (du, eine Geschichte)
f) Martin schenkt ______ ______ zum Geburtstag. (seine Freundin, eine Kette)

8. 请填写人称代词。

a) Das ist Maria Dolores Branco. ______ Kommt aus Portugal.
b) Kennen Sie Jan Mahler? ______ ist der Kollege von Konstantin.
c) Das ist Paolo. Wir haben ______ in Florenz kennen gelernt.
d) Wo sind denn die Kinder? Ich glaube, ______ sind in Martins Zimmer.
e) Kommt ______? — ______ kommen sofort.
f) Wir haben ______ (ihr) lange nicht gesehen.

9. 请填写人称代词。

a) Herr Ober, was können Sie ______ (wir) heute empfehlen?
b) Ich habe von Achim ein Lexikon. —Und wann musst ______ ______ ______ zurückgeben?
c) Wolf braucht eine Zange, Kannst ______ ______ ______ bringen?
d) Felix kann den Brief nicht lesen. Kannst ______ ______ ______ übersetzen?
e) Der Vater verbietet den Kindern das Fernsehen. — Warum verbietet ______ ______ ______ denn?
f) Mario hat ______ (du) eine Geschichte erzählt. Kannst ______ ______ ______ noch einmal erzählen?
g) Das Buch ist etwas für Christine. Schenk ______ ______ doch!

10. 请用下列词语造句。

a) ich / die Kollegen / die Tabelle erklären
b) das Geschenk / der Junge / nicht gefallen
c) der Fremdenführer / die Touristen / die Stadt zeigen
d) Frau Ehlers / die Firma / eine Karte aus dem Urlaub schreiben

V. 物主冠词 89

形式

（关于不带名词的用法，请参阅第 121 节）

		单数 *阳性*		*阴性*		*中性*		复数	
ich	第一格	mein	Koffer	mein**e**	Tasche	mein	Gepäck	mein**e**	Koffer
	第四格	mein**en**	Koffer	mein**e**	Tasche	mein	Gepäck	mein**e**	Koffer
	第三格	mein**em**	Koffer	mein**er**	Tasche	mein**em**	Gepäck	mein**en**	Koffern
	第二格	mein**es**	Koffers	mein**er**	Tasche	mein**es**	Gepäcks	mein**er**	Koffer
du	第一格	dein	Koffer	dein**e**	Tasche	dein	Gepäck	dein**e**	Koffer
	第四格	dein**en**	Koffer	dein**e**	Tasche	dein	Gepäck	dein**e**	Koffer
	第三格	dein**em**	Koffer	dein**er**	Tasche	dein**em**	Gepäck	dein**en**	Koffern
	第二格	dein**es**	Koffers	dein**er**	Tasche	dein**es**	Gepäcks	dein**er**	Koffer
er/es	第一格	sein	Koffer	sein**e**	Tasche	sein	Gepäck	sein**e**	Koffer
	第四格	sein**en**	Koffer	sein**e**	Tasche	sein	Gepäck	sein**e**	Koffer
	第三格	sein**em**	Koffer	sein**er**	Tasche	sein**em**	Gepäck	sein**en**	Koffern
	第二格	sein**es**	Koffers	sein**er**	Tasche	sein**es**	Gepäcks	sein**er**	Koffer
sie	第一格	ihr	Koffer	ihr**e**	Tasche	ihr	Gepäck	ihr**e**	Koffer
	第四格	ihr**en**	Koffer	ihr**e**	Tasche	ihr	Gepäck	ihr**e**	Koffer
	第三格	ihr**em**	Koffer	ihr**er**	Tasche	ihr**em**	Gepäck	ihr**en**	Koffern
	第二格	ihr**es**	Koffers	ihr**er**	Tasche	ihr**es**	Gepäcks	ihr**er**	Koffer
wir	第一格	unser	Koffer	unser**e**	Tasche	unser	Gepäck	unser**e**	Koffer
	第四格	unser**en**	Koffer	unser**e**	Tasche	unser	Gepäck	unser**e**	Koffer
	第三格	unser**em**	Koffer	unser**er**	Tasche	unser**em**	Gepäck	unser**en**	Koffern
	第二格	unser**es**	Koffers	unser**er**	Tasche	unser**es**	Gepäcks	unser**er**	Koffer
ihr	第一格	euer	Koffer	eur**e**	Tasche	euer	Gepäck	eur**e**	Koffer
	第四格	eur**en**	Koffer	eur**e**	Tasche	euer	Gepäck	eur**e**	Koffer
	第三格	eur**em**	Koffer	eur**er**	Tasche	euer**em**	Gepäck	eur**en**	Koffern
	第二格	eur**es**	Koffers	eur**er**	Tasche	euer**es**	Gepäcks	eur**er**	Koffer

		单数 阳性		阴性		中性		复数	
sie	第一格	ihr	Koffer	ihre	Tasche	ihr	Gepäck	ihre	Koffer
	第四格	ihr**en**	Koffer	ihre	Tasche	ihr	Gepäck	ihre	Koffer
	第三格	ihr**em**	Koffer	ihr**er**	Tasche	ihr**em**	Gepäck	ihr**en**	Koffern
	第二格	ihr**es**	Koffers	ihr**er**	Tasche	ihr**es**	Gepäcks	ihr**er**	Koffer
Sie	第一格	Ihr	Koffer	Ihre	Tasche	Ihr	Gepäck	Ihre	Koffer
	第四格	Ihr**en**	Koffer	Ihre	Tasche	Ihr	Gepäck	Ihre	Koffer
	第三格	Ihr**em**	Koffer	Ihr**er**	Tasche	Ihr**em**	Gepäck	Ihr**en**	Koffern
	第二格	Ihr**es**	Koffers	Ihr**er**	Tasche	Ihr**es**	Gepäcks	Ihr**er**	Koffer

Sie / Ihr 的单、复数形式相同。

90 特点

ihr 有不同的意思：

ihr	ihr kommt		(a)人称代词（你们来）
	Das ist ihr Koffer.	*Singular*	(b)物主冠词（= 玛蕾娜的箱子）
	Das ist ihr Koffer.	*Plural*	(c)物主冠词（= 弗兰茨和玛蕾娜的箱子）
Ihr	Ist das Ihr Koffer?	*Singular*	(d)物主冠词（= 米勒夫人的箱子）
	Ist das Ihr Koffer?	*Plural*	(e)物主冠词（= 米勒先生和夫人的箱子）

尊称 *Ihr* 总是大写。

提示

谁是物品的所有者？怎样找出物主冠词？

1. 请先考虑：Wer? z. B. ich → **mein**
2. 然后：Was? Tasche → **meine Tasche**
3. 还有：Wo im Satz? → Was ist mit **meiner**（= 第三格）Tasche?我的包怎么啦？
   Ich habe **meine**（= 第四格）Tasche. 我有我的包。

1. *请提问。*

Wo ist deine Zahnbürste?
Oh, die habe ich vergessen.
Wie dumm!

Fotoapparat (m) Taucherbrille (f) Schischuhe (Pl.) Flossen (Pl.)
Badeschuhe (Pl.) Tabletten (Pl.) Schisocken (Pl.)
Sonnenbrille (f) Pullover (m) Handschuhe (Pl.)

您还需要什么？请补充其它物品。

2. *您现在与 Ulli 和 Birgit 谈话: Habt ihr eure Zahnbürsten dabei?*

3. *请填写物主冠词。*

a) Michaela — die CDs	Das sind ______ CDs.
b) Michael — der CD-Player	Das ist ______ CD-Player.
c) Wolf — der Computer	Das ist ______ Computer.
d) Lutz und Gabriele — die Plattensammlung	Das ist ______ Plattensammlung.
e) Frau Schuster — das Handy	Das ist ______ Handy.
f) Frau und Herr Schuster — der Videorekorder	Das ist ______ Videorekorder.
g) Herr Huber — das Segelboot	Das ist ______ Segelboot.
h) Martin — der Tennisschläger	Das ist ______ Tennisschläger.
i) Martina — das Surfbrett	Das ist ______ Surfbrett.
j) Rudi — die Schier	Das sind ______ Schier.

4. ***mein** 还是 **unser***

她常说 “Mein”，他给她纠正。

a) Mein nächster Urlaub ...	*Du meinst, unser* ______________
b) Mein Auto ...	______________
c) Meine Freunde ...	______________
d) Mein Feierabend ...	______________
e) Mein Wochenende ...	______________
f) Meine Zeitung ...	______________

5. 您家里有哪些人？

a) Die Mutter von mein___ Vater. Das ist mein______________________________

b) Der Vater von mein___ Vater. Das ______________________________

c) Die Schwester von mein___ Mutter. ______________________________

d) Der Bruder von mein___ Mutter. ______________________________

e) Mein Vater und mein___ Mutter haben drei Kinder, eine Tochter und zwei Söhne. Ich bin der jüngste _____ / die jüngste ______.

f) Ich habe also zwei ______________________________

g) Mein___ Bruder hat einen Sohn und eine Tochter. Das sind mein _____ und mein ______.

h) Die Frau von mein ___ Sohn. Das ist mein ___ Schwiegertochter.

i) Der Mann von mein ___ Tochter. Das ist mein ___ Schwiegersohn.

6. 您是谁？

Ich bin der Sohn von ______.
... der Vater von ...
... der Onkel von ...
Ich habe ...

Ich bin die Tochter von ______.
... die Mutter von ...
... die Tante von ...
Ich habe ...

7. 课文中的语法。

Zwei Freundinnen

■ Kommst du mit in den Biergarten?

▲ Das geht leider nicht. Ich bekomme Besuch. Morgen kommen mein Bruder und meine Schwägerin.

■ Wo lebt denn dein Bruder jetzt?

▲ Er hat doch eine Griechin geheiratet und jetzt leben sie in Athen.

■ Wie schön!

▲ Na ja, dadurch sehen wir uns sehr selten. Meine Schwester ist zur Zeit auch nicht da. Sie ist ein Jahr in England. — Du hast doch auch Geschwister. Wie ist es denn bei euch?

■ Wir sehen uns oft. Meine Schwester Eva wohnt bei unseren Eltern und meine Schwester Christine wohnt fünf Minuten entfernt. Ich besuche meine Eltern regelmäßig und da sehen wir uns dann.

▲ Ich sehe meine Familie nur zu Weihnachten. Das ist schade, aber es hat einen großen Vorteil. Wir streiten nie und vertragen uns glänzend.

标出带名词的物主冠词。

第二部分

VI. 形容词

形容词有不同的变化： 91

der gute Wein	在定冠词后。
ein guter Wein	在不定冠词后。
guter Wein	没有冠词。

复数没有不定冠词，按没有冠词变化。

形容词与名词和动词在一起：

ein **trocken*er*** Wein	有变化。	与名词在一起，作定语的形容词。
Der Wein schmeckt **trocken**.	没有变化。	与动词在一起，作副词的形容词。
Der Wein ist **trocken.**	没有变化。	与动词在一起，作表语的形容词。

der/ ein/ - 后的形式 92

阳性			*阴性*			*中性*		
第一格								
单数								
d*er*		Wein	di*e*		Vorspeise	da*s*		Bier
d*er*	gut*e*	Wein	di*e*	warm*e*	Vorspeise	da*s*	kalt*e*	Bier
ein	gut***er***	Wein	ein*e*	warm***e***	Vorspeise	ein	kalt***es***	Bier
–	gut***er***	Wein	–	warm***e***	Vorspeise	–	kalt***es***	Bier

复数

di*e*		Weine
di*e*	gut**en**	Weine
–	gut*e*	Weine

阳性			*阴性*			*中性*		
第四格								
单数								
d*en*	gut**en**	Wein	di*e*	warm**e**	Vorspeise	da*s*	kalt**e**	Bier
ein*en*	gut**en**	Wein	eine	warm**e**	Vorspeise	ein	kalt***es***	Bier
–	gut***en***	Wein	–	warm***e***	Vorspeise	–	kalt***es***	Bier
复数								
di*e*	gut**en**	Weine						
–	gut***e***	Weine						
第三格								
单数								
de*m*	gut**en**	Wein	d*er*	warm**en**	Vorspeise	d*em*	kalt**en**	Bier
ein*em*	gut**en**	Wein	ein*er*	warm**en**	Vorspeise	ein*em*	kalt**en**	Bier
–	gut***em***	Wein	–	warm***er***	Vorspeise	–	kalt***em***	Bier
复数								
d*en*	gut**en**	Weinen						
–	gut***en***	Weinen						
第二格								
单数								
d*es*	gut**en**	Weins	d*er*	warm**en**	Vorspeise	d*es*	kalt**en**	Biers
ein*es*	gut**en**	Weins	ein*er*	warm**en**	Vorspeise	ein*es*	kalt**en**	Biers
–	gut**en**	Weins	–	warm***er***	Vorspeise	–	kalt**en**	Biers
复数								
d*er*	gut**en**	Weine						
–	gut***er***	Weine						

提示

der gute Wein,	在 *dieser; jeder; mancher; welcher* 后面的形容词变化也是如此。
die guten Weine	只用于复数; *meine, ..., keine, alle* 后面的形容词变化也是如此。
ein guter Wein	*kein, mein,（dein, ...）, irgendein, was für ein* 后面的形容词变化也是如此。
gute Weine	在 *einige, mehrere, viele, wenige* 及数字（例如：10 *große Äpfel*）后面的形容词变化也是如此。

特点： 93

dunkel – eine dunk**le** Straße edel – ein ed**ler** Tropfen（= Wein） sensibel – ein sensib**ler** Mensch sauer – sau**res** Obst teuer – eine teu**re** Wohnung	一条昏暗的街道 一种名贵的葡萄酒 一个敏感的人 酸水果 一所昂贵的住宅	（1）以 *-el* 和 *-er* 结尾的形容词在变化时去掉 *-e-*。
Der Turm ist **hoch.** Ein ho**her** Turm	这座塔很高。 一座高塔	（2）在 *hoch* 中 *ch* 变成 *h*。
die Münchn**er** Straße der Köln**er** Dom Berlin**er** Pfannkuchen *同样*：der Schweizer Käse	慕尼黑大街。 科隆大教堂 柏林油煎饼 瑞士奶酪	（3）由城市名称构成的形容词有词尾 *-er*，它们均为大写，没有词尾变化。
Das ist eine prim**a** Idee. Die ros**a**/lil**a** Blume ist hübsch. *同样*：Das ist eine sup**er** Idee.	这是一个绝妙的主意。 这朵粉红色/浅紫色的花很好看。 这是一个绝妙的主意。	（4）以 *-a* 结尾的形容词没有词尾变化。

形容词、分词的名词化： 94

Es gab **etwas Besonderes**. Sie mag **nichts Süßes**. Es gibt **wenig Neues**.	曾经有一些特别的东西。 她一点儿也不喜欢吃甜食。 没有什么新东西。	（1）在 *etwas*、*nichts*、*viel*、*wenig* 后名词化的形容词加词尾 *-es*，中性，大写。
der verletzte Mann → **der Verletzte** die verletzte Frau → **die Verletzte**	受伤的男人 受伤的妇女	（2）名词化的形容词和分词在使用中带有定冠词、不定冠词或者没有冠词修饰，需要大写，像形容词一样变化。

	单数 阳性		阴性		复数	
第一格	der	Fremd***e***	die	Fremd***e***	die	Fremd***en***
	ein	Fremd***er***	eine	Fremd***e***		Fremd***e***
第四格	den	Fremd***en***	die	Fremd***e***	die	Fremd***en***
	einen	Fremd***en***	eine	Fremd***e***		Fremd***e***
第三格	dem	Fremd***en***	der	Fremd***en***	den	Fremd***en***
	einem	Fremd***en***	einer	Fremd***en***		Fremd***en***
第二格	des	Fremd***en***	der	Fremd***en***	der	Fremd***en***
	eines	Fremd***en***	einer	Fremd***en***		Fremd***er***

中性的很少,例如: *das Neue, das Gelbe, das Rote*。

最常见的词有:

der/die　Angehörige　　形容词变成名词
Arbeitslose
Bekannte
Blonde
Deutsche
Farbige
Fremde
Jugendliche
Kranke
Tote
Verwandte
Weiße

der/die　Auszubildende　　第一分词变成名词
Reisende
Vorsitzende

der/die　Angestellte　　第二分词变成名词
Behinderte
Betrunkene
Gefangene
Verletzte
Verliebte
Vorgesetzte

提示

1. 您已经学过名词和冠词的变化,在第 92 节的表中您可以看到名词、冠词和形容词在一起的形式。请您在学习时 一起学这些词,记住这个表。

der	**ein**
der französische Wein (第一格)	ein französischer Wein (第一格)
die italienische Vorspeise (第一格, 第四格)	eine italienische Vorspeise (第一格, 第四格)
das deutsche Bier (第一格, 第四格)	ein deutsches Bier(第一格,第四格)
(有 5 个以 *e* 结尾的形容词, 其余的有 11 个 *en* 结尾的形容词。)	(有一个 *er* 结尾的形容词, 两个 *e* 结尾的形容词, 两个 *es* 结尾的形容词, 其余的七个 *en* 结尾的形容词。)

——(没有冠词)
形容词词尾有格和词性的标记。

2. 第 92 节的表包括有 44 种形容词词尾,其中一半是 *-en*。常见的一个错误是该用 *-en* 的地方用了 *-e*,例如: *alle bekannten Weine*, 而不是 *alle bekannte Weine*。

Übungen

1. *请填写合适的形容词。*

süß groß hart heiß gesund weich dick
grün frisch bitter leicht riesig reif kalt
voll warm

a) Ich habe______Durst und______Hunger.
b) Ich trinke gern______Tee mit Rum.
c) Ich mag nichts______, Bier ist mir lieber.
d) Ich freue mich auf einen______Salat.
e) Ich esse lieber etwas______.
f) Salat ist aber______!
g) Das Essen ist ja______.
h) Die Soße ist so______, die schmeckt mir nicht.
i) Der Braten ist______.
j) Die Nudeln sind______.

k) Herr Ober, das Bier ist nicht _____.

i) Ich möchte _____ Brötchen mit Butter und ein ______ Ei.

m) Das Ei ist ja ganz _____! Die Konfitüre ist mir zu ______.

n) Ich habe doch _____ Nudeln bestellt und keine Spagetti.

2. *请填写形容词词尾和合适的名词。*

a) ein schnell__	VW, BMW, Motorrad
b) das kalt__	Januar, Jahr, Wetter
c) eine teur__	Motor, Reparatur, Auto,
d) ein gut__	Essen, Kuchen, Wagen
e) die international__	Politik, Zentrum, Realismus
f) das weit__	Reise, Meer, Flug
g) das hässlich__	Kleid, Anzug, Mantel

3. *写出下列单词的复数形式,并注意形容词的变化。*

a) das große Hotel	*die*________________
b) das billige Ticket	________________
c) die gelbe Blume	________________
d) das weiße Hemd	________________
e) die alte Villa	________________
f) der berufstätige Mensch	________________
g) das neue Büro	________________
h) das kalte Getränk	________________

4. *复数形式是怎样的?*

a) mit einem großen Koffer	*mit groß*__ ________________
b) mit einem guten Freund	________________
c) mit einem alten Fahrrad	________________
d) in einem billigen Hotel	________________
e) auf einer schönen Insel	________________
f) mit einem schnellen Schiff	________________
g) auf einem kleinen Campingplatz	________________
h) an einem ruhigen Strand	________________
i) mit einem schweren Rucksack	________________
j) in einem feinen Restaurant	________________

5. *a) 请您比较!*

Singular

N	der Regen	starker Regen
A	den Regen	starken Regen
D	mit dem Regen	bei starkem Regen
G	die Folge des Regens	die Folge starken Regens

Plural

N	die Regenfälle	starke Regenfälle
A	die Regenfälle	starke Regenfälle
D	mit den Regenfällen	bei starken Regenfällen
G	die Folge der Regenfälle	die Folge starker Regenfälle
	请您标出定冠词的词尾。	*请您标出形容词的词尾。*

规则:不带冠词的形容词带有 ______ 的词尾,例外是 ________ 和 ________ 的单数第二格的形式。

b) *请您也作修饰单数名词的形容词的变化,例如:die gesunde Luft – gesunde Luft; das schlechte Wetter – schlechtes Wetter。*

6. *您知道下列词的反义词吗?*

a) intelligent – ____________

b) mutig – ____________

c) ordentlich – ____________

d) zufrieden – ____________

e) fair – ____________

f) lustig – ____________

g) zuverlässig – ____________

h) aktiv – ____________

i) groß – ____________

j) dünn – ____________

k) hübsch – ____________

l) jung – ____________

请作分类:

容貌	性格

7. *请编一段小对话,用上下列词。*

例如:

■ Ich wollte ein weiches Ei.

▲ Tut mir leid, das Ei ist hart. Aber harte Eier sind auch gesünder.

a) dunkles Bier – (hell)

b) trockner Wein – (halbtrocken)

c) reife Bananen – (grün)

d) billige Orangen – (teuer)

e) kalter Saft – (warm)

f) eine gesunde Ernährung- (ungesund)

8. *请用所给的形容词填空,使它们构成习惯用语。*

a) Dieses Problem besprechen wir nicht. Das ist ein ganz ______ Eisen

b) Er hat viel versprochen und nichts gehalten. Er hat uns ______ Berge versprochen.

c) Sie ist immer optimistisch, sie ist immer ______ Dinge.

d) Wir müssen ganz vorsichtig mit ihm sein. Wir müssen ihn wie ein ______ Ei behandeln.

e) Tu das nicht! Das macht nur ______ Blut.

f) Das ist nicht seine Idee. Er schmückt sich wieder mit ______ Federn.

fremd böse heiß roh gut golden

9. *课文中的语法。*

a) *Guten Appetit!*

在德国,吃饭前说 Guten Appetit。
它的形式是第四格,意思是:祝你胃口好。

有一句有名的谚语是: Man ist, was man isst.

您知道有多少种风味？

die gute Küche.
die regionale Küche
die neue Küche
die leichte Küche
die bayerische Küche
die sächsische Küche
die westfälische Küche und ...

b）在莱茵兰地区，夏天常常闷热。于是人们想出了一个好办法，人们发明了一种清淡的夏季菜肴。

烹制程序：

1. Rinderbrust mit Suppengrün in kochendes Salzwasser geben.
   1 Stunde bei geringer Hitze kochen.
   将牛胸脯肉连同香料蔬菜放进加了盐的开水中，在微火上煮一小时。

2. Fleisch in der Brühe kalt werden lassen.
   让肉在汤中凉下来。

3. Creme fraîche mit Pfeffer, Salz, Zitronensaft verrühren.
   拌入全脂奶油、胡椒、盐和柠檬汁。

4. Das kalte Fleisch dünn schneiden.
   将放凉了的肉切成 薄片。

5. Fleisch in die Soße tun und kalt servieren.
   将肉片放进汁中，端上。

吃这种肉时，喝干红葡萄酒。

请标示出所有的形容词：
— 用红笔划出名词前变化了的形容词
— 用蓝笔划出所有没有变化的形容词

请在所有带有形容词的句子成分下划线：
冠词＋形容词＋名词

96 **构词法**

前缀和后缀

许多形容词是由前缀加形容词或者名词/动词加后缀构成的:

…… + **形容词**

un- der unfreundliche Gast 不友好的客人 — = *freundlich* 的反义词。注意: 只有特定的形容词用 *un-* 构成其反义词, 请常查词典。
unmodern 不时髦的
unvorsichtig 不小心的
(等等)

über- der übervorsichtige Fahrer 过于小心的司机 =超出正常范围。
aller- das allerschönste Erlebnis 最最美好的经历 =超过最高级。
halb- das halbautomatische Gerät 半自动化工具 = 仅仅只有一部分。
teil- die teilmöblierte Wohnung 配有部分家具的住房

97 **名词** +……

-ig die einjährige Ausbildung 一年的培训 = *ein* + *das Jahr* + *ig*
der einfarbige Stoff 单色的布料 = *ein* + *die Farbe* + *ig*
-isch der japanische Minister 日本的部长 = 国籍
-lich die geschäftlichen Interessen 生意方面的利益 = 关于生意方面的
das elterliche Haus 父母的房子 = 属于父母的
-los die fahrerlose Bahn 没有司机的火车 = 没有司机的
die elternlose Kinder 没有父母的孩子 = 没有父母的

-arm die verkehrsarme Straße 车辆稀少的街道 = 有很少车辆行驶的
-reich die kinderreiche Familie 孩子很多的家庭 = 有很多孩子的

98 **动词** + . . .
-bar trinkbar 可饮用的 = 可以饮用的
unbezahlbar 付不起钱的 = 付不起钱的

Übungen

10. -ig 或者 -lich? 请填空。

a) ruh__
b) täg__
c) bill__
d) richt__
e) schrift__
f) glück__
g) pünkt__
h) farb__
i) mensch__
j) schwier__
k) schuld__
l) vergeb__

11. 请填空，必要时请查阅字典。

国家	形容词	居民(男性/女性)
Albanien		
Belgien		
Bulgarien		
China		
Dänemark		
Deutschland		
England		
Finnland		
Frankreich		
Griechenland		
Irland		
Island		
Italien		
Japan		
Korea		
Kroatien		
Luxemburg		
Niederlande		
Norwegen		
Österreich		
Polen		
Portugal		
Rumänien		
Russland		
Schweden		
Schweiz		
Serbien		
Slowenien		
Spanien		
Tschechien		
Türkei		
Ukraine		
Ungarn		
Afrika		
Amerika		
Asien		
Australien		
Europa		

12. *请填空。*

Es gibt...	Das ist/sind...
a) Spargel aus Griechenland	*griechischer Spargel*
b) Äpfel aus Neuseeland	______
c) Tomaten aus Holland	______
d) Erdbeeren aus Israel	______
e) Pilze aus Japan	______
f) Kartoffeln aus Polen	______
g) Weintrauben aus Südafrika	______
h) Bananen aus Frankreich(!)	______
i) Pfirsiche aus Italien	______
j) Apfelsinen ans Spanien	______
k) Aprikosen aus der Türkei	______

这些形容词有着相同的后缀。
由国家和地区名称构成的形容词有相同的后缀 ______.

13. *用反义词填空。*

a) Herr Fischer ist immer freundlich. – Das stimmt nicht. Gestern war er sehr ______.
b) Bist du glücklich? – Was? Ich? Ich bin sehr ______.
c) Klaus ist immer vorsichtig. – Nicht im Straßenverkehr. Da ist er leider ______.
d) Bist du zufrieden mit der Arbeit? – Im Gegenteil, ich bin ______.
e) Zum Mars fliegen, ist das möglich? – Für Menschen ist das noch ______.
Für eine Marssonde ist das schon ______.
f) Das Problem ist mir klar. – So? Mir ist alles ______.
g) Wie heißt das Gegenteil von „natürlich“? – „Künstlich“ oder „unnatürlich“.
Man sagt: Das sind ______ Blumen. Aber: Er benimmt sich ______.

14. *请填写形容词。*

a) die Dummheit	*dumm*
b) die Süßigkeit(!)	______
c) die Gesundheit/die Krankheit	______

d) die Arbeitslosigkeit(!) ________________
e) die Tätigkeit ________________
f) die Zufriedenheit ________________
g) die Wahrheit ________________
h) die Richtigkeit ________________
i) der/die Kranke ________________
j) der/die Verwandte ________________
k) der/die Fremde ________________
l) der/die Bekannte ________________
m) der/die Berufstätige ________________
n) der/die Arbeitslose ________________
o) der/die Verletzte ________________
p) die Verliebten ________________

如有可能,请用 *un-* 构成反义词,请用词典。

比较级 99

形式

形容词有三级:
schön = 原级
schöner = 比较级　　比较级带有 *-er-*
der/das/die **schönste**. . . = 最高级　　最高级带有 *-st-*

可以在人之间和物之间进行比较,于是就有了比较级和最高级。

形容词 100

作定语(有变化)		构成谓语(没有变化)	
die schön**e** Jahrezeit	美好的季节	Im Mai ist es **schön.**	五月是美好的。
die schön**ere** Jahreszeit	更美好的季节	Im Juli ist es **schöner.**	七月更美好。
die schön**ste** Jahreszeit	最美好的季节	Im August ist es **am schönsten.**	八月最美好。

am. . . -sten 的形式永远不变。

101 **特点：**

a →ä

arm　ärmer　der/die/das　**ä**rmste　(1)一些单音节形容词要变音。

o →ö

groß　größer　gr**ö**ßte

u →ü

jung　jünger　j**ü**ngste

同样:

a→ä	**o→ö**	**u→ü**
warm	grob	dumm
lang	hoch	klug
stark		kurz
schwach		
scharf		
alt		
kalt		
hart		
nah		

(2)一些形容词的变化是不规则的。

gern　lieber　liebste
gut　besser　beste
hoch　höher　höchste
nah　näher　nächste
viel　mehr　meiste

das **gute** Bier – das **bessere** Bier – das **beste** Bier
der ho**h**e Turm – der hö**h**ere Turm – der hö**ch**ste Turm

(3) *mehr* 和 *weniger* 没有变化，*gern* 只能用作副词。

mehr / **weniger** Geld
mehr / **weniger** Kaffee
Kaffee trinke ich **gern** / **lieber** / **am liebsten.**

(4)以 *-el* 和 *-er* 结尾的形容词在比较级中去 *-e-*。

dunkel　dunk**ler**　dunkelste
edel　ed**ler**　edelste
sensibel　sensib**ler**　sensibelste
sauer　sau**rer**　sauerste
teuer　teu**rer**　teuerste
但是: sauber, saub**erer**, sauberste

heiß: der heiß**este** Sommer
alt: die ält**este** Schwester
hübsch: das hübsch**este** Kleid

(5) 以 *-ss*、*-ß*、*-t*、*-tz*、*-z* 和 *-sch* 结尾的形容词变成最高级时加 *-e-*。

同样:

-ss, -ß	-t	-tz, -z, -sch
nass	kalt	spitz
weiß	schlecht	stolz
但是: groß,	spät	kurz
die größten	weit	frisch
Bäume	breit	*但是:* bedeutend, die
		bedeutendsten Ereignisse

das beste Restaurant

(6) 最高级要有定冠词。

Das ist **eines der besten Restaurants** hier. 这是这里最好的餐馆之一。

Er ist **einer der besten Köche**, die wir kennen. 他是我们认识的最好的厨师之一。

Heute ist **der längste Tag des Jahres**. 今天是一年里最长的一天。

Das ist **das beste Restaurant der Stadt.** 这是城里最好的餐馆。

(7) 您经常可以用时间说明语或者地点说明语,将最高级限定在一定范围内。

15. 请填空。

a) Wien ist eine sehr alt ____Stadt.
b) Um Christi Geburt war das heutig ____Österreich Teil des römisch ____Reiches.
c) Die Römer brachten die erst ____Weinreben an die Donau.
d) Die Wien ____Küche ist eine der berühmt ____Küchen der Welt.
e) Man bestellt einen Klein____oder einen Groß____, einen Schwarz____oder einen Braun____. Welcher Kaffee schmeckt am ________?
f) Grün ____Bohnen heißen Fisolen und Schlagobers ist süß ____Sahne.

Übungen

16. *请用形容词的比较级填空。*

a) Das Essen ist nicht warm. Es könnte etwas __________ sein.
b) Der Wein ist nicht trocken. Er ______________________________.
c) Der Pudding ist nicht süß. ______________________________.
d) Das Fleisch ist nicht weich. ______________________________.
e) Der Salat ist nicht frisch. ______________________________.
f) Das Schnitzel ist nicht sehr groß. ______________________________.
g) Der Apfel ist nicht reif. ______________________________.
h) Das Bier ist nicht kalt. ______________________________.
i) Der Kaffee ist nicht besonders stark. ______________________________.

17. *请用形容词的最高级填空。*

a) Der ______ Berg Deutschlands ist die Zugspitze mit 2962 Metern. (hoch)
b) Der ______ See in Deutschland ist der Bodensee. (groß)
c) Der ______ Fluss in Europa ist die Wolga. (lang)
d) Der ______ Tag ist der 21. Dezember. (kurz)
e) Der Sommer ist die ______ Jahreszeit. (warm)
f) Der Januar ist der ______ Monat. (kalt)
g) Der ______ Monat ist der Juli. (heiß)
h) Die ______ Wohnungen gibt es in München. (teuer)
i) Die ______ deutschen Weine wachsen im Rheintal. (gut)
j) Die ______ Universitätsstädte sind Prag, Wien und Heidelberg. (alt)

18. *反义词是什么？请编写小对话。*
例如: das stärkste Bier – das schwächste Bier

■ Weißbier ist das schwächste Bier.
▲ Stärker ist das Helle. Das stärkste Bier aber ist das Starkbier.

19. *请用 höchst- (Höchst- 是 hoch 的最高级)构成形容词和名词。您能举例吗?*

das Gewicht　　die Geschwindigkeit　　der Preis
einfach　　gefährlich　　die Leistung

例如: Das Höchstgewicht sind 20 Kilo. (Gepäck im Flugzeug)

20. 下面的词是什么意思?

supermodern　　superneugierig　　supergefährlich
superteuer　　superbillig　　superlaut　　superstark

合成词的意思是比较级还是最高级?

21. 您能区分它们吗: sehr teuer — zu teuer?
请填空。

a) Das Obst ist ____ teuer. Es ist wieder teurer geworden.
b) Das Obst ist mir ____ teuer. Das kaufe ich heute nicht.
c) Der Pullover ist dir ____ groß. Du brauchst einen kleineren.
d) Die neue Kamera ist ____ schön. Meine Bilder sind super geworden.
e) Der Computer ist ____ alt. Ich brauche einen neuen.
f) Mit dem Lexikon kann ich nicht arbeiten. Das ist ____ alt.

句法基本结构 9

比较句 102

人与人或者物与物一样的时候，用 *wie* 来表示：

Der Weißwein ist **so alt wie** der Rotwein.	这种白葡萄酒与这种红葡萄酒的酒龄一样。	→ *wie* 在主句里。
Der Weißwein ist **so alt, wie** ich vermutet habe.	这种白葡萄酒的酒龄与我猜测的一样。	→ *wie* 在从句里。

人之间或者物之间进行比较时，用 *als* 表示不一样：

Der Rotwein ist **älter als** der Weißwein.	这种红葡萄酒的酒龄比这种白葡萄酒的长。	→ *als* 在主句里。
Der Rotwein ist **älter, als** ich dachte.	这种红葡萄酒的酒龄比我想像的长。	→ *als* 在从句里。

有否定词 *nicht... so* 时，用 *wie*:

Der Weißwein ist **nicht so** alt **wie** der Rotwein.	这种白葡萄酒的酒龄不象这种红葡萄酒的那么长。	
Je älter der Wein, **desto** teurer ist er.	酒龄越长，酒就越贵。	→ *je* + 比较级
Je besser das Restaurant ist, **desto teurer** sind die Weine.	餐馆越好，酒就越贵。	*desto* + 比较级 + 动词。

103

句法基本结构 10

dass 从句

dass- 句是从句，记住：在从句里，变位动词永远位于句尾（在主句里它在第二位）。*dass-* 句的内容是陈述，某些动词能引出 *dass-* 句：

Florian hat angerufen. Ich habe gehört, dass Florian angerufen hat. Ich vermute, dass er angerufen hat. Ich glaube, dass der Weißwein sehr alt ist. Ich denke, dass der Weißwein älter ist.	弗洛里安打了电话。 我听说，弗洛里安打了电话。 我猜，他打了电话。 我想，这种白葡萄酒的酒龄很长。 我想，这种白葡萄酒的酒龄更长。	(1)表示想和说的动词： *sagen, antworten* *denken, glauben,* *meinen, annehmen* 等等。
Ich hoffe, dass Florian bald kommt. （也用于主句中：*Ich hoffe, er kommt bald.*）	我希望弗洛里安很快就来。	(2)表示愿望和感觉的动词：*hoffen, fürchten, wünschen, finden, wollen*。
Wir raten dir, dass du jetzt Urlaub machst. （也用于不定式：*Wir raten dir, Urlaub zu machen.* 请参阅第 160 和第 162 节。）	我们建议你现在度假。	(3) *bitten, erlauben, raten*
Es freut mich, dass Sie die Stelle bekommen. Es scheint, dass die Firma pleite ist,	我很高兴您得到这个职位。 这家公司好像破产了。	(4)非人称动词： *Es gefällt mir,* *Es ärgert/ freut mich;* *Es scheint, . . .*
Es ist möglich, dass das Gerät kaputt ist.	这台仪器可能坏了。	(5)形容词 + *sein*: *Es ist möglich / nötig / angenehm / verboten, schön* 等等

从句也可在第一位，请比较：

第一位	第二位		
Ich	habe	dir erzählt,	dass Florian kommt. 我已经告诉你，弗洛里安会来的。
Ich	habe	es dir erzählt.	
Dass Florian kommt,	habe	ich dir erzählt.	

22. *Wussten Sie schon, dass…?请把句子补充完整。*

a) Frau Müller hat einen Hund im Büro.
b) Herr Koch isst keine Spagetti.
c) Franz Xaver hat gelogen.
d) Es gibt keine weißen Mäuse mehr.
e) Alle Charterflugzeuge sind blau.
f) Menschen können zum Mars fliegen.

23. 请模仿例子造句。
例如：ein gutes Restaurant — Das Restaurant ist besser, als ich dachte.

a) die teure Ware
b) der starke Kaffee
c) das scharfe Gewürz
d) die sauren Kirschen
e) der alte Wein
f) die warme Jacke

24. *你知道吗？在德国……*
例如:
der höchste Berg   Ich glaube, dass der höchste Berg die Zugspitze ist.

a) der______(lang) Fluss(Rhein)
b) die______(groß)Stadt mit den______(viel) Einwohnern(Berlin)
c) die______(alt)Messestadt(Leipzig)
d) das______(berühmt) Volksfest(das Oktoberfest)
e) das______(bekannt) Lied (das Lied von der Loreley)
f) das Bundesland mit den______(viel) Einwohnern(Nordrhein-Westfalen)
g) das______(klein) Bundesland (das Saarland)

25. *比较：请找出正确的表达法。*

a) Er freut sich wie...
b) Er frisst wie...
c) Er raucht wie...
d) Er fährt wie...
e) Er schläft wie...
f) Er arbeitet wie...
g) Er schimpft wie...
h) Er benimmt sich wie...

ein Rohrspatz   ein Pferd
ein Elefant im Porzellanladen
ein Schneekönig   ein Schlot
ein Bär   eine gesengte Sau
ein Scheunendrescher

104 数词

Ich habe zehn Mark.	我有 10 马克。	基数词无词尾变化
Heute haben wir den zehnt**en** Juni.	今天是 6 月 10 日。	序数词有词尾变化

105 基数词

0	null			21	einundzwanzig
1	ein-/eins	11	**elf**	22	zweiundzwanzig
2	zwei	12	**zwölf**	23	dreiundzwanzig
3	drei	13	dreizehn	24	vierundzwanzig
4	vier	14	vierzehn	25	fünfundzwanzig
5	fünf	15	fünfzehn	26	sechsundzwanzig
6	sechs	16	**sechzehn**	27	siebenundzwanzig
7	sieben	17	**siebzehn**	28	achtundzwanzig
8	acht	18	achtzehn	29	neunundzwanzig
9	neun	19	neunzehn	30	dreißig
10	zehn	20	**zwanzig**		

40	vierzig	101	hundert(und)eins
50	fünfzig	102	hundert(und)zwei
60	sechzig	...	
70	siebzig	200	zweihundert
80	achtzig	300	dreihundert
90	neunzig	...	
100	hundert		

1 000	tausend
10 000	zehntausend
100 000	hunderttausend
1 000 000	eine Million
2 000 000	zwei Millionen
1 000 000 000	eine Milliarde
2 000 000 000	zwei Milliarden

(1)数字 13 至 99, 请从右向左读。

13 = dreizehn
21 = einundzwanzig
98 = achtundneunzig

41 = einundvierzig 1001 = tausendeins		(2)数字 1 在字尾读 *-eins*,在字首读 *ein-*。
Bitte, einen Kaffee und ein Stück Kuchen. Einer der Äpfel war schlecht.	请来一杯咖啡和一块点心。 苹果中有一个是烂的。	(3)不定冠词也是数词。
die Null, -en die Million, -en die Milliarde, -n	零 百万 十亿	(4)阴性名词有复数。
Christine hat eine Zwei im Aufsatz, aber Gerhard hat eine Eins.	克里丝蒂讷的作文得2分,而格哈德得1分。	(5)学校的分数是阴性名词。
Wie viel Geld hast du dabei?	你带了多少钱?	(6)用 *Wie viel?* 提问泛指的量。
Wie viele Flaschen sind das?	这是多少瓶?	用 *Wie viele?* 提问特指的数。
Christian und Annette sind ein attraktives Paar. Beide gehen noch zur Schule. Die beiden passen zueinander.	克里斯蒂安和安内特是颇有魅力的一对儿,他们还在上学,他们俩很相配。	(7) *Beide* 指两个人或物。
Wir können nicht Musik hören und gleichzeitig arbeiten. Beides geht nicht.	我们不能在听音乐的同时工作,不能两样都干。	*Beides* 表明两者之间的关联。
ein Hochzeitspaar zwei Paar Strümpfe / Schuhe ein paar Stifte / Bücher	一对新婚夫妇 两双筒袜 / 鞋 一些笔 / 书	(8) *Paar* 的意思是相互从属的两个人或物。 *ein paar* 的意思是 *einige*。

时间 106

提问: Wie spät ist es?
Wie viel Uhr ist es?

	非正式(12 小时)	正式(24 小时)
Es ist		
7.00	sieben (Uhr) (morgens)	sieben Uhr
7.10	zehn (Minuten) nach sieben	sieben Uhr zehn
7.40	zwangzig (Minuten) vor acht	sieben Uhr vierzig
10.00	zehn (Uhr) (vormittags)	zehn Uhr
12.00	zwölf (Uhr) (mittags)	zwölf Uhr
13.00	ein Uhr/eins	dreizehn Uhr
16.00	vier (Uhr) (nachmittags)	sechzehn Uhr
16.15	Viertel nach vier (= viertel fünf)	sechzehn Uhr fünfzehn
16.30	halb fünf	sechzehn Uhr dreißig
16.45	drei viertel fünf Viertel vor fünf	sechzehn Uhr fünfundvierzig
24.00	zwölf (Uhr)/Mitternacht	vierundzwanzig Uhr
0.03	drei Minuten nach zwölf	null Uhr drei
3.00	drei Uhr (nachts)	drei Uhr

7.55 (Uhr) 7 点 55 分
5 (Minuten) vor 8 差 5 分 8 点
sieben Uhr fünfundfünfzig 7 点 55 分

(9)先说分钟，再说小时。但是收音机用正式表达法报时，先说小时，再说分钟：*Es ist null Uhr fünf (Minuten).* 现在是零点五分。

Es ist fünf vor halb drei. 差 5 分两点半。
Es ist zehn nach drei. 3 点 10 分。

(10)介词 *vor* 和 *nach*:
请您取距半点或整点的最短距离。

Es ist Punkt zwölf. 现在是 12 点整。
Es ist null Uhr. (= Es ist Mitternacht.) 现在是零点。
Er kommt gegen eins. (= ungefähr um ein Uhr) 他大约 1 点来。

(11)习惯用语

107 年份

Im Jahr 2000 (= zweitausend) 2000 年
1999(=neunzehnhundertneunundneunzig) 1999 年
Im Jahr 800 war die Krönung Karls des Großen. 800 年，卡尔大帝加冕。

Im Jahr 可与有重大意义的事件用在一起。

货币 108

欧洲：

1 €	ein Euro	一欧元
€ 0, 50	fünfzig Cent	50 分

德国：

DM 10,—	10 马克（或者 10 个德国马克）
DM 10, 50	10 马克 50 芬尼
DM 0, 30	30 芬尼

奥地利：

S 10, —	10 先令
S. 10, 50	10 先令 50 格罗申
S. 0, 30	30 格罗申

瑞士：

sFr. 10, —	10(瑞士)法郎
sFr. 10, 50	10 法郎 50 生丁
sFr. 0, 30	30 生丁

度量衡 109

Wie lang ist der Tisch?	桌子多长？
– Einen (= 第四格) Meter. / Er ist einen Meter lang.	1 米。
Wie weit ist es noch?	还有多远？
– Noch einen (= 第四格) Kilometer.	还有 1 公里。
Wie schwer ist der Rucksack?	背包有多重？
– Er wiegt einen (=第四格) Zentner.	50 公斤 .
Wie alt ist das Baby?	婴儿多大了？
– Einen (= 第四格) Monat. Es ist einen Monat alt.	1 个月 .

长度:

1 mm	ein Millimeter	1 毫米
1 cm	ein Zentimeter	1 厘米
1 m	ein Meter	1 米
1, 5 m	ein Meter fünfzig	1. 5 米
1 km	ein Kilometer	1 公里
100 km	hundert Kilometer	100 公里
1 Meile	1 英里	

速度:

100 km/h hundert Kilometer pro Stunde 每小时 100 公里。(经常说成：hundert Stundenkilometer)

面积:

1 cm^2 ein Quadratzentimeter 1 平方厘米
1 m^2 ein Quadratmeter 1 平方米
1 ha ein Hektar 1 公顷

体积:

1 m^3 ein Kubikmeter 1 立方米
100 m^3 hundert Kubikmeter 100 立方米
1 l ein Liter 1 升

重量:

1 g ein Gramm 1 克
100 g hundert Gramm 100 克
1 Pfd. ein Pfund 1 磅
3 Pfd. drei Pfund 3 磅
1 kg ein Kilo(gramm) 1 公斤
10 kg zehn Kilo(gramm) 10 公斤
1 t eine Tonne (die Tonne, -n)1 吨
10 t zehn Tonnen 10 吨

温度:

20°C zwanzig Grad(Celsius) 20 摄氏度
0°C null Grad (Celsius) 0 摄氏度
+2°C plus zwei Grad (Celsius)/zwei Grad über Null/zwei Grad über dem Gefrierpunkt/zwei Grad Wärme
2 摄氏度/零上 2 摄氏度
- 2°C minus zwei Grad (Celsius)/zwei Grad unter Null/zwei Grad unter dem Gefrierpunkt/zwei Grad Kälte
零下 2 摄氏度

百分数:

1% ein Prozent 百分之一
100% hundert Prozent 百分之百

110 序数词

der, die, das	**erste**...	第一	zehn**te**	第十
	zwei**te**	第二	zwanzig**ste**	第二十
	dritte	第三	dreißig**ste**	第三十
	vier**te**	第四	einunddreißig**ste**	第三十一
	fünf**te**	第五	...	
	sechs**te**	第六	hundert**ste**	第一百
	sieb(en)**te**	第七	...	
	achte	第八	million**ste**	第一百万
	neun**te**	第九		

der erste Versuch 第一次实验
der millionste Besucher 第一百万个来访者

(1)数字 2 至 19: + *-te*
其它数字: + *ste*
序数词像形容词一样变化。

第一格	der erste Versuch
第四格	den ersten Versuch
第三格	dem ersten Versuch
第二格	des ersten Versuchs

der 3. Versuch / der dritte Versuch	第三次实验	(2)数字加点或者用德语词。
Friedrich II. / Friedrich der Zweite	弗里德里希二世	
die Krönung Karls I. / die Krönung Karls des Ersten	卡尔一世的加冕	
der 2. Weltkrieg / der Zweite Weltkrieg	第二次世界大战	
Heute ist der 7. 9.	今天是 9 月 7 日。	(3)这样读日期: *Heute ist der Siebte Neunte (oder: der Siebte September) ... am Siebten Neunten (oder: ... am Siebten September)*
Er hat am 7. 9. Geburtstag.	他的生日是 9 月 7 日。	
Ich bin am 2. Oktober 1970 geboren.	我是 1970 年 10 月 2 日出生的。	履历中的日期。
Der Wievielte ist heute? oder: Den Wievielten haben wir heute?	今天是几号?	就日期提问。
München, den 24. 10. 1998	慕尼黑,1998 年 10 月 24 日	
Der Brief ist vom 24. 10.	这封信写于 10 月 24 日。	(4)信件上的日期: 这样读, München, den Vierundzwanzigsten Zehnten... ...vom Vierundzwanzigsten Zehnten

分数词 111

1/4	ein Viertel	四分之一	序数词 + *-l*
1/3	ein Drittel	三分之一	
1/2	ein halb-	二分之一	
3/4	drei Viertel	四分之三	
1 1/2	eineinhalb (anderthalb)	一又二分之一	
4 1/2	viereinhalb	四又二分之一	
1/10	ein Zehntel	十分之一	
1/100	ein Hundertstel	百分之一	

ein halbes Pfund Butter 半镑黄油 *ein halb-* 像形容词一样变化。

分配数词 112

1. erstens 第一点, 2. zweitens 第二点, 3. drittens 第三点 等等

序数词 + *-ns*

Ich gehe nicht mit.	我不一起去。	分配数词用于列举。
Ich habe erstens keine Zeit und zweitens keine Lust.	我一没时间, 二没兴趣。	

113 表示次数的数词

einmal, zweimal, dreimal 等等。

Wir essen nur einmal warm am Tag, selten zweimal.	我们一天只吃一顿热餐，很少吃两顿热餐。	基数词 + *-mal*

114 小数

14, 3	vierzehn Komma drei (14. 3)
2, 28	zwei Komma zwei acht(2. 28)

技巧与诀窍

技巧与诀窍

在统计学中有许多缩写词:

Mio.	= Million -en
Ts.	= Tausend
Mrd.	= Milliarde, -n

常常出现小数，小数点后边的数字要一个一个地读:

3, 389	drei Komma drei acht neun
10, 45%	zehn Komma vier fünf Prozent

但是，货币要这样读:

DM 20, 25	zwanzig Mark fünfundzwanzig

打电话时，*zwei* 和 *drei* 听起来相似，所以常说 *zwo*，不说 *zwei*。
650 33 60: 读成: *sechshundertfünfzig dreiunddreißig sechzig*
或者 *sechs fünf null – drei drei – sechs null.*
数字的节奏十分重要。

26. 请填空。

a) Wie lang ist der Airbus A 340? – Er ist______________(63, 66m)
b) Wie breit sind die Flügel?(60, 30m)
c) Wie breit ist die Kabine?(5, 40m)
d) Wie viel Liter tankt das Flugzeug?(140 000 Liter Kerosin)
e) Wie schwer ist das Flugzeug beim Start?(271 t)
f) Wie hoch fliegt das Flugzeug?(12, 5 Kilometer)
g) Wie kalt ist es in 12 Kilometer Höhe?(minus 50 Grad Celsius)
h) Wie weit fliegt das Flugzeug ohne Stopp?(15 000 km)
i) Wie weit sind______________(15 000 km)? – Das ist von Frankfurt am Main nach Perth in Australien.
j) Wie schnell fliegt das Flugzeug?(800—900 km/h)
k) Wie viele Menschen fliegen jährlich weltweit?(1, 5 Millionen)

27. 在支票上要把数字写成文字，请写出下列数字。

DM 212,- ______________________________
DM 52,- ______________________________
DM 1005,- ______________________________
DM 798,- ______________________________
DM 98,90 ______________________________
DM 503,80 ______________________________

28. 请读出下列邮政编码。
例如:
81825 = acht eins acht zwei fünf
oder einundachtzig achthundertfünfundzwanzig
oder einundachtzig zweiundachtzig fünf

54552	Demerath	17379	Demnitz b. Torgelow
19217	Demern	17139	Demzin
16866	Demerthin	85095	Denkendorf, Oberbay.
08539	Demeusel	73770	Denkendorf, Württ.
01877	Demitz-Thumitz	78588	Denkingen, Württ.
39579	Demker	86920	Denklingen, Oberbay.
17109	Demmin	38321	Denkte
15518	Demnitz b. Fürstenwalde		

29. *有人问 „Entschuldigung, können Sie mir sagen, wie spät es ist?"*
您看看表，回答说 „Ja natürlich, es ist. . . "

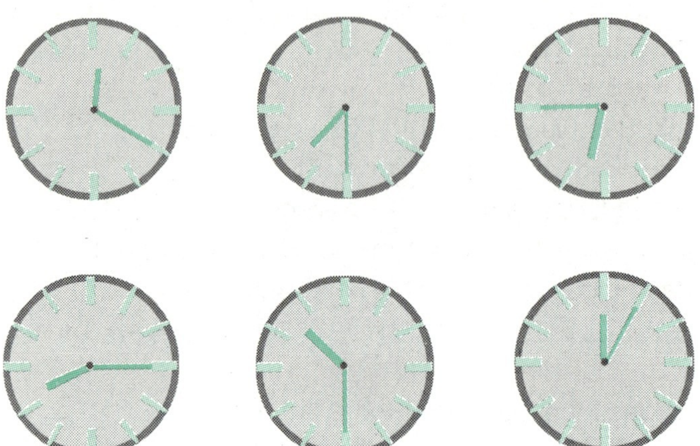

30. *请读出下列数字。*

世界人口的增长

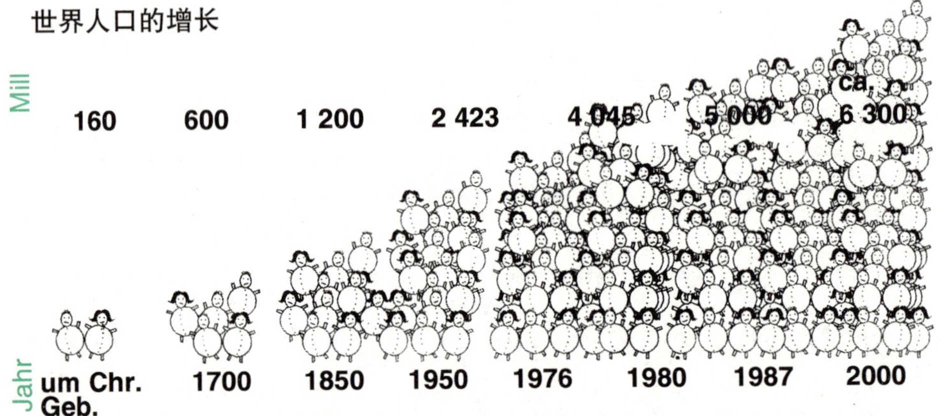

31. 请写出下列数字。

a) (24.) der ________________ Dezember
b) (1.) der ________________ Januar
c) (30.) mein ________________ Geburtstag
d) (II) Philipp der ________
e) (1 m) Das Brett ist ________ ________ lang.
f) Das kostet Milliard __ .
g) Geschichten aus ________________ Nacht
h) ________ der Orangen war schlecht.
i) (80 km/h) Auf Landstraßen ist die Höchstgeschwindigkeit ________ .
j) (23. 55) Es ist ________________ Uhr ________________ .
Es ist kurz vor ________________ .

32. 这些事件发生在那一年？请朗读句子。

a) Die Französische Revolution war im Jahre. . .
b) Die Öffnung der Berliner Mauer war im Jahre. . .
c) Das Ende des Zweiten Weltkriegs war im Mai. . .
d) . . . entdeckte Röntgen die X-Strahlen, die bald Röntgenstrahlen heißen.
e) . . . ist das Todesjahr des Kopernikus. Erst in diesem Jahr erschien sein Hauptwerk über das heliozentrische Weltbild.
f) . . . unternahmen die Brüder Wright einen ersten Flug von 39 Sekunden mit einem Motorflugzeug.

1789　1989　1945　1903　1895　1543

33. 课文中的语法——统计数字说明了什么？

a) Der BigMac Barometer

Den BigMac kann man auf der ganzen Welt kaufen. Am Preis des BigMac kann man die kaufkraft der Länder vergleichen:
世界各地都能买到大汉堡包，从它的价格上可以比较各国的购买力:

Der BigMac kostet in Deutschland DM 4, 90.
In ____________ kostet er ____________.

a) Österreich (der Schilling) 34, 00
b) Schweiz (der Schweizer Franken) 5, 90
c) Argentinien (der Peso) 2, 50
d) Belgien (der belgische Franken) 109
e) Brasilien (der Real) 2, 97
f) Großbritannien (das Pfund) 1, 81
g) China (der Yuan) 9, 70
h) Tschechische Republik (die tschechische Krone) 53
i) Frankreich (der französische Franc) 17, 50
j) Ungarn (der Forint) 271
k) Italien (die Lire) 4600
l) Japan (der Yen) 294
m) Polen (der Zloty) 430
n) Russland (der Rubel) 11
o) Spanien (die Peseta) Pta 375

Was kostet der BigMac in Ihrem Land?
Was kostet der BigMac in Euro?

b)德国人什么时候喝咖啡最多?

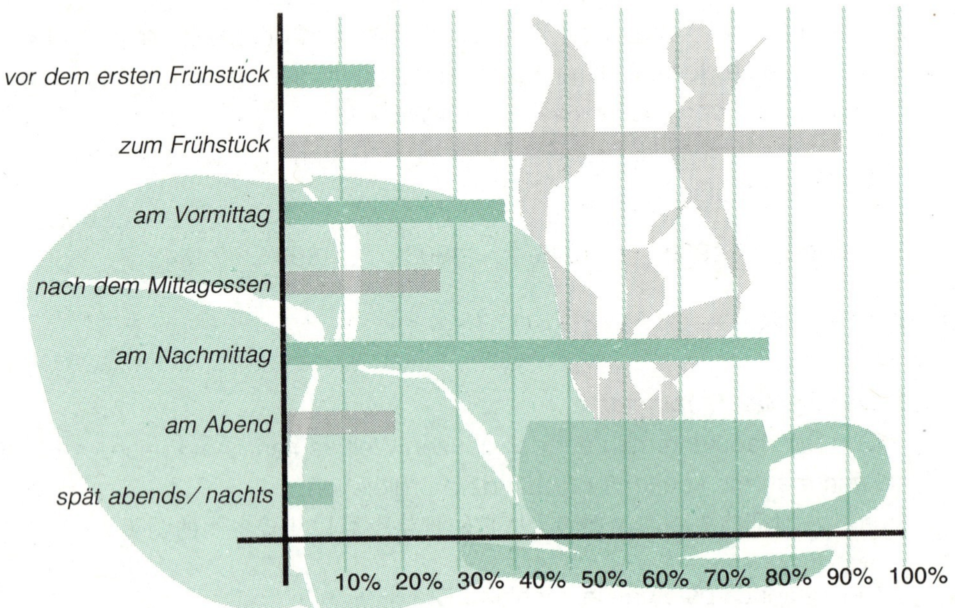

a) *Vor dem ersten Frühstück trinken 14, 7 Prozent der Deutschen Kaffee.*
b) ________________ *trinken* ________________________________ *Kaffee.*
c) ____
d) ____
e) ____
f) ____
g) ____

c)请读 76 页上的广告: *Was kostet / kosten. . . ?*

VII. 第一分词和第二分词

许多分词可以当形容词用。

作定语用的分词 115

动词不定式	**第一分词** 动词不定式 + *-d-* + 形容词词尾	**第二分词** *ge-. . . -t-/ -en-* + 形容词词尾
kochen	der **kochende** Reis 正在煮的米饭	der **gekochte** Reis 煮熟了的米饭
liefern	die **liefernde** Firma 供货公司	die **gelieferte** Ware 所提供的商品
fließen, mahlen	**fließendes** Wasser 自来水	**gemahlener** Kaffee 磨过的咖啡
sich auflösen	die sich **auflösende** Tablette 正在溶解的药片	die **aufgelöste** Tablette 溶解了的药片

Den Reis in **kochendes** Wasser geben.	把米放入沸腾的水中。	(1)第一分词表示活动,发生某事。第二分词表示结果,某事发生了。
Den **gekochten** Reis sofort servieren.	把煮熟的米饭立即端到桌上。	

sich auflösen	溶解	(2)反身动词的第二分词去 *sich*。
die **sich auflösende** Tablette	正在溶解的药片	
die **aufgelöste** Tablette	溶解了的药片	
sich erholen	休息、恢复体力	
der **sich erholende** Gast	正在休息的客人	
der **erholte** Gast	恢复了体力的客人	

用作谓语的分词 116

Das Essen **ist serviert.**	饭端来了。	(3) *sein* + 第二分词表示状态或者结果。
(Der Ober hat das Essen serviert.)	(服务生把饭端来了。)	
Der Reis **ist** fertig **gekocht.**	米饭煮好了。	
(Ich habe den Reis gekocht.)	我把米饭煮好了。	

Er ist/wird wütend.	他很 / 变得很愤怒。
Sie ist faszinierend.	她很有魅力 。
Der Film ist aufregend und spannend.	这部电影激动人心，扣人心弦。
Der Tag war/wurde anstrengend.	日子曾经/变得很艰辛。
Das Wasser ist erfrischend.	水很清凉。
Die Note ist ausreichend.	分数是及格。
Das Essen ist ausgezeichnet.	饭很好吃。
Die Arbeit ist für sie geeignet.	这个工作对她合适。
Wir sind befreundet.	我们是朋友。
Sie ist beschäftigt.	她很忙。
Er ist beliebt.	他受人喜爱。
Er ist entschlossen.	他很坚决。
Das ist verboten.	这是禁止的。
Der Platz ist besetzt.	这个座位有人了。

(4)一些分词已经变成真正的形容词，在词典上它们与形容词一样： *ausgezeichnet, geeignet* 等等。

Übungen

1. 请填写分词。

a) die ______ Woche(kommen)
b) die ______ Kosten(laufen)
c) das ______ Wasser(fließen)
d) der ______ Bus(halten)
e) der ______ Passant(verletzen)
f) das ______ Paar(sich verlieben)
g) die ______ Rechnungen(bezahlen)
h) die vor zehn Jahren ______ Häuser(bauen)

2. 请填写词尾。

a) in der kommend __ Woche
b) mit laufend __ Motor
c) mit wachsend __ Begeisterung
d) mit geeignet __ Geräten
e) auf verboten __ Wegen
f) auf einer gut besucht __ Messe
g) mit enttäuscht __ Gesicht
h) bei strömend __ Regen
i) in geheizt __ Räumen
j) mit frisch gewaschen __ Hemd

3. 请划出上面练习中的形容词。并用其作为定语造句。
例如：Wir haben einen aufregenden und spannenden Film gesehen.

4. 请填写第二分词。

a) Der Ober empfiehlt. –Wir nehmen das ________ Essen.
b) Angenommen, du gewinnst. –Was machst du mit der ________ Million?
c) Das Seil zerreißt. –Ein ________ Seil kann man nicht reparieren.
d) Sie schließt das Fenster. –Sie schläft bei ________ Fenster.
e) Der Dieb stiehlt das Fahrrad. –Er fährt mit dem ________ Fahrrad davon.
f) Sie verliert ihr Portmonee. –Sie bekommt das ________ Portmonee zurück.
g) Der Arzt verschreibt. –Der Patient kauft die ________ Tabletten.
h) Die Firma importiert die Ware. –Die ________ Ware ist versichert.

5. 请用第一分词填空。

a) Die Kinder spielen. –Achtung, ________ Kinder.
b) Der Bus fährt schon. –Springen Sie nicht auf einen ________ Bus!
c) Das Haus brannte. –Die Menschen hatten das ________ Haus verlassen.
d) Das Flugzeug startet. –Wir beobachten das ________ Flugzeug.
e) Das Personal einer Fluglinie ist am Boden oder fliegt. –Es gibt Bodenpersonal und ________ Personal.
f) Die Sonne strahlt. –Wir haben ________ Wetter.

6. 请填空。

a) Es gab zum Glück nur Leichtverletzt____.
b) Der Film ist für Jugendlich____ empfohlen.
c) Die Hälfte der Abgeordnet____ war anwesend.
d) Habt ihr etwas Schön____ erlebt? – Nein, nichts Besonder____.
e) Wir müssen den Auszubildend____ helfen.

7. 请填空。

a) der Verletzte	die ________ Fahrgäste
b) die Behinderte	das ________ Mädchen
c) der Angeklagte	die ________ Männer
d) der Gefangene	der ________ Räuber

8. 请找出合适的分词填空。

a) Familienstand: Eva ist ledig. Frau Franz war ______________, jetzt ist sie ______________.

b) Ein altes Spiel geht so: Sie zupfen die Blätter einer Blume. 1. Blatt: ______________, 2. Blatt: ______________, 3. Blatt: ______________ und wieder von vorn ______________, ______________, ______________. Das letzte Blatt sagt Ihnen die Zukunft.

verheiratet geschieden
verliebt verlobt verheiratet

9. Wie geht es Ihnen? 请填入合适的分词，请补充说明理由的句子。

a) Gut, ich bin. . .
b) Schlecht, ich bin. . .

wütend völlig geschafft verzweifelt
erholt ausgeschlafen gestresst beleidigt

10. 课文中的语法——习惯用语。

a) Sie waren Freunde, jetzt sind sie ______________ Leute.
b) Es hat lange gedauert, aber dann war das Eis ______________.
c) Er hat wieder einmal kein Geld, er ist vollig ______________.
d) Ich habe wenig geschlafen, jetzt bin ich total kaputt, ich bin völlig ________.
e) Was ist mit ihm los? Er spricht kaum und ist unfreundlich. Er ist so ________.

geschiedene abgebrannt gerädert
gebrochen kurz angebunden

您认识这个习惯用语吗?
Mit einem lachenden und einem weinenden Auge

Beispiel:
Es ist Januar, das Wetter ist schön, aber es liegt nur wenig Schnee.
Der Schilehrer sagt mit einem lachenden und einem weinenden Auge:
Meine Schüler können sich sonnen, aber Schifahren lernen sie nicht.

请找出其它例子。

VIII. 代词 117

用法

用于人 + 物	只用于人	只用于物
Welcher, -e, -es	Wer	Was
Was für einer, -e, -s		
	jemand	etwas
meiner, -e, -s		
der, die, das		
dieser, -e, -es		
jener, -e, -es		
derselbe, dieselbe, dasselbe		
derjenige, diejenige, dasjenige		
einer, -e, -s		
keiner, -e, -s	niemand	nichts
beide		beides
jeder, -e, -es	irgendjemand	irgendetwas
mancher, -e, -es	irgendwer	irgendwas
	man	
alle		alles, manches
viele		vieles
etliche		etliches
einige		einiges
mehrere		mehreres
wenige		weniges

疑问词请参阅第 118、119 节。
物主代词请参阅第 121 节。
指示代词请参阅第 122 – 125 节。
人称代词请参阅第 85 节。
反身代词请参阅第 48 和第 50 节。
不定代词请参阅第 128 – 135 节。

物主冠词请参阅第 89 节。
冠词请参阅第 77 – 79 节。

反身动词请参阅第 48 节。

118 疑问词

您在开始的几节德语课上就学了一些重要的疑问词（请参阅句法基本结构 1，第 9 节）。

Wer? 和 Was?

代词 *Wer*?可以变格:

第一格	**Wer** ist am Apparat?	喂,您是谁?
第四格	**Wen** möchten Sie sprechen?	您找谁?
第三格	Mit **wem** haben Sie gesprochen?	您和谁说了话?
第二格	**Wessen** Telefonnummer ist das?	这是谁的电话号码?

第一格	**Was** ist passiert?	发生什么事了?
第四格	**Was** kann ich für Sie tun?	我能为您做些什么?
第三格	–	
第二格	–	

疑问代词前可以加介词
(请参阅加介词补足语的动词，第 183 节):

(1)提问人:
介词 + 代词

Mit wem haben Sie gesprochen? 您和谁谈话了?
– Mit Herrn Ampfinger. （*mit* + 第三格）—和阿姆普芬格先生.
Über wen haben Sie gesprochen? 您们谈论谁了?
– Über niemand. （*über* + 第四格） —没有谈论任何人。

(2)提问事:
Wo(r)- + 介词

Wovon haben Sie gesprochen? 您们谈到什么事了?
– Von den neuen Arbeitszeiten. 谈到新的工作时间。
(ungangssprachlich auch: Von was?) (口语中也可以说: Von was?)

Worüber haben Sie gesprochen? 您们谈论什么事了?
– Über die Arbeitszeiten. 谈论工作时间。

Welcher? 和 Was für einer?

	阳性	阴性	中性	复数
第一格	Welche**r**	Welche	Welche**s**	Welche
	Was für eine**r**	Was für eine	Was für ein**s**	Was für welche
第四格	Welche**n**	Welche	Welche**s**	Welche
	Was für eine**n**	Was für eine	Was für ein**s**	Was für welche
第三格	Mit welche**m**	Mit welche**r**	Mit welche**m**	Mit welche**n**
	Mit was für eine**m**	Mit was für eine**r**	Mit was für eine**m**	Mit was für welche**n**
第二格	–	–	–	–

Was für einer, -e, -s 没有复数形式，用 welche。

Ich möchte Herrn Müller sprechen.
– Es gibt bei uns zwei Müller.
Welchen meinen Sie denn?

我想找米勒先生说话。
我们这儿有两个米勒，
您找哪一个？

(1) *Welch-* 用于提问人或物。

Ich hätte gern die Telefonnummer von Herrn Haber.
– **Welche** brauchen Sie denn? Die vom Büro oder die private?

我想要哈贝尔先生的电话号码。
您需要哪一个？办公室的还是家里的？

Was für ein Mensch ist Günter eigentlich?

冈特究竟是怎样一个人？

(2) *Was für ein-* 提问人或物的特性。

Ich habe einen Job.
– **Was für einen** denn?
– Leider nur einen Zeitjob.

我有个工作。
什么样的工作？
可惜只是临时工作。

1. 请把下列句子改为疑问句。

a) Herr Bauer hat angerufen.
b) Er hat Büromaterial bestellt.
c) Er hat eine neue Telefonnummer.
d) Herrn Bauers Sekretärin kommt. (2 Fragen)
e) Sie hat mit Frau Niemetz gesprochen.
f) Sie hat einen Termin gemacht.

Übungen

2. 请提问。

a) Ich habe heute Herrn Hunzinger getroffen.
b) Ich habe mich mit Herrn Hunzinger unterhalten.
c) Wir haben von Egon gesprochen.
d) Wir haben von Egons Sportgeschäft gesprochen.
e) Ich habe Erika von Herrn Hunzinger erzählt. (2 Fragen)
f) Ich habe ihr erzählt, dass Herr Hunzinger Sorgen hat.

3. 请用 Welch- 或者 Was für ein- 提问。

a) eine moderne Schweizer Uhr (Swatch) –Was für ein- Uhr? Ein- Swatch?
b) das oberste Stockwerk (mit Dachgarten)
c) die mittlere Tür (zum Garten)
d) eine Vase aus dem 17. Jahrhundert (aus Frankreich)
e) das Museum für moderne Kunst (in Köln)
f) eine Sonderschule (für Lernbehinderte)

4. 请填空。

a) _______ wartest du? – Auf die Kinder.
b) _______ fahrt iht? Mit dem Auto? – Nein, mit dem Zug.
c) _______ fahrt ihr nicht mit dem Auto? Das ist schneller! – . . . aber weniger umweltfreundlich.
d) _______ werdet ihr unterwegs sein? – Ich schätze, sechs Stunden.
e) Wisst ihr, _______ ihr ankommt? (Zeit)
f) Mit _______ Zug fahrt ihr?Mit dem um zehn Uhr?
g) Mit _______ Zug fahrt ihr?Mit dem ICE?

5. 请猜一猜。

a) Wer ist Theodor Fontane? (Maler, Dichter, Baumeister)
b) Wo lebte der alte Goethe? (Frankfurt, Rom, Weimar)
c) Was für eine Stadt ist Bremen? (Hauptstadt, Hafenstadt)
d) Was bedeutet „das Tüpfelchen auf dem i“?
e) Wie heißt das Gebirge im Süden Deutschlands?
f) Wie viele Meere gibt es in Deuschland? (2)

句法基本结构 11 120

间接问句

间接问句的意思与问句相同，它是从句，变位动词位于句尾。

		下面这些词引导从句：
Wer hat angerufen? Ich weiß nicht, **wer** angerufen hat.	谁打了电话？ 我不知道谁打了电话。	(1)疑问代词
Was ist passiert? Niemand weiß, **was** passiert ist.	发生了什么事？ 没有人知道发生了什么事。	
Auf wen ist sie wütend? Ich weiß, **auf wen** sie wütend ist.	她生谁的气？ 我知道她生谁的气。	
Wann ruft er an? Er hat nicht gesagt, **wann** er anruft.	他什么时候打电话？ 他没说什么时候打电话。	(2)疑问词 (请参阅第118、119节)
Ruft er noch einmal an? – Ja. /Nein. Er hat nicht gesagt, **ob** er noch einmal anruft.	他还打电话吗？ 还打。/不打了。 他没说他是否还打电话。	(3)ob（= 不带疑问词的一般疑问句）

6. 箱子在哪里？请填入合适的疑问词。

Übungen

a) *Manuela weiß, wo der Koffer ist.*
b) ______________ wir für die Reise brauchen.
c) ______________ wir losfahren.
d) ______________ die Tickets hat.
e) ______________ wir benachrichtigen.
f) ______________ der Schlüssel gehört.
g) ______________ Schlüssel das ist.
h) ______________ wir warten. (warten auf etwas)
i) ______________ wir warten. (warten auf jemand)
j) ______________ wir fahren. (mit dem Bus oder dem Taxi)
k) ______________ wir fahren. (z. B. mit Erich oder Christine)

l) Fahren wir sofort?
Manuela weiß nicht, ________ wir sofort fahren.

m) Holt Christoph uns ab?
Manuela fragt ihn, ________ er uns abholt.

*7. 请复习练习 5 里的猜谜语。请这样开始:„ **Weißt du, . . . ?**“*

8. 请划出变位动词。

Ich fahre in Urlaub.
Ich möchte Urlaub machen.
Mein Kollege ist nach Holland gefahren.

Ich weiß noch nicht, wohin ich fahre.
Ich weiß nicht, wann ich Urlaub machen kann.
Ich weiß, dass mein Kollege nach Holland gefahren ist.

从句里变位动词位于 ________________
变位动词可以是:

fahren	a) *独立动词*
kann	b) ________________
ist	c) ________________

121 物主代词

(请参阅冠词,第 89 节)

mein- 的形式(单数第一人称)

单数	*阳性*	*阴性*	*中性*	**复数**
第一格	mein**er**	mein**e**	mein(e)**s**	mein**e**
第四格	mein**en**	mein**e**	mein(e)**s**	mein**e**
第三格	mein**em**	mein**er**	mein**em**	mein**en**
第二格	–	–	–	–

所有人称的第一格

人称代词	物主代词	物主冠词
ich	meiner, -e, -s	mein, -e, -
du	deiner, -e, -s	dein, -e, -
er	seiner, -e, -s	sein, -e, -
sie	ihrer, -e, -s	ihr, -e, -
es	seiner, -e, -s	sein, -e, -
wir	uns(e)rer, -e, -	unser, -e, -
ihr	eurer, -e, -s	euer, eure, euer
sie	ihrer, -e, -s	ihr, -e, -
尊称:		
Sie	Ihrer, -e, -s	Ihr, -e, -

Ist das Ihre Telefonnummer? 这是您的电话号码吗?
Ja, das ist **meine.** (= meine Telefonnummer) 是的，这是我的。(=我的电话号码)

Wessen Lexikon ist das? 这是谁的词典?
Das ist **meins.** (=mein Lexikon) 这是我的。(=我的词典)

Wem gehört der Aktenkoffer? 谁的公文箱?
Das ist **meiner.** (=mein Aktenkoffer) 这是我的。(= 我的公文箱)

只有阳性名词第一格、中性名词的第一格、第四格，物主代词和物主冠词不一样。

9. 请填入合适的物主代词!

a) Ist das deine Zeitung? – Ja, das ist ______ .
b) Ist das dein Kamm? – Ja, das ist ______ .
c) Ist das dein Zimmer? – Ja, das ist ______ .
d) Sind das deine Handschuhe? – Ja, das sind ______ .
e) Ist das deine Tasche? – Ja, das ist ______ .
f) Ist das dein Computer? – Ja, das ist ______ .
g) Ist das Ihr Mantel? – Ja, das ist ______ .
h) Sind das Ihre Schlüssel? – ______ .
i) Ist das Manuelas Brille? – ______ .
j) Sind das Karstens Schuhe? – ______ .
k) Ist das euer Gepäck? – ______ .
l) Ist das eure Zeitung? – ______ .

10. 在我们游泳的湖边散落着许多物品，现在我们要把它们装起来。请填入物主代词。

a) die Badehose	Erich, ist das ______?
b) das Handtuch	Monika, ist das ______?
c) die Uhr	Frau Ulrich, ist das ______?
d) die Tasche	Peter, ist das ______?
e) die Handtücher	Peter und Monika, sind das ______?
f) das T-Shirt	Fritz, ist das ______?
g) der Korb	Herr Paulsen, ist das ______?
h) der Bademantel	Claudia, ist das ______?
i) die Sonnenbrillen	Wolf und Isa, sind das ______?
j) die Shorts (Pl.)	Kurt, sind das ______?

11. 请填空。

例如: der neue Computer – mein neuer Computer – Das ist meiner.

a) das alt__ Haus – unser alt__ Haus – Das ist______.
b) der alt__ Kassettenrekorder – mein alt__ Kassettenrekorder. Das ist_____.
c) der neu__ Koffer – dein neu__ Koffer – Das ist______.
d) das schwer__ Gepäck – euer schwer__ Gepäck – Das ist______.
e) die schön__ Kamera – sein__ schön__ Kamera – Das ist______.
f) der teur__ Kugelschreiber – ihr teur__ Kugelschreiber – Das ist______.
g) der weiß__ Bademantel – mein weiß__ Bademantel – Das ist______.
h) das gelb__ T-Shirt – sein gelb__ T-Shirt – Das ist______.
i) die eng__ Jeans – ihre eng__ Jeans – Das sind______.
j) die bequem__ Turnschuhe – unsere bequem__ Turnschuhe – Das sind_____.

12. *Schenkst du mir ein neues Fahrrad。*

a) Ich brauche ein neues Fahrrad. Mein__ hat keine Gangschaltung.
b) Ihr braucht eine neue Kamera. Eur__ ist schon zu alt.
c) Er braucht einen dicken Pullover. Sein__ ist zu dünn.
d) Du brauchst einen neuen Badeanzug. Dein__ ist nicht mehr schön.
e) Meine Eltern brauchen einen neuen Koffer. Ihr__ hat keine Räder.
f) Sie braucht einen neuen Reisewecker. Ihr__ hat sie verloren.

13. 课文中的语法 —— 作旅行的准备。

■ Hast du deinen Ausweis?
▲ Na selbstverständlich. Den vergesse ich nie.
■ Man soll nie „nie“ sagen!

▲ Ist das euer Autoschlüssel?
■ Ja, na klar, das ist unserer. Den habe ich schon gesucht.

▲ Gehört dir die Sonnenbrille?
■ Nein, leider. Die sieht teuer aus. Meine ist lange nicht so schön.

■ Wem gehört das Portmonee?
▲ Das ist meins. Gott sei Dank, es ist wieder da.

▲ Hier liegen T-Shirts. Sind das deine?
■ Ja, das sind meine.
▲ Lass doch nicht immer deine Sachen überall rumliegen.

如果一个名词前面已经提到过了，就不再重复它，而用代词代替。

请划出代词和名词及其冠词。

指示代词 122

（请参阅冠词，第 78 节）

der, die, das

单数	*阳性*	*阴性*	*中性*	复数
第一格	der	die	das	die
第四格	den	die	das	die
第三格	dem	der	dem	**denen**
第二格	dessen	deren	dessen	**deren, derer**

指示代词的第三格复数和第二格与定冠词的形式不同。

Sie kennen doch Herrn Meier. **Dessen** Schwester arbeitet jetzt bei uns.	您认识迈埃尔先生吧？他的妹妹现在在我们这儿工作。	(1)定冠词是 *des: die Schwester des Herrn Meier*（阴性: *der*）
Das ist die Meinung **derer**, die immer dagegen sind.	这是那些一贯持反对意见者的看法 。	(2)*derer* 表明后面的句子是关系从句。
Kennen Sie Herrn Miltenberger? – **Den** kenne ich sogar sehr gut.	您认识米尔腾贝格尔先生吗？ 我甚至很了解他。	(3)指示代词大多位于句首。
Wie heißt die Firma? – **Die** heißt Eurotex.	这个公司叫什么？ 它叫欧依洛泰可司 .	(4)*die* 指前面句子里的名词 *die Firma*。
Frau Müller? **Das** ist unsere neue Kollegin.	米勒女士？她是我们的新同事。	(5)*das* 可以代指任意一个单数或复数的名词，或者代指一个句子。
Die Firma Wachtl & Co. gehört zur Meta-Gruppe. – Na, **das** ist doch bekannt!	瓦赫特公司属于梅塔集团。 这谁都知道！	

123 dieser, diese, dieses – jener, jene, jenes

它们的形式请参阅第 78 节。

Ich habe heute drei Bücher gekauft. **Dieses** habe ich für euch mitgebracht.	今天我买了三本书，这本是给你们带来的。	(1)*dieser, -e, -es* 比 *der, die, das* 更强烈。
Dies(es) sind unsere Ergebnisse.	这就是我们得出的结果。	(2)总结。
Wir haben **dieses und jenes** probiert, nichts hat funktioniert.	我们什么都试过了，可是都不管用。	(3)固定用法。

derselbe，dieselbe，dasselbe 124

	阳性	*阴性*	*中性*	**复数**
第一格	**der**selbe	**die**selbe	**das**selbe	**die**selben
第四格	**den**selben	**die**selbe	**das**selbe	**die**selben
第三格	**dem**selben	**der**selben	**dem**selben	**den**selben
第二格	（**des**selben）	（**der**selben）	（**des**selben）	（**der**selben）

指示代词由 *der*，*die*，*das* + *selb-* 组成。*selb-* 与形容词变化一样（请参阅第 91 – 93 节）。

■ In welchem Raum treffen wir uns? In **demselben** wie gestern? 我们在哪个房间碰面？在昨天的那间吗？

▲ Nein，in dem gleich nebenan. Der ist genauso groß. 不，在旁边的那间，它与昨天的那一间一样大。

■ Aha，also der gleiche，nicht **derselbe**. 哦，原来是同样的，不是同一间。

derselbe 指的是同一间房间，*Der gleiche* 指的是同样的一间房间，一样大，有一样的桌椅。

derjenige，diejenige，dasjenige 125

der，*die*，*das* 与定冠词的变化一样，*jenig-* 与形容词的变化一样（请参阅第 91 – 93 节）. 后面的关系从句(第 126 节)提供更准确的信息 .

Sind Sie **derjenige**，der noch kein Zimmer hat? 您是还没有房间的人吗？

Das Arbeitsamt hilft **denjenigen**，die Arbeit suchen. 劳动局给找工作的人提供帮助。

14. 请填入指示代词。

a）unser Kopierer ______________ kopiert viel zu langsam.

b）mein Schreibtisch ______________ ist viel zu klein.

c）meine Schreibtischlampe ______________ ist nicht hell genug.

d）mein Computer ______________ ist nicht leistungsfähig genug.

e）unser Faxgerät ______________ ist viel zu alt.

f）unsere Telefonanlage ______________ ist viel zu unmodern.

15. *我们在浏览商品目录册。请填入指示代词。*

Schauen Sie mal,

a) ein schöner Schreibtisch! – ____________ ist viel zu teuer.

b) ein moderner Bürostuhl! – Auf ____________ kann ich nicht sitzen.

c) ein großer Computertisch! – Ja, ____________ brauchen wir dringend.

d) billige Papierkörbe! – ____________ sind nicht schöner als die alten.

e) einfache Locher! – Ja, ____________ können wir gebrauchen.

f) breite Ordner! – Ja, von ____________ brauchen wir zwanzig Stück.

g) eine tolle Schreibtischlampe! – ____________ kenne ich. Mit ____________ war ich nicht zufrieden.

h) ein praktisches Regal! – ____________ ist schön. Von ____________ nehmen wir drei Stück.

16. *请填空。*

a) Das ist mein neuer Schreibtisch. – ____________ ist aber schön!

b) Das ist unser neues Büro. – ____________ ist aber modern!

c) Das ist meine neue Lampe. – ____________ ist ja supermodern!

d) Das Bild gefällt mir. – Ach was, ____________ ist viel zu bunt.

e) Der Bürostuhl gefällt mir – Ach was, ____________ ist viel zu unpraktisch.

f) Die Kunstblumen gefallen mir. – Ach was, ____________ sehen doch unnatürlich aus.

g) Sie wollen modernisieren? – ____________ ist nicht sicher. ____________ werden wir sehen.

h) Wie findest du unsere neuen Sessel? – Ich glaube, unsere Kinder haben ________. – Nein, sie haben nicht ________, sie haben die ________.

i) Jetzt hast du zweimal ____________ erzählt.

j) Hans ist ____________, der im Haus alles repariert.

17. *课文中的语法。请划出在 147 页上 练习 13 中的指示代词。*
习惯用语——请填空。

____________ ist ein heißes Eisen.

____________ schlägt dem Fass den Boden aus.

这些习惯用语是什么意思?

句法基本结构 12

关系从句 126

在关系从句中，变位动词位于句尾，关系从句由关系代词引入，关系代词与指示代词 *der*，*die*，*das* 变化相同。

关系从句与名词或者代词有关，它进一步解释这些名词或代词。

第一格

阳性	单数	Wie heißt	**der** Mann, **der**	uns gerade begrüßt **hat**?	刚才欢迎我们的那位男士/女士/那对夫妇/那些人叫什么名字？
阴性			**die** Frau, **die**		
中性			**das** Ehepaar, **das**		
	复数	Wie heißen	**die** Leute, **die**	uns gerade begrüßt **haben**?	

第四格

阳性	单数	Wie heißt	**der** Mann, **den**	wir gerade gesehen **haben**?	我们刚才看见的那位男士/女士/那对夫妇/那些人叫什么名字？
阴性			**die** Frau, **die**		
中性			**das** Ehepaar, **das**		
	复数	Wie heißen	**die** Leute, **die**	wir gerade gesehen **haben?**	

第三格

阳性	单数	Wie heißt	**der** Mann, mit **dem**	du gesprochen **hast**?	刚才你和他/她/他们/他们谈话的那位男士/女士/那对夫妇/那些人们叫什么名字？
阴性			**die** Frau, mit **der**		
中性			**das** Ehepaar, mit **dem**		
	复数	Wie heißen	die Leute, mit **denen**	du gesprochen **hast**?	

第二格

阳性	单数	Wie heißt	**der** Mann, **dessen** Firma	wir kennen gelernt **haben**?	那位男士/那位女士/那对夫妇/那些人叫什么名字？我们已经熟悉了他的/她的/他们的/他们的公司。
阴性			die Frau, **deren** Firma		
中性			das Ehepaar, **dessen** Firma		
	复数	Wie heißen	**die** Leute, **deren** Firma	wir kennen gelernt **haben**?	

(1)主句中的名词决定关系代词的性和数。

der Kollege, der
die Kollegen, die

(2)关系代词取代名词或者代词。

第一格：

Wie heißt der Mann? **Er** hat uns gerade begrüßt.	那位男士叫什么?他刚才欢迎我们了。
Wie heißt der Mann, **der** uns gerade begrüßt hat?	刚才欢迎我们的男士叫什么?

第四格：

Wie heißt der Mann? Wir haben **ihn** gerade gesehen.	那位男士叫什么?我们刚才看见他了。
Wie heißt der Mann, **den** wir gerade gesehen haben?	我们刚才看见的那位男士叫什么?

第三格：

Wie heißt der Mann? Du hast gerade **mit ihm** gesprochen.	那位男士叫什么?你刚才与他谈话了。
Wie heißt der Mann, **mit dem** du gerade gesprochen hast?	你刚才与他谈话的那位男士叫什么?

第二格

Wie heißt der Mann? Wir haben die Lebensgeschichte **des** Mannes gehört.	那位男士叫什么?我们听说了他的身世。
Wie heißt der Mann, **dessen** Lebensgeschichte wir gehört haben?	我们听说过其身世的那位男士叫什么?

(3)加介词和关系代词的关系从句。(请参阅第 186 节)

die Frau, **mit der** ich gesprochen habe	人：介词 + 关系代词
etwas, **wofür** ich mich begeistern kann	物：wo(r)- + 介词

(4) *wo*(口语中)用于地点说明语和时间说明语。

in Berlin, **wo** ich jetzt arbeite (nicht: in dem)
die Stadt, **wo** (= in der) ich geboren bin
das Land, **wo** (= in dem) ich gern leben möchte
das Wochenende, **wo** (= an dem) wir nicht zu Hause waren

(5)关系代词 *was* 用在 *alles, viele, etwas, nichts, das* 和最高级之后。

Das ist alles, **was** ich weiß.	这是我知道的一切。
Das ist etwas, **was** du nicht weißt.	这是你不知道的一些事情。
Das ist das Beste, **was** du machen kannst.	这是你能做的最好的事。
Ist es das, **was** du gesucht hast?	这是你找的东西吗?

(6)关系代词 *wer, was*

Wer raucht, (der) gefährdet seine Gesundheit.	谁吸烟,谁就会危害自己的健康。
Wer nicht kommt zur rechten Zeit, (der) muss nehmen, **was** übrig bleibt.	谁没有及时到,谁就只能得到剩余的东西。

提示

关系从句解释名词或者代词，大多数情况下，关系从句都紧跟在这些名词或者代词后面，有时也在句子中间：

Der Herr, **der dich gerade begrüßt hat,** ist mein Schwager. 刚才欢迎你的那位先生是我姐夫。

Die Dame, **mit der du gesprochen hast,** ist eine alte Schulfreundin von mir. 刚才与你谈话的那位女士是我的老同学。

18. 请改写词组。

a) ein weinendes Baby *ein Baby, das weint*
b) ein laufender Motor ______
c) die aufgehende Sonne ______
d) ein startendes Flugzeug ______
e) ein gut gehendes Geschäft ______
f) die streikenden Arbeiter ______
g) steigende Preise ______

19. 请改写词组。

a) geheizte Räume *Räume, die geheizt sind*
b) ein gelungenes Fest ______
c) eine gut besuchte Ausstellung ______
d) frisch gewaschene Wäsche ______
e) verbotene Liebe ______

20. 定义——请造关系从句来解释名词。

例如: der Hausbesitzer: Ein Hausbesitzer ist jemand, der ein Haus besitzt.

a) die Büroangestellte ______
b) der Reisewecker ______
c) der Fahrradhändler ______
d) der Hotelschlüssel ______
e) die Reiseerlebnisse ______
f) das Holzhäuschen ______
g) das Anmeldeformular ______

不定代词

128 **用法** →（请参考冠词第 79、80 节）

带名词（＝冠词） 不带名词（＝代词）	不带名词	大多数情况下 不带名词
alle （Studenten, Bücher）	einer, -e, -s/	alles （Neue）
viele	keiner, -e, -s	vieles
etliche	irgendeiner, -e, -s	einiges
einige	welcher, -e, -es	etliches
mehrere	beides	beide（die beiden Freunde）
wenige	man	
jeder, -e, -es （Student,		jemand（Berühmtes）
mancher, -e, -es Studentin,		niemand
Buch）		irgendwer（Fremdes）
		irgendjemand
etwas/nichts （Neues）		irgendwas（Schönes）
viel/wenig		irgendetwas

129 **einer – keiner**

单数	*阳性*	*阴性*	*中性*	复数
第一格	(k)ein**er**	(k)ein**e**	(k)ein(e)**s**	kein**e**, welch**e**
第四格	(k)ein**en**	(k)ein**e**	(k)ein(e)**s**	kein**e**, welch**e**
第三格	(k)ein**em**	(k)ein**er**	(k)ein**em**	kein**en**, welch**en**
第二格	–	–	–	–

einer, -e, -s 没有复数形式，人们用 *welche*。

Wir spielen. **Einer** fängt an. 我们开始玩游戏，一个人先开始。
Ich mische die Karten. **Eine** liegt auf dem Tisch. 我洗牌，有一张在桌上。
Unentschieden! **Keiner** hat gewonnen. 平局，没有人赢。

einer 是数个人或物中的一个，*keiner* 是其反义词。

Haben Sie Anrufe bekommen? – Ja, **einen**.	您接到电话了吗? 是的,接到了一个。	(1)代词词尾有变化。
Haben Sie eine Antwort bekommen? – Nein, leider **keine**.	您得到答复了吗? 可惜没有。	
Haben wir noch Kaffee? – Da ist noch welcher.	我们还有咖啡吗? –还有一些。	(2) *welcher, -e, -es* 也用来代替没有冠词的名词。
Ist auch Milch da? – Ja, da ist noch **welche**. Und Gebäck? – Ja, da ist **welches.**	还有牛奶吗? –还有一些。 还有饼干吗? –还有一些。	

mancher, -e, -es 130

Der Vortrag war langweilig. **Manche** gingen schon nach zehn Minuten nach Hause.	报告很无聊，十分钟之后就有一些人回家了。	= *einige*
Sei nicht unzufrieden. **Mancher** (oder: **manch einer**) wäre froh.	别不满意，有些人会很高兴呢。	

man 131

第一格	man
第四格	einen
第三格	einem
第二格	–

man 只是第一格，第四格和第三格用 *ein-* 的形式（请参阅第 79 节）。

Man fragt nicht so viel. **Man** spricht nicht beim Essen.	人们不问这么多。 吃饭时，人们不说话。	(1)道德规范。
Der Lärm stört **einen** sehr. Das gefällt **einem** nicht.	噪音太干扰人。 这不讨人喜欢。	(2)指所有人。

复数

第一格	alle
第四格	alle
第三格	allen
第二格	aller

同样:
wenige – einige – etliche – mehrere – viele

Alle waren für die Kandidatin. — 所有人都同意这位女候选人。
Wir haben vorher mit **allen** diskutiert. — 我们事先与所有人讨论过了。

(1)在复数中代词指人。

Woher kommen diese **vielen** Leute? — 从哪里来了这么多人?
Wie schafft er nur die **viele** Arbeit? — 他怎么完成这么多工作?

(2) *viel-* 和 *wenig-* 可以与定冠词，指示冠词或者物主冠词一起使用，它们与形容词的变化一样。

单数

第一格	alles
第四格	alles
第三格	allem
第二格	–

Einige sind mit **allem** einverstanden. — 有些人什么都赞成。
Einiges ist aber falsch. — 有些事却是错的。
Vieles/etliches ist noch unklar. — 许多/相当多的事尚未搞清楚。

(1)在单数里代词指物，例外：*Alles aussteigen!* 所有的人请下车！表示非特指的群体。

viel Geld/Platz/Zeit — 很多钱/地方/时间
wenig Geld/Platz/Zeit — 很少钱/地方/时间
Das **viele** Geld war weg. — 这一大笔钱都没了。

(2)如果 *viel* 和 *wenig* 的前面没有冠词，那么它们修饰单数名词时就没有词尾。

Jan braucht **mehr Geld**. — 雅恩需要更多钱。
Er hat **mehr Bücher** mitgenommen, als er lesen kann. — 他带的书比他能看的要多。

mehr （*viel* 的比较级）位于单数或者复数的名词前。

Alles Gute! **Viel** Glück! **Viel** Spaß! — 祝你万事如意! /好运! /愉快!

(3)习惯用法。

etwas – nichts 133

Brauchen Sie **etwas**? 您需要些什么吗?

Nein, im Moment **nichts.** 不，目前什么也不需要。

Gibt es **etwas**(= was) Neues? 有什么新鲜事吗?

Nein, **nichts** Neues. 没有，一点儿新鲜事都没有。

(1)与名词化的形容词（或者比较级）在一起．口语中说 *was*。

Haben Sie **nichts** Moderneres? 您们没有时髦一点儿的吗?

Könnte ich **etwas** Zucker haben? 我可以要一些糖吗?

Könnten Sie **etwas** lauter sprechen? 您能不能大点儿声讲话?

Hier ist es **etwas** kalt. 这里有些冷．

(2) *etwas* 也有 *ein bisschen/ ein wenig* 的意思。

jemand – niemand 134

Ist da **jemand**? 有人吗?

– Es hat geklingelt. 有人按铃。

Nein, da ist **niemand**. 没有人。

Ich habe **niemand(en)** gesehen. 我没有看见任何人。

Ich habe mit **niemand(em)** gesprochen. 我没有和任何人说话。

(1)经常没有词尾。

Jemand Neues sitzt in der Telefonzentrale. 电话总机室有个新来的人。

(2)有时与名词化的形容词一起用。

irgend- 135

irgendjemand

irgendeiner, irgendeine, irgendeins

irgendwer

irgendwelche

irgend(et)was

前缀 *irgend-* 的意思是: *Es ist egal/ man weiß nicht, wer/ was...*

也和疑问代词一起用: *irgendwann, irgendwo, irgendwohin, irgendwoher*

21. 购物——请用 ein-/welch-或者 kein-填空。

a) Wie gefällt dir die Kamera? Du suchst doch ______________.
Ich brauche ______________.
b) Wie gefällt euch der Küchenschrank? Ihr sucht doch ______________.
Wir brauchen ______________.
c) Wie gefallen euch die Stühle? Ihr sucht doch ______________.
Wir brauchen ______________.
d) Wie gefällt dir der Geschirrspüler? Du suchst doch ______________.
Ich brauche ______________.
e) Wie gefällt dir die Mikrowelle? Du sucht doch ______________.
Ich brauche ______________.
f) Wie gefällt euch der Tisch? Ihr sucht doch ______________.
Wir brauchen ______________.
g) Wie gefällt dir das Geschirr ? Du suchst doch ______________.
Ich brauche ______________.
h) Wie gefällt euch der Fernseher? Ihr suchst doch ______________.
Wir brauchen ______________.
i) Wie gefällt Ihnen die Kaffeemaschine? Sie suchen doch ______________.
Ich brauche ______________.

22. Workaholic 是什么意思?
例如: Er denkt immer an die Arbeit. – Das ist jemand, der immer an die Arbeit denkt.

a) Er arbeitet auch abends und am Wochenende.
b) Er macht keine Pause nach der Büroarbeit.
c) Seine Gedanken kreisen immer um die Arbeit.
d) Er vergisst seine Freundin.
e) Er mag keine Feste.
f) Für ihn ist Freizeit ein Fremdwort.
g) In der Freizeit hat er Schuldgefühle.
h) Er braucht den Stress.
i) Er kann nichts liegen lassen.
j) Er braucht für alles länger als andere.

您呢? 您是什么样的人?

a) Ich bin auch jemand, der...
b) Ich bin niemand, der...

23. 请填入适当的代词。

a) ________, der als Letzter geht, muss das Licht ausmachen.
b) ________ verlässt den Raum! Wo ist...?
c) ________ ist hier eigentlich los?
d) ________ stimmt hier nicht.
e) ________ in Ordnung! Keine Panik!
f) ________ passiert.

24. 您能找出不定代词吗?

Das macht einem nichts.
Das freut einen.
Das kann einem egal sein.
a) 第一格是: ____________
b) 这些不定代词表示 ■ 泛指
■ 特指
c) 请重复这些句子,用上"mir"或"mich"。

25. 请改错。

1. Herr Schuster hat schon drei Mal in Augsburg angerufen. Sie möchte Herrn Oertl sprechen. 2. Kein ist ans Telefon gegangen. 3. Er hat auch ihre Privatnummer. 4. Den ruft er dann an. 5. Auch dort geht jemand ans Telefon. 6. Es ist immer derselbe. 7. Wieder etwas. 8. Herr Schuster ist verzweifelt. Welcher Tag! 9. Da kommt ihm eine Idee. In Bayern ist bestimmt wieder eine Feiertag. 10. Mehrere sind auf dem Weg in die Berge und an die Seen.

正确的词是: *er, ein, alle, nichts, keiner, seine, die, niemand, dasselbe, was für ein*

26. 课文中的语法。

Telefon, Telefon...
■ Mein Name ist Mader. Darf ich Sie etwas fragen?
▲ Ja bitte, worum geht es?
■ Ich möchte jemand sprechen, der für die Pressearbeit zuständig ist.
▲ Das bin ich.

■ Sehr schön. Unsere Zeitschrift e+a möchte gern eine Anzeige für Ihr Produkt Sonnenschein abdrucken...

▲ Entschuldigung, von welcher Firma sind Sie eigentlich und von was für einer Zeitschrift sprechen Sie überhaupt?

■ Entschuldigung, natürlich. Ich bin von der Firma Mediareport und...

▲ Entschuldigung, dass ich Sie unterbreche. Schicken Sie doch bitte ein Fax mit allen Informationen zu meinen Händen. Das ist für Sie und für mich am einfachsten.

■ Ja, aber...

Zwei Kollogen

■ Ich habe schon drei Mal in Augsburg bei der Firma Digital angerufen. Es geht niemand ans Telefon. Ich unterhalte mich immer mit dem Anrufbeantworter.

▲ Tja, wen brauchen Sie denn?

■ Den Programmierer, Herrn Oertl.

▲ Vielleicht arbeitet er zu Hause. Hier ist seine Privatnummer. Versuchen Sie die mal. Das ist Telefon und Fax.

■ Was ist denn bloß los? Da läuft auch der Anrufbeantworter: ... zur Zeit nicht besetzt... morgen...

▲ Wahrscheinlich ist in Bayern wieder so ein Feiertag und alle sind auf dem Weg in die Berge.

■ Richtig! Volltreffer! Heute ist Fronleichnam, Feiertag in allen katholischen Bundesländern.

请找出所有代词（疑问代词，指示代词，不定代词和反身代词）。

IX. 介词

介词在句中有不同的作用。

136

1. 介词是地点、时间、情状或者原因说明语的组成部分。它们要求第四格（请参阅第137节），第三格（请参阅第138节），第二格（请参阅第139节）或者与相关词相同的格（请参阅第140节）。换格介词要求第四格或者第三格（请参阅第141节）。

Im Sommer fahren viele Leute **wegen des gesunden Klimas an die Nordsee.**	由于北海气候有利于健康，夏天许多人去那里。
Man geht stundenlang **zu Fuß am Wasser entlang.**	人们沿河徒步行走数小时。
Viele machen Kuren aus **Gesundheitsgründen.**	出于健康原因，许多人去疗养。

2. 介词属于一个动词（请参阅第183节）、名词或者形容词，有特定的格：

sich interessieren für + 第四格

Interessieren Sie sich für das Angebot? — 您对提供的商品感兴趣吗？

interessiert sein an + 第三格

Ich bin an dem Angebot sehr interessiert. — 我对提供的商品很感兴趣。

Interesse haben an + 第三格

Ich habe großes Interesse an dem Angebot. — 我对提供的商品有很大兴趣。

3. 属于动词的介词位于关系代词之前（请参阅第178节）：

Das ist eine Reise, **für die** ich mich sehr interessiere. — 这是我十分感兴趣的一次旅行。

4. 介词可以是疑问代词的组成部分：

Für wen interessierst du dich? — 你对谁感兴趣？

Wofür interessierst du dich? — 你对什么感兴趣？

5 介词是可分动词的前缀：

an/kommen

Wir kamen um 10 an. — 我们10点到达。

ab/fahren

Um 11 sind wir wieder abgefahren. — 11点我们又出发了。

6. 介词可以是一个固定表达法的组成部分：

Zum Glück sind wir bald da.	幸亏我们很快就到了。
Wir sind **auf gut Glück** losgefahren. (= ohne Plan)	我们开车出去随便转转。

137 支配第四格的介词

一些介词总是支配第四格:

bis, durch, entlang, für, gegen, ohne, um

bis. (无冠词, 通常加介词)

Der Zug fährt bis Hamburg.	火车的终点站是汉堡。	(1)地点说明语
Der Bus fährt bis vors Haus/ bis zum Hotel.	汽车开到房子前/开到宾馆。	提问用:Bis wohin?
Von München bis Hamburg sind 780 Kilometer.	从慕尼黑到汉堡是780公里。	
Das Ticket gilt bis Juni/bis zum 31. Juni.	这张机票的有效期到6月/6月31日。	(2)时间说明语 提问用:Bis wann?
Er war bis in die Nacht(= Akk.) unterwegs.	直到夜里(=第四格)他还在路上。	(3) *bis* 与另一个介词连用,第二个介词决定用第几格。
Das Ticket gilt bis zum 31. Juni(= Dat.)	这张机票的有效期到6月31日(=第三格)。	
Der Sturm erreichte bis zu 150 Kilometer pro Stunde.	狂风时速达150公里。	

durch

durch Europa fahren	乘车穿越欧洲	地点说明语
durch die Stadt fahren	乘车穿过城市	

entlang

		地点说明语(后置)
den Fluss entlang	沿着河	提问用: Wo?

für

für einen Monat(=einen Monat lang)	一个月之久	(1)时间说明语
für Jahre(=viele Jahre lang)	数年之久	提问用: Für wie lange?
für heute Abend	今天晚上	提问用: Für wann?
ein Geschenk für dich	一件给你的礼物	(2)提问用: Für wen?
Wir sind für Reformen.	我们赞成改革。	(3)提问用: Wofür/Für was?

gegen

gegen einen Baum fahren	朝着一棵树开去	(1)地点说明语 提问用: Wogegen?
gegen Abend/8 Uhr(=ungefähr...)	大约晚上/在8点	(2)时间说明语
gegen Ende des Jahrtausends	大约在千年末	提问用: Wann?

das Fußballspiel gegen Barcelona	与巴塞罗那队的足球赛	(3)提问用：Gegen wen?
Viele sind gegen das Rauchen. (↔ für)	许多人反对吸烟 (↔ 赞成)。	(4)提问用：Wogegen/ Gegen was?

ohne(常不带冠词)

ohne(meine)Familie ↔ mit(meiner)Familie	没有(我的)家庭↔ 有(我的)家庭	情状说明语 提问用 Wie?
ohne Auto ↔ mit Auto	没有汽车↔有汽车	

um

		(1)地点说明语
um das Haus(herum)	围着房子	提问用 Wo?
Die Erde kreist um die Sonne.	地球围绕太阳转。	(2)时间说明语
Um 3 Uhr	在 3 点钟	提问用 Wann?
Um die Jahrhundertwende (= ungefähr um. . .)	大约在世纪之交 (= 大约 . . .)	

但是回答 Wie spät ist es?时：	几点啦?
Es ist 12 Uhr.	12 点。

支配第三格的介词 138

有一些总是支配第三格的介词：

ab, aus, außer, bei, gegenüber, mit, nach, seit, von, zu:

ab(大多情况下不带冠词)

ab München	从慕尼黑起	(1)地点说明语 提问用 Ab wo?
ab morgen, ab 17 Uhr	从明天起，从 17 点起	(2)时间说明语 提问用 Ab wann?
ab 18 Jahren(z. B. Wahlalter)	18 岁以上(比如参加选举的年龄)	
ab DM 100, – (Die Pullover kosten. . .)	100 马克起价(这件套头毛衣的价格在……)	(3)表示其它意思 提问用 Wie viel?

aus

aus der Schule kommen 从学校来 (↔in die Schule gehen 到学校去)		(1)地点说明语 提问用 Woher?
aus Dänemark, aus Lüneburg 来自丹麦、吕内堡		(2)表示出生，原籍，地点 提问用：Woher?

aus Ärger/Mitleid/Frust 由于生气/出于同情/由于失望 (3)原因说明语 提问用: Warum?

aus Wolle(Stoff aus . . .)羊毛的(表示材料的组成) (4)提问用: Woraus?

außer

Niemand außer uns(= nur wir)除了我们没有别人(只有我们)

bei

Fürth bei Nürnberg(= in der Nähe von)在纽伦堡附近的菲尔特 (1)地点说明语 提问用: Wo?
bei uns 在我们这里/bei Onkel Friedrich 在弗里德里希叔叔那里/
bei unserer Schwester 在我们的姐姐(妹妹)那里/
bei den Großeltern wohnen 在祖父母那里居住

bei Siemens/Ford arbeiten 在西门子公司/在福特公司工作 (2)表示工作岗位 提问用: Wo?

bei Nebel 在雾中, bei dichtem Nebel 在大雾中,
beim Essen 在吃饭的时候,
bei der Arbeit 在工作的时候
(3)时间说明语提问用: Wann? (= Während 在 . . . 的时候)

gegenüber

gegenüber der Kirche 教堂对面
(介词也可以后置 der Kirche gegenüber)
(1)地点说明语 提问用: Wo?

direkt mir gegenüber 正在我对面
gegenüber früher 与从前相比
(2)表示对比、对照

mit

Ich komme mit meinem Mann/ meiner Frau.	我跟我丈夫/妻子一起来。	(1)情态说明语 提问用: Mit wem?
mit dem Auto/ mit der Bahn/ mit dem Bus fahren	开车/坐火车/乘汽车	提问用: Wie?
Tee mit Zitrone	加柠檬的茶	(2)常常不加冠词
ein Zimmer mit Bad	有浴室的房间	
mit Absicht/ Interesse	有意识/有兴趣	

nach

nach Italien/nach Dresden fahren (*aber:* in die Schweiz)	去意大利/去德累斯顿 (但是: 去瑞士用 in)	(1)后面跟城市, 国家, 洲时不用冠词 提问用: Wohin?
nach Hause gehen(↔ zu Hause sein)	回家(↔在家)	

nach dem Essen	饭后	(2)时间说明语
10 nach 2(↔10 vor 2)	两点十分(↔差十分两点)	提问用:Wann?
nach Vorschrift arbeiten	按照规定工作	(3)情状说明语
meiner Meinung nach	按照我的意见	提问用:Wie?

seit

seit einer Woche	一周以来	时间说明语
seit Jahren	数年来	提问用: Seit wann?

von

von unserer Wohnung(aus) sehen wir die Alpen.	从我们的住房看得到阿尔卑斯山.	(1)地点说明语 提问用: Von wo aus?
von Hamburg bis Kiel	从汉堡到基尔	提问用: Von wo bis wo?
die Tickets vom Reiseburo holen	在旅行社取票	提问用: Wo?
Ich komme von der Arbeit.	我下班回来.	提问用: Woher?
von 10 bis 12(Uhr)	10 点到 12 点	(2)时间说明语
vom 2. Januar ab(ab 2. Januar)	自 1 月 2 日起	提问用:Wann?
vom 1. November an	自 11 月 1 日起	

(*von* 也用在被动式里,请参阅第 165 节,也用于代替第二格,请参阅第 72 节。)

zu

zum Bahnhof/zur Haltestelle gehen	去火车站/去汽车站	(1)地点说明语 提问用:Wohin?
zu Ostern/Pfingsten/Weihnachten	在复活节/圣灵降临节/圣诞节	(2)时间说明语,用于宗教节日(不用冠词)提问用: Wann?
zur Zeit der Französischen Revolution	在法国大革命时期	zur Zeit + Genitv 提问用: Wann?
zum Geburtstag/zur Hochzeit	在过生日时/在婚礼上	庆祝活动,提问用:Wann?
bis zum Schluss	直到结束	两个介词连用 提问用:Bis wann?
Es steht 3:0.	(=3 zu 0)3 比 0	(3)提问用: Wie?
zu Hause sein(↔nach Hause gehen)	在家(↔回家)	(4)习惯用语
zu Besuch kommen	拜访	
zu Fuß gehen	步行	
zu Mittag/Abend essen	吃午饭/晚饭	
zu Hilfe kommen	前来帮助	
zu Ende sein	结束	

139 支配第二格的介词

有些介词支配第二格，**außerhalb**，**innerhalb**，**statt**，**trotz**，**während**，**wegen**，有时会用第三格

außerhalb – innerhalb

außerhalb/innerhalb der Stadt 在城外/ 在城里

(1)地点说明语
提问用: Wo?

innerhalb eines Tages 在一天之内
innerhalb einer Stunde 在一小时之内
但是: innerhalb von zwei/drei . . . Stunden
在二/三小时之内(加第三格)

(2)时间说明语
提问用: Wann?

statt

statt des Koffers nahm er zwei Taschen.
他没拿箱子，而是拿了两个手提包。
(口语中也说: *Statt dem Koffer*,用第三格。)

trotz

Trotz des Staus war er pünktlich.
尽管堵车他还是 准时的。
(口语中也说: *Trotz dem Stau*,用第三格。)

während

während des Fluges 在飞行时

时间说明语
提问用: Wann?

wegen

Wegen des Staus verpasste *er das Flugzeug.*
因为堵车他没有赶上飞机。
(口语中也说: *Wegen dem Stau*,用第三格。)

因果关系
提问用: Warum?

与相关词同格的介词

als

als Kind/als Erwachsener/Erwachsene 作为孩子/作为男人/作为女人
Er(=第一格)arbeitet als Lehrer(=第一格). 他当教师。
Sie(=第一格)arbeitet als Lehrerin(=第一格). 她当教师。
Jeder kennt ihn(=第四格)als einen ehrlichen Menschen(=第四格).
人人都知道他是一个诚实的人。

1. 恩特豪森在哪里?

a) In der Nähe ________ Dipfelfingen.
b) Dipfelfingen liegt ________ Holzkirchen.
c) Das ist zehn Kilometer südlich ________ München.
d) ________ Holzkirchen ________ Dipfelfingen geht eine Landstraße.
e) ________ Entenhausen sind es noch drei Kilometer.
f) Das ist ein schöner Ausflug ________ ________ Fahrrad.

2. 你们从何处来? 请您填写 aus 或者 von(并加冠词)。

a) ________ Sportplatz.
b) ________ Baden.
c) ________ ________ Schule.
d) ________ ________ Kino.
e) ________ Frau Müller.
f) ________ ________ Arbeit.
g) ________ ________ Fabrik.
h) ________ ________ Wasser.

*你们到哪里去? 请您填写 zu+第三格或者 in+第四格。
in 在大多数情况下是 aus 的反义词。*

3. 您最喜欢怎样旅行? 请您用 mit 填空。

a) ________ ein___ bequemen Reisebus.
b) ________ d___ eigen ___ Auto.
c) ________ d___ Deutschen Bahn.

d) ________ d___ schnellst ___ Verkehrsmittel.

________ d___ Flugzeug.

e) ________ d___ Fahrrad.

f) ________ d___ Schiff.

4. *人们怎样到那里去？请填写 ab, durch, in, mit, zu 和冠词。*

a) Nehmen Sie zuerst den Zug ________ Hauptbahnhof.

b) Fahren Sie ________ Richtung Holzkirchen.

c) Steigen Sie ________ Holzkirchen um.

d) Fahren Sie ________ ________ Bus.

e) Dann kommen Sie ________ Dipfelfingen.

f) Gehen Sie am besten die letzten zwei Kilometer ________ Fuß.

5. *mit 还是 ohne?*

a) Wir fahren mit ______ Kindern. /... ohne ______ Kinder.

b) Wir verreisen mit groß___ Gepäck. /... ohne groß___ Gepäck.

c) Ich fahre mit ______ Familie. /... ohne ______ Familie.

d) Ich komme mit mein___ Hund. /... ohne mein___ Hund.

e) Ich komme mit mein___ Freundin. /... ohne mein___ Freundin.

f) Ihr fahrt doch mit eur___ Campingbus?/... ohne eur___ Campingbus?

6. *一起去吧！请用 um die, nach, an die, zur, zum, zu den, in die 填空。*

a) bis ______ ______ Innenstadt

b) bis ______ Bahnhof

c) bis ______ Haltestelle

d) bis ______ ______ Nordsee (2 Möglichkeiten)

e) bis ______ ______ Alpen

f) bis ______ Australien

g) durch ______ Amerika

h) einmal ______ ______ Welt

i) ______ Mond

j) ______ ______ Sternen

7. 请填空。

a) _______ _______ Haus(Woher?)
b) _______ Metzger(Wohin?)
c) _______ _______ Schiff(Womit?)
d) _______ den Großeltern(Wohin?)
e) _______ _______ Schweiz(Woher?)
f) _______ Kärnten in Österreich (Wohin?)
g) _______ Gärtnerplatz(Wohin?)
h) _______ _______ Salzburger Straße(Wohin?)
i) _______ _______ Bad(Woher?)
j) _______ _______ Volkshochschule(Wohin?) (2 Möglichkeiten)

8. 猜谜语。

Die Uhr ist sehr groß. Sie ist direkt über dem Eingang. Die Besucher kommen mit dem Taxi oder mit der U-Bahn. Manchmal kommen sie auch mit dem Auto und stellen es in die Garage. Dort bleibt es oft viele Tage. Die Leute haben es eilig. Sie rennen in das Gebäude, stehen Schlange vor den Schaltern und rennen dann weiter. Manche gehen hier auch spazieren. Sie gehen in die Geschäfte oder stehen an den Kiosken. Viele essen ein Brötchen oder eine Wurst. Sie fühlen sich wohl in dem Lärm und zwischen den vielen Leuten.

这是一座什么样的大楼？请划出所有的介词和紧跟介词的词。

141 变格介词 — 支配不同格的介词

支配不同格的介词是要求第三格或者第四格的介词。它们表示地点:

an, auf, hinter, in, neben, über, unter, vor, zwischen

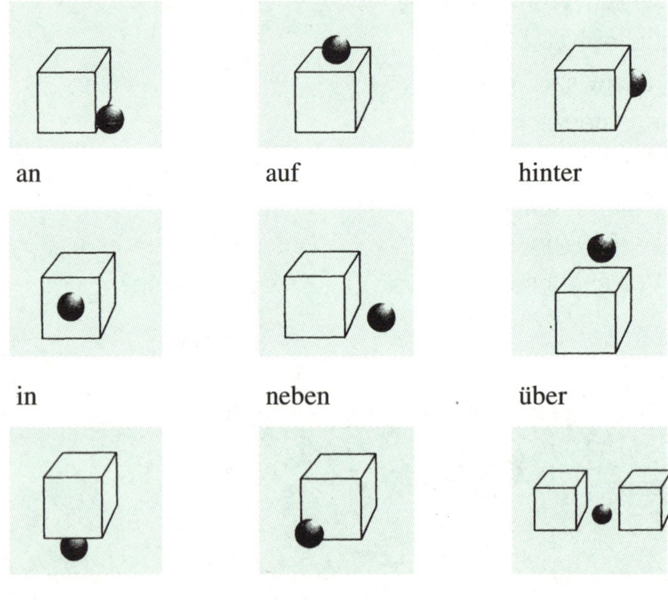

提问用 **Wo?**	im Haus sein 在房子里	→ **第三格** = 表示所在的地点
提问用 **Wohin?**	ins Haus gehen 进房子里去	→ **第四格** = 表示方向

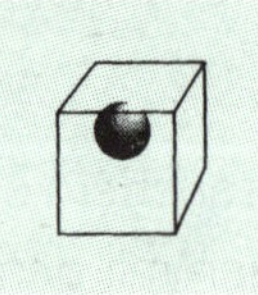

所在地点
im Würfel

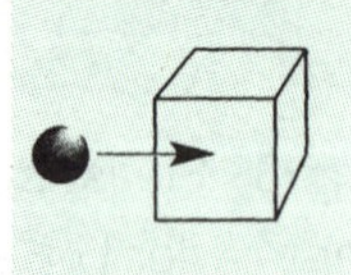

方向
in den Würfel

= 在附近

m Ufer, *an dem = am*

Donau/Isar,

Haltestelle,

ːnster

配不同格的介词

提问: **Wohin?**

Ich fahre/gehe. . .

ans Meer, an den Strand, ans Ufer,
an die Küste, an die Donau
an den Computer, ans Fenster
(*但是*: zum Bahnhof, zur Halterstelle)

an das = ans

auf

提问: **Wo?**

auf der Zugspitze(= Berg)sein
auf dem Fernsehturm sein
auf dem Dach, auf der Leiter stehen
auf der Treppe stehen

用在一些较高的物体前

auf dem Feld, auf der Wiese sein
auf den Kanarischen Inseln

用在表示平坦开阔的地方前

auf dem Rathausplatz

auf der Straße(*但是*: in der Bahnhof-
straße)stehen
auf der Autobahn fahren
auf der Erde leben

auf 表示所处位置

提问: **Wohin?**

auf die Zugspitze fahren
auf den Fernsehturm gehen
aufs Dach, auf die Leiter steigen

用在一些比较高的物体前

auf das = aufs

aufs Feld, auf die Wiese gehen
auf die Kanarischen Inseln fahren

用在表示平坦、开阔的地方前

auf den Rathausplatz gehen

auf die Straße(in die Bahnhofstraße)gehen
auf die Autobahn fahren
auf die Erde schauen

aufs 表示方向

hinter

提问: **Wo?**

Der Junge sitzt hinter dem Baum. — *hinter + dem = hinterm*(口语)

提问: **Wohin?**

Der Junge rennt hinters Haus. — *hinter + das = hinters*(口语)

in

提问: **Wo?**

表示空间

in + dem = im

im Haus, im Wohnzimmer, im Bad
(*但是:* auf der Toilette),
im Schrank, im Regal, im Büro,
im Ministerium, in der Schule

表示身在其中

im Wasser, in der Luft, im Regen,
im Wald, im Tal, im Garten

表示在某一山脉中和在某地区

im Schwarzwald, in der Eifel,
in den Alpen, im Allgäu, in Bayern

表示在某一城市、国家和洲

in Wasserburg, in Spanien,
in Europa, in der Antarktis

街道

Er wohnt in der Berliner Straße.
但是: auf der Straße gehen/spielen/sein
Die Kinder spielen auf der Straße,
nicht im Haus.
Wir fahren auf der Landstraße und
auch auf der Autobahn.

提问: **Wohin?**

表示空间

in + das = ins

ins Haus, ins Wohnzimmer, ins Bad
(*但是:* auf die Toilette)
ins Kino, ins Museum, ins Restaurant
in den Schrank, ins Regal
ins Büro, ins Ministerium,
in die Schule

我们置身于其中。

ins Wasser, in den Regen, in die Luft,
in den Wald, ins Tal, in den Garten

in den Schwarzwald, in die Eifel, in die Alpen in die Schweiz, in die USA in die Antarktis		带冠词的地区名，国家名和洲名

in – nach, zu

Wo?	**Wohin?**	
in Wasserburg, **in** Bayern, **in** Spanien, **in** Europa,	**nach** Wasserburg, **nach** Bayern, **nach** Spanien, **nach** Europa,	不带冠词的地名、国家名和洲名
im Norden, **im** Süden	**nach** Norden, **nach** Süden	表示方向
in der Kirche **in der** Schule	**in die/zur** Kirche **in die/zur** Schule *in* 表示进入建筑物 *zu* 表示朝着建筑物的方向	建筑物
im Rathaus **in/auf** der Post/Bank **im** Supermarkt	**ins/zum** Rathaus **in die/zur** Post/Bank **in den/zum** Supermarkt	

技巧与诀窍

请您区分:

Ich gehe **zur Post/zur Bank.** 我去邮局/银行。 =我要去发信，取钱等等。

同样：

Ich gehe **auf die Post/auf die Bank.** 我去邮局/银行。

Ich gehe **in die Post/in die Bank.** =我进到建筑物里去。

技巧与诀窍

neben

提问: **Wo?**

Sie sitzt neben mir. 她坐在我旁边。

Die Post ist neben dem Bahnhof. 邮局在火车站旁边。

提问: **Wohin?**

Sie setzt sich neben mich. 她坐到我旁边来。

sitzen, sich setzen 请参阅第 143 节。

über

提问: **Wo?**

Die Lampe hängt über dem Esstisch. 灯挂在餐桌上方

提问: **Wohin?**

Wir haben die Lampe über den Esstisch gehängt. 我们把灯挂到餐桌上方

hängen 请参阅第 143 节。

unter

提问: **Wo?**

Der Hund sitzt unter dem Tisch. 狗卧在桌子下面。

提问: **Wohin?**

Der Hund setzt sich unter den Tisch. 狗卧到桌子下面去了。

sitzen, sich setzen 请参阅第 143 节。

vor

提问: **Wo?**

Die Blumen stehen nicht vor dem Fenster. 花没在窗前。

提问: Wohin?

Stell die Blumen vors Fenster. 把花摆到窗前!

vor + das = vors
stehen, stellen 请参阅第 143 节。

zwischen

提问: **Wo?**

Fritz steht zwischen seinen Cousins. 弗里茨站在他的堂兄弟中。

提问: **Wohin?**

Stell dich zwischen deine Freundin und den Vater. Ich fotografiere euch. 站到你女朋友和你父亲中间去，我给你们照相。

stehen, (sich) stellen 请参阅第 143 节。

技巧与诀窍 142

用 *Wo?* 还是 *Wohin?* 提问？用第三格还是用第四格？
请您仔细看句子里的动词，这样您就能比较容易地识别出来，后面跟着的是地点补足语（用 *Wo?* 提问，请参阅第三格），还是方向补足语（用 *Wohin?* 提问，请参阅第四格）。

			地点补足语（用第三格）
Er	wohnt/ist/bleibt		in Berlin/**bei seiner** Schwester. 他住在/在柏林他姐姐那里。
Er	steht		**vor der** Tür. 他站在门前。
Sie	lässt	die Tasche （=第四格）	**im** Bus. 她把提包放在汽车里。
			方向补足语（用第四格）
Er	fährt		**nach** Berlin/**in die** Schweiz. 他乘车去柏林/去瑞士。
Er	geht/läuft/rennt/kommt		**nach** Hause. 他走/跑回家。
Sie	fliegt		**in den** Süden. 她乘飞机到南方去。
Er	bringt	die Kinder	**in den** Kindergarten. 他把孩子送到幼儿园去。
Er	lädt	die Koffer	**ins** Auto. 他把箱子装进车里。
Sie	schickt	ihn	**auf die** Post. 她让他去邮局。
Er	trägt	das Gepäck	**ins** Zimmer. 他把行李搬进房间。
Er	wirft	den Schlüssel	**in die** Tasche. 他把钥匙扔进提包里。

stehen – stellen; sitzen – (sich)setzen; liegen – (sich)legen; hängen 143

带地点补足语的动词 *stehen, sitzen...* 为强变化动词。
带方向补足语的动词 *stellen, setzen...* 为弱变化动词。

地点补足语		**强变化动词**
Die Teller **stehen** auf dem Tisch.	盘子在桌子上。	stehen, stand, hat gestanden
Die Tante **sitzt** auf der Couch.	姑姑坐在长沙发上。	sitzen, saß, hat gesessen
Die Katze **liegt** auf dem Teppich.	猫躺在地毯上。	liegen, lag, hat gelegen
Der Mantel **hängt** an der Garderobe.	大衣挂在衣架上。	hängen, hing, hat gehangen

方向补足语（=第四格）		**弱变化动词：**
Stell die Teller auf den Tisch.	把盘子放到桌上去。	stellen, stellte, hat gestellt
Setz dich auf die Couch.	你坐到长沙发上去。	(sich)setzen, setzte, hat gesetzt
Leg dich auf die Couch.	你躺到长沙发上去。	(sich)legen, legte, hat gelegt
Häng den Mantel an die Garderobe.	把大衣挂到衣架上去。	hängen, hängte, hat gehängt

技巧与诀窍

在德语里是说„Die Teller **liegen** auf dem Tisch."还是说„Die Teller **stehen** auf dem Tisch."? 回答是用 stehen。

如果还没有把黄油从包装里拿出来，就说„Die Butter liegt im Kühlschrank", 如果已经把它放到黄油盒里了，则说„Sie steht im Kühlschrank."。

144 当变格介词不表示地点时

当变格介词不表示地点时，它的格是固定的:

an, in, neben, unter, vor, zwischen	+ 第三格
auf, über	+ 第四格

an

am Wochenende	在周末	时间说明语
an einem Freitag	在一个星期五	提问用: Wann?

auf

Weihnachten fällt dieses Jahr auf einen Dienstag.	今年的圣诞节是一个星期二。	(1)时间说明语 提问用: Wann?
von Sonnabend auf Sonntag	从星期六到星期日	
auf jeden Fall	无论如何	(2)习惯用语
auf der Fahrt in die Alpen	在乘车去阿尔卑斯山的路上	
auf Deutsch	用德语	
auf Urlaub gehen	去度假	

in

im Jahr 2000	在 2000 年	(1)时间说明语: 年份, 季节
im Frühling, im Sommer	在春天，在夏天	提问用: Wann? In welcher Zeit?
in einer Woche, in 14 Tagen	一周之后，14 天之后	
100 Kilometer in der Stunde	每小时 100 公里	(2)表示速度

über

Ich warte schon über eine Stunde. (=länger als eine Stunde)	我已经等了一个多小时。(=超过 1 小时)	时间说明语:一段时间 提问用: Wie lange?
Er bleibt über die Feiertage.	过节期间他呆在这里。	

unter

Er lief eine Rekordzeit unter 10 Sekunden. (= weniger als 10 Sekunden)	他跑了不到 10 秒,创了记录。(= 少于 10 秒)	(1)提问用: Wie schnell, wie viel?
Das kostet unter 100 Mark. (= weniger als 100 Mark) (↔über 100 Mark = mehr als)	这东西的价钱不到 100 马克。(↔ über 100 Mark = 超过 100 马克)	
Leute unter 30(↔über 30)Jahren	30 岁以下(30 岁以上)的人	(2)提问用: Wie alt?

vor

vor drei Wochen, vor drei Jahren (↔in drei Wochen, in drei Jahren)	三周之前, 三年之前 (↔ 三周之后, 三年之后)	(1)时间说明语 提问用: Wann?
vor dem 8. Oktober (↔nach dem 8. Oktober)	10 月 8 日之前 (↔ 10 月 8 日之后)	
Es ist 5 vor 12. (↔nach 12)	差 5 分 12 点 (↔ 12 点过 5 分)	提问用: Wie spät ist es?
vor Ärger/Angst/Freude/Wut/Schmerzen	由于生气/害怕/高兴/愤怒/疼痛	(2)无冠词 表示原因: 内心感受。

zwischen

zwischen 2 und 3 Uhr (=später als 2 und früher als 3)	2 点和 3 点之间 (=2 点后,3 点前)	(1)时间说明语 提问用:Wann?
zwischen 2 und 3 Stunden (=mehr als 2 und weniger als 3 Stunden)	两、三个小时之间 (=多于 2 小时,少于 3 小时)	表示一段时间 提问用:Wie lange?
zwischen 50 und 100 Mark (=mehr als 50 und weniger als 100 Mark)	50 和 100 马克之间 (=多于 50 马克,少于 100 马克。)	(2)无冠词 提问用:Wie viel?
sich entscheiden zwischen Extremen	在对立的意见中作出决断	(3)表示其它意思
Verhandlungen zwischen Arbeitgebern und Arbeitnehmern	雇主和雇员之间的谈判	

Übungen

9. *Wo ist Ulli? ——请填空。*

a) ______ ______ Garage
b) ______ ______ Terrasse
c) ______ Keller
d) ______ ______ Dach
e) ______ Garten
f) ______ ______ Treppe
g) ______ Hof
h) ______ Bad
i) ______ ______ Dusche
j) ______ ______ Küche
k) ______ Wohnzimmer
l) ______ ______ Toilette
m) ______ ______ Badewanne

10. *Wo sitzt du am liebsten?*

a) ______ *Sessel*
b) ______ ______ *Couch*
c) ______ ______ *Stuhl*
d) ______ *Ofen*
e) ______ ______ *Heizung*
f) ______ ______ *Bank*

11. *Hallo, ich rufe mit meinem Handy an. – Wo bist du denn?*
——请用 auf, in 或者 bei 填空。

a) ______ ______ Sparkasse/Bank.
b) ______ ______ Post.
c) ______ den Eltern.
d) ______ ______ Autobahn.
e) ______ Restaurant.
f) ______ Zug.
g) ______ meinem Freund.
h) ______ Claudia.

请记住: 说到人时用 ________。

12. *Wohin willst du? – 请用 in 或者 nach 填空。*

a) ______ Hause.
b) ______ ______ Süden.
c) ______ Polen.
d) ______ ______ Tschechische Republik.
e) ______ Asien.
f) ______ ______ Vereinigten Staaten / ______ ______ USA.

13. *Woher? – Wo? – Wohin?*

Woher kommst du jetzt?	Wo bist du?	Wohin willst du?
aus/ von	*auf, bei, in*	*zu, in*
a) ______ Supermarkt.	______ Supermarkt.	______ Supermarkt.
b) ______ Bank.	______ Bank.	______ Bank.
c) ______ Arzt.	______ Arzt.	______ Arzt.
d) ______ Büro.	______ Büro.	______ Büro.
e) ______ Baden.	______ Baden.	______ Baden.
f) ______ Schwimmbad.	______ Schwimmbad.	______ Schwimmbad.
g) __ meiner Schwester.	___ meiner Schwester.	___ meiner Schwester.
h) ___ Karlsplatz.	_____ Karlsplatz.	_____ Karlsplatz.

请不要忘记冠词: *aus dem/ der; von dem(vom)/ der; auf dem / der, bei dem(beim)/ der, in dem(im)/ der; zu dem(zum)/ der(zur), in den/ der / ins*,常常有两种可能性。

14. *Ein Ferientag*

a) Wir stehen nicht ____ 9 Uhr auf.
b) Dann frühstücken wir ____ 10.
c) Danach fahren wir ____ ein ____ See
oder ____ d __ Stadt zum Einkaufen
oder steigen ____ ein __ Berg
oder rennen ____ ____ Wald
oder fahren ____ Freunden
oder bleiben ____ Hause.

15. ***Können Sie mir sagen, wie ich zum Aussichtsturm komme?***

hinter der, an, auf, über, vom – bis zu, um, durch, bis zum, zur

a) Gehen Sie zuerst geradeaus bis ______ Kirche.
b) Dann ______ die Kirche herum. ______ ______ Kirche ist die Verdistraße.
c) Die Verdistraße gehen Sie geradeaus ______ ______ Alpenplatz.
d) ______ Alpenplatz ______ ______ der kleinen Brücke ist es nicht weit.
e) Gehen Sie ______ die Brücke.
f) ______ der großen Schule vorbei.

g) Dann sehen Sie den Aussichtsturm _______ einem kleinen Berg.

h) Gehen Sie _______ den Wald den Berg hoch _______ _______ Aussichtsturm.

■ Hoffentlich kann ich das alles behalten!

▲ Ich erklär' es Ihnen kurz noch einmal: Sie müssen. . .

16. Wo ist denn. . . ?

a) Butter und Wurst sind _______ Kühlschrank.

b) Fertiggerichte sind _______ _______ Tiefkühltruhe.

c) Handtücher habe ich _______ Bad gehängt.

d) Getränke findest du _______ Keller.

e) Die Bettwäsche liegt auf _______ Bett.

f) Die Fahrräder stehen hinter _______ Haus.

Auf Wiedersehen, wir fahren jetzt los.

17. Warum?

a) Warum stellst du das Fahrrad nicht in _______ Keller?

Es steht doch schon _______ Keller. – Ach so, entschuldige!

b) Warum räumst du das Geschirr nicht in _______ Schrank?

Es steht doch schon _______ Schrank.

c) Warum setzt du dich nicht bequem auf _______ Couch?

Ich sitze lieber auf _______ Stuhl.

d) Warum hängst du den Mantel nicht an _______ Garderobe?

Der hängt doch an _______ Garderobe.

e) Warum stellst du die Schuhe nicht vor _______ Tür?

Die stehen doch vor _______ Tür. Hast du die nicht gesehen?

f) Warum legst du dich nicht in _______ Liegestuhl?

Ich habe doch zwei Stunden _______ Liegestuhl gelegen.

18. in 还是 im? an 还是 am? um 还是 zu/zum/zur?

a) _______ Jahr 2000

b) _______ einer Stunde

c) _______ Mitternacht

d) _______ einem Sonntag

e) _______ Wochenende

f) _______ der nächsten Woche

g) _______ Frühling

h) _______ frühen Morgen

i) _______ Ostern

j) _______ 14 Tagen

k) _______ Zeit Napoleons

19. *Ich finde nichts. Wo ist denn...*

a) meine Brille? – Die liegt _______ _______ Tisch.
b) mein Handy? – Das ist _______ dein ___ Aktentasche.
c) die Zeitung? – Die liegt _______ _______ Couch.
d) Der Korkenzieher? – Der liegt _______ _______ zweiten Schublade.
e) der Bohrer? – Der ist _______ Keller.

Bitte, räum auf!

f) Das Werkzeug gehört _______ Regal.
g) Die Zeitungen gehören _______ _______ Papierkorb.
h) Die schmutzige Tischdecke gehört _______ _______ Wäsche.
i) Das kaputte Glas gehört _______ _______ Mülleimer.
j) Der Abfall gehört _______ _______ verschiedenen Abfalltonnen.

20. *这些习惯用语在口语中很常用，请填介词。*

a) Er lacht _______ vollem Hals.
b) Er kriecht _______ allen Vieren.
c) Er spricht _______ vollem Mund.
d) Er träumt _______ offenen Augen.
e) Er fällt _______ der Rolle.
f) Er kommt gleich _______ die Reihe.

请设计出使用这些习惯用语的情景。

21. *填空并对 Herz 的不同的搭配加以区分。*

Was bedeutet...?

a) etwas nicht _______ Herz bringen
(Mitleid haben) Wir konnten das Tier nicht ins Tierheim bringen.
Wir haben es nicht _______ Herz gebracht.

b) jemanden _______ Herz schließen
(gern haben, mögen)

c) etwas ______ ______ Herzen haben
(Sorgen oder Wünsche haben)

d) sich etwas ______ Herzen nehmen
(einen Rat annehmen)

e) das Herz ______ ______ rechten Fleck haben
(ein guter, hilfsbereiter Mensch sein)

f) jemandem etwas ______ Herz legen
(jemand dringend um etwas bitten)

请找出适用于 b) – f)的例句。

22. 请从第 137 节 – 第 141 节中找出表示地点的介词。

请把介词归纳到下面的表格中去:

Woher kommst du? (Herkunft)	Wo bist du? (Ort)	Wohin gehst du? (Richtung)

请写出简短例句。

23. 请从第 137 节 – 第 141 节中找出表示时间的介词。

请把介词归纳到下面的表格中去:

Wann? Für wann? (Zeitpunkt: Datum, Uhrzeit. . .)	Wie lange? Bis/seit wann? Von wann bis wann?(Zeitdauer)

24. 课文中的语法——旅游信息。

a)请再看看 169 页上的练习 8，请标示出变格介词。

b)请划出下列句子中的介词。介词与哪些词联系在一起?

Exklusiv für die Leser des Münchner Morgenblatts

Zauberhafte Bernsteinküste

Weiße Sandstrände, einsame Wälder und roter Backstein

Auf dem schnellsten Weg an die Ostsee mit Augsburg Airways im eigens für Sie gecharterten Flugzeug mit max. 37 passagieren.

Notieren Sie:

1) ______________________
2) ______________________
3) ______________________
4) ______________________
5) ______________________
6) ______________________
7) ______________________

c)匈牙利印象。

Eine Reise durch das Land der Magyaren

– Für die Leser des Münchner Morgenblatts

Das kleine Land der Magyaren hat viele Gesichter. Dank seiner Geschichte findet man in Ungarn neben barocken Kirchen und Schlössern auch Moscheen und Minarette aus türkischer Zeit, neben Ziehbrunnen und Csardas die Prachtbauten der k. u. k. –Zeit. Das weltstädtische Flair und die Eleganz der Metropole Budapest bilden einen starken Kontrast zu der Weite der Puszta mit ihren verstreuten Gasthöfen. Dagegen fühlt man sich am Plattensee direkt in eine mediterrane Landschaft versetzt. Auch die kulinarische und musikalische Seite des Magyarenlandes kommen auf dieser Reise selbstverständlich nicht zu kurz

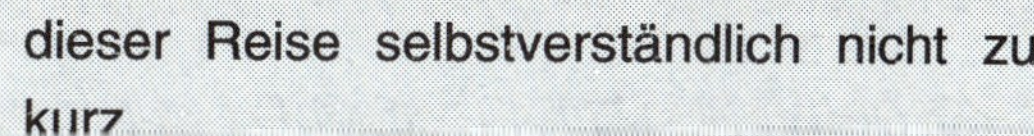

8 Tage
18. –25. Mai
Fahrt im Salonbus

Besichtigungen
Reiseleitung

Ü/HP in guten Hotels in Budapest, Eger, Debrecen, Szeged, Sopron.

请划出介词和与其相关的词汇。

*d)旅游手册节选— **Von Garmisch-Partenkirchen auf die Zugspitze***

Abfahrt vom Bahnhof Garmisch mit der Bahn （stündlich, Fahrzeit circa eine Stunde）. Die Bahn fährt durch das Dorf Grainau, am Eibsee entlang zum Schneefernerhaus in 2650 m Höhe. Von dort geht eine Seilbahn auf den 2963 m hohen Gipfel. Sie können aber auch mit dem Auto zum Eibsee fahren und dort in die Seilbahn einsteigen （tägl. 8 – 17 Uhr, halbstündlich）. Bei gutem Wetter bietet sich von Deutschlands höchstem Berg ein großartiger Rundblick. Von Einsamkeit in der Natur kann natürlich keine Rede sein. Die Zugspitze ist für Hunderte von Touristen ein attraktives Ziel. Bis zum Gipfelkreuz gibt es Gasthäuser, Seilbahnen, Funk- und Fernmeldeanlagen und meteorologische Stationen.

请划出介词和与其相关的词汇，*例如: . . . vom Bahnhof Garmisch.*

X. 副词与小品词 145

1. 副词和小品词没有词尾变化。

2. 副词在句中可以位于第一位，这时副词要重读：

Er hat **manchmal** Recht. – **Manchmal** hat er Recht. 他有时是对的。

小品词不位于第一位，不重读：

Du hast **ja** Recht. 你是对的。

3. 副词作形容词用时，可以有比较级和最高级：

Bergsteiger leben **gefährlich**. 登山者的生活是危险的。

Wer lebt **gefährlicher?** 谁的生活更危险？

Rennfahrer leben **am gefährlichsten.** 赛车运动员的生活最危险。

地点副词： 146

提问：Wo?	提问：**Wohin?** （表示方向）	提问：**Woher?** （表示方向）
hier, da, dort 这里，那儿，那里	hierhin, dahin, dorthin	hierher 到这里来
drinnen, draußen 在里面，在外面	到这里，去那儿，去那里	von drinnen/draußen
unten, mitten, oben 下面，中间，上面	nach drinnen/draußen	从里面，从外面
links, rechts 左，右	到里/外面，	von unten/oben
vorn, hinten 前，后	nach unten/oben 向下/向上	从下面/从上面
überall 在任何地方	nach links/rechts 向左/向右	von links/rechts 从左/从右
irgendwo 在某个地方	überallhin 到各处去，	von vorn/hinten 从前面/
nirgends/nirgendwo 无处	irgendwohin 到某处去	从后面
zu Hause 在家	nirgendwohin 不到任何一处去	von überallher 从各处
	nach Hause, heim 回家	von irgendwoher 从某个地方
	abwärts, aufwärts 向下，向上	nirgendwoher 并非从何处
	vorwärts, rückwärts 向前，向后	von zu Hause 从家里

Wo gehst du **hin**?（= Wohin）你到哪里去？　　hin = 离说话人而去。

Komm mal **her**! 请到这里来！　　her = 朝说话人而来。

在口语里说 *raus*（= *heraus*, *hinaus*），*rein*（= *herein*, *hinein*），*rauf*（= *herauf*, *hinauf*）。

147 时间副词

过去 — 现在

过去 ——→ *现在*

damals 当时	kürzlich 不久前	gerade 刚才	heute 今天
früher 以前	vor kurzem 不久前	soeben 刚才	jetzt 现在
ehemals 从前	neulich 新近	eben 适才	
(ein)mal 曾经	gestern 昨天	bereits 已经	
jemals 以往	vorgestern 前天	vorhin 刚刚	
	vorher 早先		

现在 — 将来

——→ *将来*

gleich 马上	bald 即将	zukünftig 将来
sofort 立刻	morgen 明天	(ein)mal 未来
	übermorgen 后天	
	später 以后	
	nachher 之后	
	hinterher 事后	

与另一个时间点的关系

zuerst, erst 开始 – dann 然后
vorher 事先 – nachher, hinterher 后来
bisher 迄今 – da, danach 然后 – schließlich 最后
seitdem 从那时起 – inzwischen 在此期间 – zuletzt 最末
– unterdessen 其间

频繁程度和重复

提问:**Wie oft?**

nie, niemals, 从来没有	manchmal 有时,	oft, häufig 常常	immer 永远
fast nie, kaum, 几乎不	ab und zu 有时候	meistens, meist	immer wieder 一再
selten 少有的	öfters 经常	在大多数情况下	
		fast immer 几乎永远	

täg	每天	
wöchent	每星期	词尾 - *lich*
monat — **lich**	每月	
jähr	每年	

montag**s**, dienstag**s**, mittwoch**s** 每星期一，每星期二，每星期三 词尾 -*s*
(= jeden Montag, Dienstag, Mittwoch)
morgen**s**, mittag**s**, abend**s**
(= jeden Morgen, Mittag, Abend)每天早上，每天中午，每天晚上

片刻和持续

früh 早 ↔ spät 晚
erst 才 ↔ schon 已经
lange 长时间
monatelang 数月之久
jahrelang 数年之久
noch 还

情态副词 148

提问：Wie?

Die Party verlief turbulent. (= Die turbulente Party. . .)	聚会热闹非凡。	(1)副词作状语
Wir feiern gern. Wir feiern lieber im Lokal. Wir feiern am liebsten zu Hause.	我们喜欢搞庆祝活动。 我们更喜欢在餐馆庆祝。 我们最喜欢在家里庆祝。	(2) = 程度 (*gern — lieber — am liebsten*)。
Wir müssen leider nach Hause. Sie ist ebenso/genauso lustig wie er. Nein, sie ist anders.	可惜我们必须回家。 她与他一样风趣。 不，她不这样。	*leider,* *ebenso, genauso* *anders*
Löse das Problem irgendwie.	不管用什么方法，你要解决这个问题。	*irgendwie*
Er wartet umsonst/vergeblich.	他白白地等着 。	*umsonst, vergeblich*

		(3)加强语气
Er ist sehr/ganz/besonders/so stolz auf die gute Prüfung.	考试成绩好,他非常/很/特别/这么自豪。	*sehr, ganz, besonders, so*
Er hat sogar eine Auszeichnung bekommen	他甚至得到了奖励。	*sogar*
Die hat er auch verdient.	这是他应得的。	*auch, bestimmt*
Er hat es doch(= betont)geschafft. (Niemand hat es geglaubt.)	他竟然做到了。(没有人相信这一点。)	*doch*
Er hat vor allem Glück gehabt.	他主要是有运气。	*vor allem*
		减弱语气
Sie war ziemlich müde.	她比较累了。	*ziemlich*
Fast/Beinahe wäre sie eingeschlafen.	她几乎睡着了。	*fast, beinahe*
Sie konnte kaum antworten.	她几乎什么都回答不出来。	*kaum*
Sie hat wenigstens zwölf Stunden geschlafen.	她至少睡了 12 个小时。	*wenigstens*
Sonst schläft sie höchstens acht.	平时她最多睡 8 个小时。	*höchstens*
Zwölf sind wohl etwas zu viel.	12 个小时大概有点太长了。	*etwas*
		(4)表示有把握/没有把握
Er kommt bestimmt/sicher. (= Ich weiß es.)	他肯定来。(我知道。)	*bestimmt, sicher*
Wahrscheinlich kommt er morgen. (=Ich vermute es.)	明天他大概来。(我猜想。)	*wahrscheinlich*
Vielleicht kommt er morgen. (=Ich bin nicht sicher.)	明天他可能来。(我没有把握。)	*vielleicht*
		(5)表示否定
Du hast dich gar nicht gemeldet.	你根本没有给个信儿。	*gar nicht*
Das ist überhaupt nicht wahr.	这完全不是真的。	*überhaupt nicht*
Wir haben umsonst angerufen.	我们白打了电话。	*umsonst*
Wir haben mindestens dreimal angerufen.	我们至少打了 3 次电话。	*mindestens*

提示

请比较: Ich mag Nachspeisen. Ich esse am liebsten Eis.
我喜欢饭后甜食,最喜欢吃冰淇淋。
Ich mag Nachspeisen. Am liebsten esse ich Eis.

请避免相同的句式:Ich mag... –Ich esse....
副词位于句首或者句中。

句法基本结构 13

说明语在句中的位置

大多数情况下,说明语的排列顺序如下:

te-ka-mo-lo	(**te**mporal -	**ka**usal -	**mo**dal -	**lo**kal)
	时间	原因	情态	地点
	wann?	warum?	wie?	wo?
Wir haben	↓	↓	↓	↓
	heute	*deswegen*	*dreimal*	*bei euch angerufen.*

因为这件事,我们今天给你们打了三次电话。

(*Wir wollten hören, wie es unserer Mutter geht.* *我们想知道,我们母亲的情况怎样。*)

1. 请按照例句改变句子。

a) Mir geht es gut. – Du siehst auch gut aus!
b) Ich bin erholt. – Du siehst auch erholt aus!
c) Ich bin ausgeschlafen. – ______
d) Ich bin nicht müde. – ______
e) Ich fühle mich topfit. – ______
f) Gestern war ich gestresst. – Du hast auch ______
g) Ich war nervös. – Du hast ______
h) Ich war schlecht gelaunt. – ______

2. Ulli hat Fahrstunde

nach rückwärts, vorwärts, rechts, links, von rechts, von überall her, rauf, runter, mitten, nach vorn

a) Heute ist er ______ in eine Parklücke gefahren.
b) ______ ist es einfacher. Das kann er schon.
c) Es ist zuerst den Berg ______ gefahren, dann wieder ______. Am Berg hat er gestoppt.
d) Er ist zuerst r ______ eingebogen, dann l______.
e) ______ auf der Kreuzung hat er den Motor abgewürgt.
f) ______ r ______ ist nämlich ein Auto gekommen.
g) Er hat ______ ______ geschaut und das Auto nicht gesehen.

h) Plötzlich kamen ____________ viele Autos und es gab ein großes Chaos.

i) Trotzdem ist er bald mit dem Führerschein ________________ Hause gekommen.

3. 请填入合适的副词。

a) Hast du ____________ gedacht, dass wir noch ____________ ____________ kommen?
(hierher, jemals, einmal)

b) Wir haben ____________ mit dem alten Herrn gesprochen. Er hat erzählt, dass er ____________ zur See gefahren ist.
(früher, neulich)

c) Ich habe ____________ keine Zeit. Kannst du ____________ noch ____________ vorbeikommen?
Kein Problem. Ich komme ____________ gegen drei.
(dann, jetzt, später, einmal)

d) Du bist ____________ zu Hause und zum Essen kommst du ____________ zu spät.
Ich bin abends ____________ weg, das stimmt. Am Nachmittag bin ich aber ____________ da und mache Schulaufgaben.
(immer, nie, oft, fast immer)

e) Wir essen ____________ und ____________ gibt's einen Pudding.
Ich muss aber ____________ weg!
(nachher, jetzt, gleich)

f) Ich wasche ______________ ab. Du kannst ______________ mit Christine spielen.
(inzwischen, jetzt)

4. 还可以用哪个副词?

a) Ich komme gleich.
b) Wir waren neulich bei Neumanns. (2)
c) Heike hat soeben angerufen. (2)
d) Habt ihr nachher noch etwas Zeit?
e) Was machen wir nachher?(2)
f) Fritz ruft fast nie an.

kaum gerade
später vor kurzem
danach eben
sofort kürzlich
hinterher

5. 请填入适当的副词。

a) (Es klingelt.) Bitte, kommen Sie doch . . . — raus / hinein / rein

b) Karla ist gerade . . . im Keller. — runter / unten / oben

c) Der Verkehr von . . . hat Vorfahrt. — links / rechts / hinten

d) Tut mir Leid, ich muss jetzt . . . Hause. — nach / zu / von

e) Wir sind eingeladen. Gehst du . . . ? — her / hin / wohin

f) Ralph hat . . . seinen Führerschein gemacht. — bereits / vorhin / vor kurzem

g) Zuerst kam er . . ., dann immer seltener. — oft / meistens / immer

h) Du musst die Tropfen . . . nehmen. — morgens / gerade / lange

i) Es ist schon . . . spät. — höchstens / ziemlich / wirklich

j) Das Ja-Wort – Setzen Sie ein: *danach, dann, zuletzt, schließlich, zuerst.*

. . . wollte er nicht, . . . hat er überlegt, . . . hat er noch gezögert,
. . . war er fast dafür und . . . hat er ja gesagt.

6. 请填入副词。

a) Thomas ist zu spät gekommen. Er hat den Bus verpasst. (wahrscheinlich)
b) Kerstin ist fertig. Sie hat die Prüfung gemacht. (vor kurzem)
c) Möchtest du ein Stück Kuchen? – Danke, ich habe gegessen. (gerade)
d) Siehst du, er hat Recht. (doch)
e) Wo ist denn das Lexikon? Es hat hier auf dem Tisch gelegen. (gestern)
f) Sie war ruhig. Sie taute auf. (zuerst, dann)

7. 课文中的语法。

a）花束

Paul und Christoph sitzen im Café. Vor ihnen steht ein Blumenstrauß.

■ Sind die eigentlich künstlich?

▲ Natürlich.

■ Du meinst, die sind natürlich?

▲ Quatsch! Natürlich nicht.

■ Was heißt „natürlich nicht“? Sind sie nun künstlich oder natürlich?

▲ Natürlich künstlich, was denn sonst?

请将课文译成您的母语！

b）德国的交通信号灯

Nirgendwo in der Welt gibt es so viele Verkehrsampeln wie in Deutschland. Manchmal sind es sogar sechs Ampeln auf 500 Meter.

Verkehrsexperten halten sie aber trotz Staugefahr wegen der hohen Verkehrsdichte für notwendig. Ein Versuch der Versicherungen ergab, dass bei abgeschalteten Ampeln die Unfallzahlen auf das Drei- bis Achtfache steigen.

In der Bundesrepublik sind etwa 50 000 Kreuzungen mit Ampeln geregelt. Der Kauf einer Anlage kostet rund 100 000 Mark. Wartung und Strom kosten jährlich bis zu 30 000 Mark.

Markieren Sie Wörter, die zusammengehören. Dann ist der Text nicht mehr schwer, zum Beispiel: *nirgendwo in der Welt – gibt es – so viele Ampeln wie in Deutschland.*

Bauen Sie dann den Satz. Fangen Sie mit dem Verb an.

Beispiel:

gibt

es gibt

Nirgendwo in der Welt gibt es

Nirgendwo in der Welt gibt es so viele Ampeln wie in Deutschland.

句法基本结构 14

副词作为连词

副词位于句中部。

副词用作连词时，连接两个主句。它可在句子第一位，后面紧跟动词（请参阅第 157 节，连词位于第 0 位），或者它在动词后的第一个位置上。

I	II	I	II	
Petra	möchte ein Motorrad.	Sie	macht den Führerschein.	佩特拉想要一辆摩托车，她正在考驾驶证。
Petra	möchte ein Motorrad;	**deshalb**	macht sie den Führerschein.	佩特拉想要一辆摩托车，
		Sie	macht **deshalb** den Führerschein.	所以，她正在考驾驶证。

also	Sie möchte ein Motorrad; also muss sie den Führerschein machen. 她想要一辆摩托车，所以她必须考驾驶证。
außerdem	Sie macht eine Lehre; außerdem jobbt sie. 她当学徒，另外她还打工。
dadurch	Sie jobbt; dadurch hat sie etwas Geld. 她打工，由此有了些钱。
dann	Dann möchte sie das Motorrad kaufen. 然后，她想买一辆摩托车。
danach	Danach möchte sie eine eigene Wohnung mieten. 然后，她想自己租一套住房。
darum / daher	Darum / Daher arbeitet sie fleißig. 因此她努力干活。
dashalb / deswegen	Deshalb / Deswegen hat sie wenig Zeit. 所以她的时间很少。
gleichzeitig	Gleichzeitig hat sie natürlich einen Freund. 与此同时，她当然有一个男朋友。
inzwischen	Der ist inzwischen schon sauer. 在此期间他已经生气了。
jedenfalls	Jedenfalls hat sie immer etwas vor. 不论怎样，她总有些打算。
jedoch	Er gibt jedoch nicht auf. 然而，他不放弃。
nämlich	Es ist nämlich noch nicht aller Tage Abend. (nämlich 总是后置。) 因为，现在还为时不晚。
schließlich	Schließlich hat er viel Geduld. 他毕竟很有耐心。
sonst	Sonst wäre er schon verzweifelt. 否则，他就已经绝望了。
trotzdem	Trotzdem will er mit ihr reden. 尽管如此，他还想与她谈谈。
vorher – nachher	Vorher will er sich alles genau überlegen, nachher ist es vielleicht zu spät. 事先他想将所有的事情认真考虑好，事后可能就太晚了。
zuerst – zuletzt	Zuerst möchte er sie einladen, zuletzt wird dann alles o. k. sein. 首先，他想邀请她，最终一切都会好的。

8. *请用下列单词填空：*

nämlich, gleichzeitig, dadurch, trotzdem, danach, deshalb

a) Frauke möchte Lehrlinge ausbilden. – Sie macht ________ eine Fortbildung.
b) Florian möchte nicht studieren. – Er macht ________ das Abitur.
c) Er geht noch zur Schule. – Er hilft ________ im Betrieb seines Vaters.
d) Er macht die Prüfung. – Er macht ________ den Zivildienst.
e) Frauke darf ausbilden. – Sie ist ________ schon viele Jahre in der Firma.
f) Sie arbeitet oft mit Jugendlichen. – Sie hat ________ viel Erfahrung.

9. *请把练习 8 句中的副词放到第一位上！*

第 ____ 句无法改写。

151 小品词与感叹词

小品词大约有 40 个，这些词没有变化，也没有比较级。

152 情状小品词及其含义

doch, ruhig, schon, nur, mal

Sag doch was!	你倒是说点什么啊！	(1) 您要求某人做某事，您想强调您的要求。(多数情况下用命令式。情状小品词使语气委婉一些。)
Mach ruhig weiter!	你尽管干下去！	
Geh schon!	你快走吧！	
Frag nur!	你问吧！	
Komm mal her!	你过来一下吧！	

bloß, ja, nur

Mach bloß keinen Ärger!	你可不要惹麻烦。	(2) 表示提出警告或者进行威胁
Mach das ja/nur nicht!	你可不要做这事。	

aber, allerdings, denn, ja, vielleicht

(3)表示吃惊或者生气

Das ist aber neu!	这可真新鲜!
Hat er denn Geld?	他难道有钱吗?
Das ist ja die Höhe!	这真是太过分了!
Das ist vielleicht ein Ärger!	这可真让人烦!
Das ist allerdings richtig.	这当然是正确的。

(4)表示强调

Aber **ja!**	那还用说!

eben, einfach, ja

(5)表示接受某个事实

Er hat eben kein Glück.	他就是没有运气。
Das ist einfach schade.	这简直太可惜了。
Sie wollte ja nicht.	她就是不愿意。

denn, eigentlich, etwa, überhaupt

(6)表示吃惊或者好奇地提问

Können Sie denn segeln?	您究竟会驾驶帆船吗?
Sind Sie eigentlich verheiratet?	您到底结婚了没有?
Sind Sie etwa Pilot?	莫非您是飞行员?
Was machen Sie überhaupt?	您究竟在干什么?

(*注意*: 如此提问有些冒失或者语气太强烈 。)

bloß, denn, eigentlich, nur, überhaupt

(7)一般说来，带小品词的疑问句自然一些。特殊疑问句(Warum? Wo? Was? 等等)大多有 *denn*。

Was ist denn/bloß/eigentlich/nur/überhaupt los?	究竟发生什么事了?

schon, wohl

(8)表示愿望或者猜测

Es wird schon klappen!	这事肯定会办成!
Was ist los mit dir? Du hast wohl schon wieder Ärger.	你怎么啦?肯定又有麻烦了。

bloß, doch, nur

(9)您有某个愿望,但是为时已晚。(用第二虚拟式。)

Hätte ich bloß nichts gesagt!	要是我当时不说这事就好了!
Wär' ich doch/nur zu Hause geblieben!	要是我当时呆在家里就好了!

also, nun

(10)表示结束或者总结

Was machen wir also/nun?	那么我们怎么办啊?
Das bedeutet/heißt also. . .	这就是说……

(11)表示情感投入

Also wirklich! Jetzt ist Schluss.	居然是真的!现在结束了。

153 一些情态小品词也用作形容词，副词或者连词。

aber	Ich gehe, aber ich komme gleich wieder. Heute ist es aber kalt!	我走了，可我马上再来。 今天可真冷。	连词 小品词
denn	Er kam zu spät, denn er hatte eine Panne. Wo bist du denn?	他迟到了，因为车出了故障。 你到底在哪里？	连词 小品词
einfach	Das ist einfach, nicht schwer. Ruf einfach an!	这很简单，不难。 你打个电话吧！	形容词 小品词
schon	Wir essen schon und du bist nicht da. Komm schon, beeil dich!	我们吃饭了，你不在。 你来吧，快点儿！	副词 小品词
vielleicht	Wir kommen vielleicht, sicher ist das aber nicht. Du hast vielleicht Nerven!	我们也许来，不是一定来。 你可真有勇气！	副词 小品词
wohl	Sie fühlen sich wohl hier. Du bist wohl müde, was?	在这里他们觉得很舒服。 你大概累了吧？	副词 小品词

关于否定词请参阅第 56 – 58 节。

情态小品词不位于句首。

对话小品词位于句首，它们往往是句尾带句号的完整句子：Ja. Jawohl。

在不带否定词的疑问句之后：

Sind Sie müde?	您累吗？	– Ja. / Ja, sehr. Nein. / Nein, überhaupt nicht.	— 累。/很累。 不累。/一点儿也不累。

在带否定词的疑问句之后：

Sind Sie nicht müde?	您不累吗？	– Doch. / Doch, sehr sogar. Nein. / Nein, gar nicht.	— 累。/甚至很累。 不累。/根本不累。

154 感叹词也属于对话小品词：

Aha, Aja	表示懂了。	**Bravo**	表示称赞。
Oh	表示惊讶。	**Toll**	表示赞扬。
Psst	请安静！	**Spitze**	同上。
Iii	表示感到厌恶。	**Super**	同上。
Igitt igitt	表示不喜欢。	**Klasse**	同上。
Ach was, ph	表示没关系。	**Nanu**	表示怀疑。
Aua	表示感到疼痛。	**Na ja**	表示不赞赏。
Toi, toi, toi	表示祝愿。	**Hm**	表示有所保留。
Ätsch	表示幸灾乐祸。	**Tja**	表示不能改变。
(Sehr) schön	表示赞同。	**Na gut**	表示同意。

当然还有许多经常变化的时髦词。

技巧与诀窍

Bitte. . . Danke

1. *Bitte* 可以表示"是"，*Danke* 可以表示"不"：

▲ Möchten Sie noch etwas Kaffee? 您还想要一点咖啡吗?

■ Danke. (=Nein, danke.)不，谢谢。

■ Bitte. (=Ja, bitte.)是的。

在此会常常产生误解，借助语调和手势可表明意思。

2. *Bitte* 是 *Danke* 的回答语：

▲ Möchten Sie noch Kaffee? 您还想要咖啡吗?

■ Ja, noch einen Schluck. Danke. 是的，还要一点，谢谢。

▲ Bitte. 不客气。

3. *Bitte* 表达真正的请求：

▲ Bitte, kann ich noch einen Kaffee haben? 请问我还能要一点咖啡吗?
–Ja, natürlich. 没问题，当然可以。
(或者: Kann ich bitte noch einen Kaffee haben?)
(或者: Kann ich noch einen Kaffee haben, bitte?)

如果请求得到了满足，则说：

▲Danke. 谢谢.

10. 请您拿出勇气来用小品词，别人便会对你说：您的德语说得很地道。
请用 denn *来重复下列问题，这样问题会听起来自然一些。*

a) Beeil dich! – Warum? Wie spät ist es?
b) Florian hat gerade den Führerschein gemacht. –Ach, ist er schon achtzehn?
c) Er spricht Bairisch. – Kommt er aus Bayern?
d) Du hast nie Zeit. – Das stimmt nicht. Was willst du?
e) Kommst du mit ins Kino? – Ja, was gibt es?
f) Komm schnell! – Was ist passiert?

11. *请用 doch 来加强回答的语气。*

a) Wie heißt der Rennfahrer? – Das ist der Schumacher.
b) Wir gehen jetzt essen. Kommen Sie mit!
c) Kommst du auch? – Nein, ich habe kein Auto. – Nimm den Bus!
d) Hier ist der Bahnhof auch nicht. – Frag mal den Mann da!
e) Melanie ist faul. – Das ist nicht wahr.
f) Ich habe deinen Geburtstag vergessen. – Das macht nichts.

12. *请用 ja 这个小品词来表示惊讶和让步。*

a) Ich habe 100 Leute eingeladen. – Du hast Nerven!
b) Ich habe im Lotto gewonnen. – Das ist fantastisch.
c) Ich möchte nach Japan. – Du hast gar kein Geld.
d) Das Essen wird kalt. – Ich komme schon.
e) Du hast Recht.

13. *缺少哪些词, 请用 etwa, ja, mal, doch, denn, also 填空。*

▲ Kennen Sie Vorurteile?
■ Und ob! Sie ______ nicht?
▲ Klar. Geben Sie ______ ein Beispiel.
■ Es heißt, das meiste Bier kommt aus München.
▲ Das ist ______ richtig, oder ______ nicht?
■ Nein, das meiste Bier kommt aus Dortmund, nicht aus München. Die Dortmunder produzieren circa 6 Millionen Hektoliter im Jahr, die Münchner aber nur 5, 5 Millionen. Die Hauptstadt des Biers liegt ______ in Nordrhein-Westfalen.
Zweites Vorurteil: Stierkampf ist eine spanische Erfindung.
▲ Aber das stimmt ______.
■ Falsch. Stierkampf ist keine spanische Erfindung. Schon die Römer und sogar die Chinesen haben Stierkämpfe veranstaltet.
▲ Aha. Sie sind ______ ein Spezialist!
■ Drittes Vorurteil: Blitz und Donner gehören zusammen.
▲ ______ nicht?
■ Nein, die meisten Blitze, circa 40 Prozent, haben keinen Donner. Und die Blitze gehen auch nicht alle vom Himmel zur Erde.
▲ Wie ______ sonst?
■ Viele gehen von der Erde zum Himmel.
▲ Na, da können wir ______ froh sein!

14. *小品词应位于何处？请在小品词的位置上画叉。*

a) Komm ▒ her ▒ ! (mal)
b) Frierst ▒ du ▒ nicht?(denn)
c) Wirf ▒ die alten Zeitungen ▒ weg! (doch)
d) Frag ▒ den Schaffner ▒, wann wir ankommen. (mal)
e) Das ist ▒ eine Pleite ▒! (vielleicht)
f) Sei ▒ vorsichtig ▒! (bloß)
g) Sag ▒ ja ▒! (einfach)
h) Wir haben ▒ kein Glück ▒. (eben)

小品词应位于句子的何处？您发现它的位置了吗？小品词在大多数情况下位于______之后，有时也位于主语之后。

15. *课文中的语法。*

Du, hör mal!

▲ Hör mal zu!
■ Ja?
▲ Hier gibt's eine Liste der Biere. Kennst du einen Russen?
■ Klar. Das ist Limo und Weißbier.
▲ Ja. Und was ist ein Radler?
■ Limo und Bier, oder?
▲ Jawoh!
■ Sag mal, machst du ein Quiz mit mir? Jetzt frage ich mal. Was ist eigentlich eine Berliner Weiße?
▲ Weißbier mit Himbeersaft natürlich. Igitt igitt!
■ Richtig. Und Kölsch?
▲ 600 Jahre alt und immer noch trinkbar.
■ Bravo! – Fassbier?
▲ Das vielleicht beste Bier überhaupt. Bier aus dem Holzfass.
■ Und Freibier?
▲ Das ist bestimmt das Bier, das du jetzt holst und das ich dann gemütlich trinke. Gratis.

先划掉小品词，然后读课文，接着再读原来的课文。您觉得哪一种课文更好一些？

技巧与诀窍

有人说德语听起来生硬而且不友好，小品词尤其是情状小品词能起到缓解作用。它们是句子中的“语气舒缓词”．请比较下列句子:

Das ist **nicht richtig.** (= unfreundlich, sehr direkt)(不友好，很直接)

Das ist **eigentlich nicht richtig.** (= freundlicher)(友好一些)

Das ist **doch eigentlich nicht richtig**(=noch freundlicher)(更友好一些)

因此，请用小品词。例如：先在问句中用小品词 *denn*，然后再用 *ja*，*doch*，*mal* 等等:

Was machst du **denn**? 你在干什么呀?

Das ist **ja** eine Überraschung! 这可是件令人吃惊的事啊!

Das ist **doch** egal! 这倒也无所谓!

Moment **mal**! Guck **mal**! 等一等！你看看!

Ja，*denn*，*doch und mal* 是经常出现的小品词。

提示

doch 的运用(请参阅第 175 节，表示愿望的句子。)

1. 作为对话中的小品词:

Sind Sie nicht müde?你不累吗?

– **Doch**(= 重读)，ich bin sehr müde.（不，我很累。)

2. 作为副词

Er hat **doch**(= 重读)Recht. 他可是对的。

3. 作为情状小品词(= 不重读):

Hol bitte die Zeitung. 请你去取报纸。

– Ich habe sie **doch** schon geholt. 报纸我可已经取来了。

Sie wussten **doch**，dass ich komme. 您可知道我会来的。

Schrei **doch** nicht so! 可别这样叫!

Gehen Sie **doch** zum Arzt! 请到医生那儿去!

XI. 句子间的连接，连词

我们将连词区别为并列连词和从属连词。 156
并列连词连接主句。在主句中，变位动词位于第二位：

Das Wetter ist schön **und** wir gehen jetzt spazieren. 天气很好，我们现在去散步。

从属连词连接主句和从句。 在从句中变位动词位于句尾：

	Das Radio ist laut. 收音机声音很大。
Ich höre nichts,	**wenn** das Radio laut **ist.** 如果收音机声音大的话，我什么也听不见。
	Ich muss arbeiten. 我必须工作。
Ich komme nicht,	**weil** ich arbeiten **muss.** 因为我必须工作，所以我不来了。

并列连词 157

并列连词是：

und 和，**aber** 但是，**denn** 因为，**sondern**（不是……）而是，**oder** 或者
entweder . . .,oder 不是……就是…… **zwar. . .,aber** 虽然……但是……
nicht nur. . .,sondern auch 不仅……而且……

并列连词连接两个主句，而主句不发生变化。

I 第一位	II 第二位		0	I 第一位	II 第二位	
Der Koffer	ist	gepackt	**und**	das Auto	steht	vor der Tür.
Alle	sind	da,	**aber**	Hans	fehlt.	
	Beeile	dich,	**denn**	wir	wollen	fahren.
Du	sollst	nicht trödeln,	**sondern**	(du)	(sollst)	kommen.
	Kommst	du mit	**oder**		bleibst	du da?
Entweder du	beeilst	dich	**oder**	du	bleibst	zu Hause.
Wir	haben	**zwar** Platz	**aber**	es	ist	eng.
Christian	fährt	**nicht nur** schnell,	**sondern**	(er)	(fährt)	**auch** gut.

Ich packe den Koffer **und(ich)** nehme auch die Reisetasche mit.
我装好箱子并带上旅行袋。

(1)主语/动词一致。在 *und*、*aber*、*oder*、*sondern* 后面第二个主语和动词可以省略。

Der Koffer ist schön, aber (der Koffer) (ist) schwer.
箱子很漂亮,但是很重。

aber
zwar. . . , aber

(2)用于转折,以表达对立的意思。*aber* 不占位，处于 0 位置上，在句中的位置较自由。

Der Weg ist weit, aber wir schaffen ihn in einer Stunde.
路很远,但是我们在一个钟头内能走完。
Der Weg ist weit, wir schaffen ihn aber in einer Stunde.

Der Weg ist zwar schön, aber weit.
这条路虽然很美,但是很长。

表示原因

denn
Er kommt nicht, denn er ist krank.
他没有来, 因为他病了。

表示选择

oder
entweder. . . oder
Wir übernachten hier oder wir gehen gleich zurück.
我们要么在这里过夜,要么马上就回去。
Entweder wir übernachten hier oder wir gehen gleich zurück.

sondern
nicht (nur) . . ., sondern (auch)

表示纠正, 改正
sondern 纠正一个否定的说法,

Er ist nicht dumm, sondern faul.
他不是笨, 而是懒。
Er ist nicht nur dumm, sondern auch faul.
他不仅笨, 而且懒。

sondern auch 补充一个陈述。

sowohl . . . als auch
Das Haus ist sowohl schön als auch praktisch.
这幢房子不仅美观,而且实用。

表示两个可能性,连接两个句子成分。

und
Das Haus ist schön und der Garten ist groß.
这幢房子不错, 而且花园很大。
Er kam, setzte sich und erzählte sein Erlebnis.
他来了,坐下并讲述他的经历。

表示并列, 相加

Übungen

1. *请用 und 连接句子，第二个主语有时可以省略。*

a) Er ging durch die Straßen. Es regnete.
b) Es war dunkel. Die Laternen brannten noch.
c) Er ging am Rathaus vorbei. Er überquerte den Großen Platz.
d) Schritte folgten ihm. Er lief schneller.
e) Die Schritte kamen näher. Er lief zum Fluss hinunter.
f) Er sah den Fluss. Er fühlte eine Hand auf der Schulter.

Da wachte er auf . . .

2. *请填写合适的连词。*

a) Edith wollte Malerin werden, ________ sie hatte keinen Erfolg.
b) Knut ist nicht im Büro, ________ beim Segeln.
c) Er ist in Italien ________ Slowenien.
d) Sie hat sich bei der Lufthansa beworben, ________ sie möchte Stewardess werden.
e) Nina tanzt sehr gut ________ möchte Tänzerin werden.
f) Sie möchte Tänzerin werden, ________ zuerst macht sie die Schule fertig.

3. *请用连词连接主句！第二个动词和第二个主语有时可以省略。*

a) Ein Brötchen heißt in Süddeutschland Semmel. In Berlin heißt es Schrippe.
b) Viele meinen: Bairisch klingt gut. Sächsisch klingt nicht so gut.
c) Das war einmal anders. Sächsisch galt im 17. Jahrhundert als sprachliches Vorbild.
d) „Hart arbeiten“ oder „schuften“ heißt „roboten“ oder „wurachen“ in Sachsen. Es heißt „wurzeln“ und „haudern“ in Hessen. Es heißt „schinageln“ in Schwaben und Bayern.
e) Unser Lehrer spricht mehrere Sprachen. Er spricht verschiedene Dialekte.
f) Die Bäuerin spricht Dialekt. Sie spricht kein Hochdeutsch.

158 从属连词

	从属连词有：	
时间	时间从属连词：	*als, wenn, bis, seit/ seitdem, während, bevor, ehe, nachdem, sobald*
原因	原因从属连词：	*weil, da*
条件	条件从属连词：	*wenn, falls*
让步	让步从属连词：	*obwohl, obgleich*
目的/结果	结果从属连词：	*so dass, so . . ., dass*
意图	目的从属连词：	*damit*
对照	相反从属连词：	*anstatt, statt*
比较		*als, wie, als ob*

dass 请参阅第 103 节。
ob 请参阅第 120 节。

从属连词连接主句和从句，在从句中变位动词位于句末。

第一位	第二位	第一位	第二位	句末
Sie	ist unpünktlich.	Er	ärgert sich.	
		Er	ärgert sich, weil sie unpünktlich	**ist.**

从句也能位于句中第一位，主句中的变位动词还是位于第二位：

第一位	第二位
Weil sie unpünktlich ist,	**ärgert** er sich.

		用法：
als	Als ich in Hamburg war, gab es Sturm. 当我在汉堡的时候，有一场风暴。	同时发生
	Als ich abgefahren war, wurde das Wetter besser. （=Nachdem ich abgefahren war, wurde das Wetter besser.） 在我起程之后，天气变好了。	后来发生
→ bevor		提前发生
als	Du bist stärker, als du denkst. 你比你想像的要强壮一些。	比较 请参阅第 102 节。

als ob	Er tut so, als ob er nichts wüsste. 他做出一副好像他什么都不知道的样子。 (=…, als wüsste er nichts.)	表示非现实比较 请参阅第二虚拟式第 168 和第 175 节。
(an)statt dass	Anstatt dass er fernsieht, könnte er uns helfen. 他不看电视,就能帮助我们。 (= Anstatt fernzusehen, könnte er uns helfen. 请参阅第 160 和第 162 节不定式结构。)	相反(不像所期待的那样)。
bevor	Bevor ich in Hamburg ankam, war das Wetter schlecht. 在我到达汉堡之前,天气很坏。 (= Das Wetter war schlecht, dann kam ich an und es wurde besser.)	表示时间 主句的行为 + 从句的行为。 提问用: Wann?
bis	Warte, bis ich fertig bin. 请你等我做完。 Warte, bis wir gegessen haben. 请你等我们吃完饭。	表示时间 动作的结束。 提问用: Bis wann?
da	Da die Stipendien knapp sind, müssen viele Studenten arbeiten. 因为奖学金数量少,所以许多学生必须打工。 口语中用 *weil*: Warum arbeitest du? – Weil ich kein Stipendium bekomme. 你为什么打工? – 因为我没得到奖学金。	表示原因
damit	Peter will die Meisterprüfung machen, damit er selbst Lehrlinge ausbilden kann. 彼德想参加师傅资格考试,为的是他自己也能培养学徒。 (= um selbst Lehrlinge ausbilden zu können. 请参阅第 160、162 节不定式结构。)	表示目的 提问用: Wozu?
ehe	Ehe (= Bevor) er die Prüfung macht, geht er in die Berufsschule. 在考试之前,他上职业学校。	表示时间
falls	Falls (= Wenn) er die Prüfung nicht schafft, muss er das Jahr wiederholen. 如果他没有通过考试的话,他必须重读一年。	表示条件

nachdem	Nachdem er in einem Betrieb gearbeitet hat, macht er die Prüfung. 他在一家企业工作了之后,参加了考试。 Er arbeitet . . . und macht dann die Prüfung	表示时间 提问用:Wann?

请注意时态:
由 *nachdem* 带起的从句中的行为发生在前,主句中的行为发生在后:

从句中时态:	主句中时态:
现在完成时	现在时
过去完成时	过去时

obwohl/ obgleich	Obwohl sich Petra oft beworben hat, hat sie keine Lehrstelle gefunden. 虽然佩特拉经常申请,但是并没有得到学徒的名额。 *请比较*: Petra hat sich oft beworben; trotzdem hat sie keine Lehrstelle gefunden. 佩特拉经常申请, 尽管如此还是没有得到学徒的名额。	表示让步
seit(dem)	Seit/Seitdem er eine Lehrstelle hat, ist er überglücklich. 在他得到了学徒的名额之后,一直很高兴。	表示时间 一个行为的开始 提问用: Seit wann?
so dass	Sein Freund verdient genug Geld, so dass er ein Geschäft kaufen kann. Er verdient so viel Geld, dass er ein Geschäft kaufen kann. 他的朋友挣了足够的钱, 能买下一家商店。	表示后果
sobald	Sobald er die Prüfung hat, will er einen Handwerksbetrieb gründen. 他一通过考试,就想创建一家手工业工场。	表示前后紧密衔接 提问用:Wann?
solange	Er fühlt sich nicht wohl, solange er kein Geld verdient. 只要他没挣着钱,就觉得不舒服。	同时
während	Er liest, während sie fernsieht. 当她看电视的时候, 他看书。	同时
weil	Warum geht Manuela nicht zur Arbeit? 为什么马努埃拉没去上班? – Weil sie krank ist. – 因为她病了。	表示原因

wenn	Wenn sie fertig ist, mietet sie eine eigene Wohnung. 如果她做完了这件事的话，她为自己租一间住房。	表示条件 （现实）
	Wenn sie fertig wäre, würde sie eine eigene Wohnung mieten. 假若她做完了这件事的话，她就为自己租一间住房。	表示条件 （非现实）
	Ich mache Pause, wenn ich mit dieser Arbeit fertig bin. 在我做完了这件工作后，我就休息。	表示时间 一次性行为
	Jedesmal wenn ich fernsehe, klingelt das Telefon. 每当我看电视的时候，电话铃就响了。 （请参见：*als*: Sie sah fern, als das Telefon klingelte. 当电话铃响的时候，她在看电视。）	重复性行为

过去	现在	
als	wenn	一次性行为
wenn	wenn	多次性行为

wie	Sie ist so alt, wie ich gedacht habe. 她跟我想象的年纪一样大。 Sie ist genauso alt wie ihr Freund. 她与她朋友的年纪一样大。 *so = genauso = ebenso*	表示比较

Übungen

4. 用 –wenn –造句。

a) Wann binden Sie eine Krawatte um?
- ich heirate
- ich muss mich vorstellen
- ich will einen guten Eindruck machen

b) Wann binden Sie keine Krawatte um?
- ich habe Urlaub
- ich habe keine Lust
- ich möchte ein wenig schockieren

5. 您在什么时候感到舒服？请填空。

Ich fühle mich so richtig wohl, wenn . . .
a) (Ich habe Besuch von Freunden.)
b) (Mein Fußballclub hat gewonnen.)
c) (Es regnet nur einen Tag, die Sonne scheint dann wieder.)

d) (40 Jahre alt ist kein Thema.)
e) (Meine Partei gewinnt die Wahlen.)
f) (Freunde fahren mich nach einem guten Essen nach Hause.)

6. *如果有人作了一次旅行,那么他就能讲述一些事情。请填空。*

a) Ich fahre nach Ägypten, weil ...
(Die Pyramiden sind hoch und die Sonne ist schön heiß.)
b) Ich fahre nach Kiribati, weil ...
(Niemand weiß, wo das liegt.)
c) Ich fahre nach Bayern, weil ...
(Die Berge sind dort am höchsten.)
d) Ich fahre nach Spitzbergen, weil ...
(Ich will auch mal Eisberge sehen.)
e) Ich fliege nach Spanien, weil ...
(Alle Nachbarn waren schon dort.)
f) Ich mache eine Schiffsfahrt, weil ...
(Ich möchte mich einmal richtig ausschlafen.)

请用 warum 提问,用 weil 带起的从句回答。

7. *请就下列十个令人神往的城市或地区用 warum 提问。*

a) Berlin, weil ...
(Die Stadt ist die größte Baustelle der Welt.)
b) Hamburg, weil ...
(In Hamburg sind die Nächte lang.)
c) Köln, weil ...
(Das Kölsch(=Bier)schmeckt so gut.)
d) München, weil ...
(Dort findet das Oktoberfest statt.)
e) Trier, weil ...
(Man begegnet überall römischen Ruinen.)
f) Dresden, weil ...
(Sie müssen alles über die Frauenkirche wissen.)
g) Hinteroberbergheim, weil ...
(Sie wissen bestimmt nicht, wo das liegt.)
h) Füssen, weil ...
(Sie wollen Schloss Neuschwanstein sehen.)

i) Bad Birnbach, weil ...
(Dort ist aufregend wenig los und Sie können sich richtig erholen.)

j) Frankfurt, weil ...
(Dort gibt es Deutschlands höchste Hochhäuser.)

8. *下列从属连词中哪个合适?*
weil, bevor, damit, seitdem, obwohl, wenn

Vermeiden Sie Unfälle

a) Fassen Sie nie ein Elektrogerät an, ________ Sie nasse Hände haben oder ________ Sie auf nassem Boden stehen.

b) Prüfen Sie, wo elektrische Leitungen in der Wand sind, ________ Sie die Bohrmaschine bedienen.

c) Benutzen Sie kein elektrisches Gerät beim Baden, ________ das lebensgefährlich ist.

d) ________ Sie sich mit einer heißen Flüssigkeit den Mund verbrannt haben, hilft Butter oder süße Sahne.

e) Lassen Sie nie Zigaretten liegen, ________ Kleinkinder sie nicht verschlucken.

f) Achtung mit Plastiktüten, ________ Kinderspiele tödlich sein können, ________ Kinder diese Tüte vor Mund und Nase pressen.

g) Rasenpflege ist einfach, ________ es Rasenmäher gibt.

h) Fassen Sie nie in die Messer des Rasenmähers. Es könnte sein, dass sie sich noch drehen, ________ das Gerät schon ausgeschaltet ist.

9. *下列句子有哪些相同之处?*

a) Florian kommt, um mit Martina zu spielen.
b) Florian kommt, weil er mit Martina spielen will.
c) Wisst ihr, wann Florian kommt?
d) Wir schätzen, dass Florian gleich nach der Schule kommt.
e) Wisst ihr, ob er schon gegessen hat?
f) Da ist Florian, der bestimmt mit Martina spielen will.

请将上面的句子划分为 1)关系从句, 2)原因从句, 3)不定式句子, 4)间接问句, 5)由 dass 带起的从句。

它们的共同点是什么?

10. 课文中的语法。

绝妙的主意

a) 用于厨房

1. Zwiebeln kann man besser schälen, wenn man sie zwei Minuten in kochendes Wasser legt.
2. Gewürze halten länger, wenn man sie in Olivenöl legt.
3. Senf sollten Sie in den Kühlschrank tun, da Öle empfindlich gegen Licht sind.
4. Damit Milch im Topf nicht ansetzt, spülen Sie ihn vorher mit kaltem Wasser.
5. Kiwis reifen schneller, wenn Sie einen reifen Apfel mit in die Papiertüte tun.
6. Paranüsse lassen sich leichter knacken, wenn Sie sie 10 Minuten bei 200 Grad erhitzen.

请划出从属连词和从句中的动词。
请将从句放在句中的第一个位置上。

b) 用于为旅行作准备

1. Denken Sie möglichst früh an eventuelle Impfungen, damit Sie im Urlaub keine Probleme bekommen.
2. Machen Sie eine Liste, bevor Sie mit dem Kofferpacken anfangen.
3. Auch wenn Sie in den Süden fahren, sollten Sie eine warme Wolljacke mitnehmen.
4. Falls Sie gern Urlaubskarten schreiben, sollten Sie die Adressen nicht vergessen.
5. Man spart Zeit und Ärger, wenn man bei Autoreisen die Fahrtroute genau studiert.
6. Denken Sie daran, dass während der Hauptreisezeit ein kleiner Umweg manchmal kürzer ist als der direkte Weg über die Autobahn.
7. Bevor Sie die Wohnung verlassen, sollten Sie nachschauen, ob alle elektrischen Geräte ausgeschaltet sind.
8. Wenn Sie Kopien Ihrer Papiere machen, können Sie vielleicht viel Ärger vermeiden.

请标示出从句，并在句末的变位动词下划线。
在哪些句子中从句位于句首，哪些词位于逗号之后？

c) 请填写句子成分和句子之间的连结成分！在下文中既缺少关系代词、并列连词又缺少从属连词。

Ivanca, 22, aus Polen berichtet:

Seit Jahren lerne ich Deutsch in der Schule. ________ es wird noch etwas dauern, ________ ich es richtig kann. Ich glaube, jeder Mensch ist so wie die Sprache, ________ er spricht. Französisch zum Beispiel ist eine schöne Sprache, ________ aber ein bisschen affektiv wirkt. Englisch klingt trocken ________ pointiert wie die Engländer. ________ Deutsch klingt in meinen Ohren exakt, kantig, praktisch wie ein Automotor. Passt zu einem Land, ________ ________ jede Familie ungefähr zwei Autos in der Garage hat.

In unserem Deutschbuch ist sogar ein ganzes Kapitel über das Auto. Damit haben wir ________ ________ das Passiv gelernt, ________ ________ Vokabeln wie ein Automechaniker.

________ ich in ein paar Wochen mein Abschlussexamen habe, werde ich an der Uni anfangen. ________ wir in Polen neben Englisch auch Deutsch brauchen, möchte ich auch nach Deutschland fahren und mich auf Deutsch unterhalten, ________ ich später Deutschlehrerin werden kann.

句法基本结构 15

变位动词的位置一览表：

1. 变位动词位于句首

Wohnen Sie in Kiel?	您住在基尔吗？	请参阅第 9 节疑问句。
Hat Peter angerufen?	彼得来过电话了吗？	
Komm bitte!	请你来一下！	命令式
Ruf bitte an!	请你打电话！	

2. 变位动词位于第 2 位

Wo	**wohnen**	Sie?	您住在哪里？	关于特殊疑问句，请参阅第 9、10 节。
Peter	**kommt**	morgen.	彼得明天来。	主句
Morgen	**kommt**	Peter.		
Aus München	**hat**	er angerufen.	他从慕尼黑打来电话。	补足语或者说明语位于第一位，请参阅第23和第 88 节。
Wegen Nebel	**konnte**	er nicht fahren.	因为有雾他不能驾车出行。	

Peter **hat** heute **angerufen.**	彼得今天来过电话了。	句子框型结构，请参阅第 47 和第 57 节。
Eva **ruft** bestimmt **an.**	艾娃肯定会来电话的。	第二分词、前缀或动词不定式位于句末。
Er **möchte** zu Hause **anrufen.**	他想给家里打电话。	
Sie **wird** bestimmt **anrufen.**	她肯定会来电话的。	
Die Koffer sind im Flur und das Auto **steht** vor der Tür.	箱子在楼道，汽车停在门前。	并列连词 *und*、*aber*、*oder*、*denn*、*sondern* 连接的主句。
Je besser das Restaurant ist, desto teurer **sind** die Weine.	餐馆越好，酒越贵。	关于 *je... desto*，请参阅第 102 节。
Petra möchte ein Motorrad, deshalb **macht** sie den Führerschein.	佩特拉想有一辆摩托车，所以她考驾驶证。	副词作为连词。
Weil er unpünktlich ist, **ärgert** sie sich.	因为他不准时，所以她生气。	从句位于句中第一个位置。

3. 位于句末

Der Rotwein ist älter, als ich **dachte.**	这种红酒酒龄比我想象的要长一些。	请参阅第 102 节比较句。
Der Weißwein ist so alt, wie ich vermutet **habe.**	这种白酒的酒龄与我所猜测的一样长。	
Ich glaube, dass der Rotwein sehr alt **ist.**	我想，这种红酒酒龄很长。	请参阅第 103 节间接问句。
Ich weiß nicht, wer den Wein gekauft **hat.**	我不知道是谁买的酒。	请参阅第 120 节间接问句。
Wie heißt der Mann, der uns gegrüßt **hat**?	跟我们打招呼的男士叫什么名字?	请参阅第 126 节关系从句。
		带有从属连词的从句:
Als er in Hamburg **ankam**, holte sie ihn ab.	当他到达汉堡时，她去接他。	时间从句
Sie ärgert sich, weil er unpünktlich **war.**	因为他不准时，所以她生气。	原因从句
Wenn sie genug Geld **hat**, macht sie sich selbstständig.	如果她有足够的钱，她就独立开业了。	条件从句
Obwohl es **regnet**, ist es nicht kalt.	虽然下雨，但不冷。	让步从句
Er fährt so schnell, dass ich Angst **bekomme.**	他开车如此之快，以致我感到害怕。	结果从句
Sie spart, damit sie eine Wohnung kaufen **kann.**	她节约是为了能买一所住宅。	目的从句
Anstatt dass er **spart**, macht er große Reisen.	他非但没节约，而且还到远处去旅行。	对照从句

第三部分

XII. 动词（2） 160

不定式

名词化不定式，请参阅第 64 节。

带 *zu* 和不带 *zu* 的动词不定式

	不带 *zu* 的动词不定式：
Die Jungen **wollen** Fußball **spielen.** **Lass** sie **spielen!** **Bleiben** Sie ruhig **sitzen.**	(1) 在情态动词和 *lassen* 以及 *bleiben* 后。
Wir **gehen/fahren einkaufen.**	(2)在 *gehen* 和 *fahren* 后。
Ich **höre/sehe** ihn **kommen.** Sie **lernt tauchen.**	(3)在 hören，sehen 以及 lernen 后。
Die Jungen **haben** Fußball **spielen wollen.** Ich **habe** sie **spielen lassen.** Ich **habe** ihn **kommen hören/sehen.**	(4)现在完成时和过去完成时：情态动词和 *lassen*，*hören*，以及 *sehen* 有动词不定式，即句中有两个动词不定式。
Wir sind **einkaufen gegangen/gefahren.** Er ist **sitzen geblieben.** Er hat **tauchen gelernt.**	除此之外，所有其它动词的结构是：第二分词＋动词不定式。
	带 *zu* 的动词不定式：
Sie hat **angefangen,** segeln **zu lernen.**	(1)在某些动词后： *anfangen, beschließen, beginnen, entscheiden, sich freuen, fürchten, hoffen, vergessen, versprechen, versuchen, vorhaben;*
Du **brauchst** nicht **zu warten.**	(2)在 *brauchen* 后。
Er **scheint** müde **zu werden.**	(3)在 *scheinen* 后。

Es ist **verboten**, allein **zu tauchen**

(4)在由 *es* 带起的句子中 *Es ist möglich/ schwierig/ verboten/ schade...*

Das **ist zu schaffen.**

(5) 在 *sein + zu* 和 *haben + zu* 的结构中。

Er **hat zu kämpfen.**

161 *提示*

„Wer *brauchen* ohne *zu* gebraucht, braucht *brauchen* überhaupt nicht zu gebrauchen."

„谁在用 *brauchen* 时不用 *zu*, 那么,他就完全可以不用 *brauchen*。"

这句话在人们省略 *zu* 的时候经常被引用,在口语中常常省略 *zu*。
如果您想在语法上完全正确, 那么就请用 *brauchen + zu*。
请区别下列动词的意思:

brauchen = nötig haben 需要	Er braucht frische Luft. 他需要新鲜空气。
gebrauchen = verwenden 使用	Gebrauchen Sie *zu.* 请您用 *zu*。
verbrauchen = bis zu Ende brauchen 消耗	Das Gerät verbraucht viel Strom. 这台仪器耗电量很大。

Übungen

1. *动词不定式带 zu 还是不带 zu?*

a) Christine möchte Schi fahren... (lernen)
b) Christine und Gerhard beschließen, ... (in Schiurlaub fahren)
c) Sie hat immer Angst, ... (hinfallen, sich etwas brechen)
d) Sie hat vor, ... (einen Kurs machen)
e) Dort braucht sie keine Angst... (haben)
f) Sie lässt sich vom Schilehrer die Übungen... (zeigen)
g) Sie vergisst immer, sich auf den richtigen Schi... (stellen)
h) Sie beschließt, schneller... (fahren)
i) Das scheint leichter... (gehen)
j) Sie fängt an, ehrgeizig... (werden)
k) Zum Schluss möchte sie eine Privatstunde... (nehmen)
l) Sie hat das Gefühl, schon sicherer... (sein)

2. 哪种体育运动最危险?

在哪种体育项目中最容易受伤? (5 = 最危险)

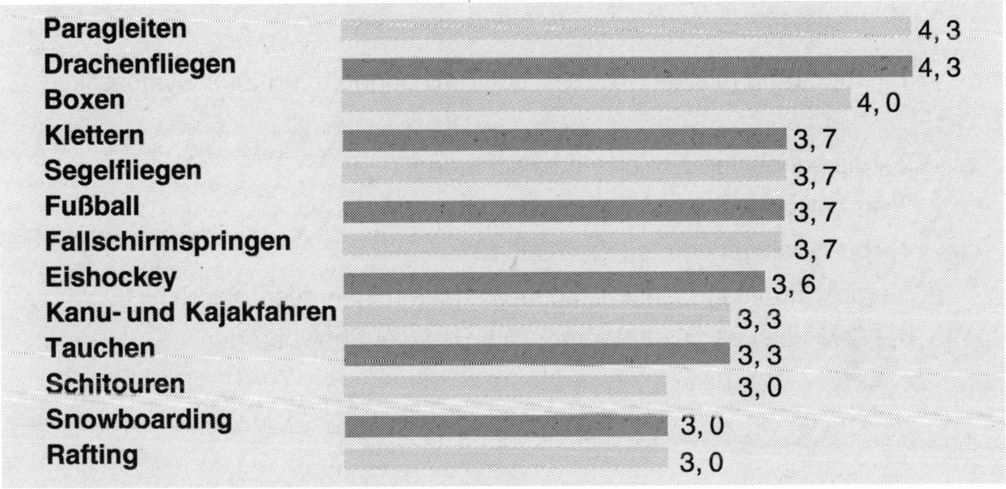

请您谈谈您自己! 注意:有时候您必须用 spielen, fahren 或者 machen。

Ich fliege mit dem Paragleiter.

Ich fliege mit dem Drachen.

Ich boxe …

请对统计作出评论

Es ist am gefährlichsten, …

Es ist (sehr) gefährlich, …

Es ist weniger gefährlich,

3. 课文中的语法。

a)对恼火的事和精神负担作出何种反应

男人和妇女在生活和工作中的反应是:

schlucken und nichts sagen	80%
mit Freunden darüber reden	67%
sich sportlich betätigen	60%
Spaziergänge machen	55%
wütend werden	50%
Alkohol trinken	31%
meditieren	5%

请根据统计作一篇短文：*80% der Menschen schlucken und sagen nichts.* 您的反应是什么？请您以这样的句子开始：*Wenn ich Ärger habe, …*

b)对冬季滑雪的建议：

1 – Zuerst die müden Knochen auf Trab bringen und Schi-Gymnastik machen
2 – die schönsten Schiorte nachschlagen
3 – rechtzeitig das Hotel buchen
4 – bei Sportgeräten auf Qualität achten
5 – nicht Schlange stehen, sondern neue Pisten ausprobieren
6 – etwas Neues ausprobieren, zum Beispiel Snowboarden

请写一篇短文，这样开始：Der Schis pezialist rät, …

162 **句法基本结构 16**

不定式结构

1. 主句加(带 zu 的)动词不定式

动词不定式结构中有主句的主语，请用 *dass* 作这样的尝试：

Er hofft, den ersten Preis zu gewinnen.
Er hofft, **dass er** den ersten Preis gewinnt.
Er hofft, **dass sein Club** den ersten Preis gewinnt.
（这个句子不能用动词不定式结构来表达。）

2. 表示请求、命令和建议的动词：*bitten, erlauben, raten, verbieten, vorschlagen* 例外。动词不定式结构与第三格或第四格补足语，而不是与主句的主语有关：

Der Arzt **rät dem Sportler**, eine Woche nicht **zu trainieren**.
Der Arzt **rät dem Sportler**, **dass er** eine Woche nicht trainiert.
Er **verbietet ihm**, am Wettkampf **teilzunehmen**.
Er **verbietet ihm**, **dass er** am Wettkampf teilnimmt.

3. um... zu、ohne... zu、anstatt...zu

Er trainiert regelmäßig, **um seine Leistung zu verbessern.**

Er trainiert weiter, **ohne auf seine Verletzung zu achten.**

Er trainiert täglich, **anstatt eine Pause zu machen.**

不定式结构常常位于第一位：

Um seine Leistung zu verbessern, trainiert er regelmäßig.

Ohne auf seine Verletzung zu achten, trainiert er weiter.

Anstatt eine Pause zu machen, trainiert er täglich.

Übungen

4. 如果可能的话，请用动词不定式结构。

a) Wir empfehlen Ihnen, dass Sie das neueste Schimodell kaufen.

b) Wir raten allen, dass sie nicht außerhalb der Piste fahren.

c) Die Sportlerin glaubt, dass sie gewinnen kann.

d) Der Verein hofft, dass sie Punkte macht.

e) Er meint, dass sie sich verbessern kann.

f) Sie verspricht, dass sie ihr Bestes geben wird.

5. 请用 um ... zu, ohne ... zu 或者 anstatt ... zu 造句。

a) Die Freunde trafen sich, _______ diskutieren.

b) Sie machten Lesungen, _______ diskutieren und _______ kritisieren.

c) _______ arbeiten, feierten sie oft.

d) Sie bildeten eine Gruppe, _______ ein Programm _______ haben.

e) Sie kamen zusammen, _______ Verantwortung _______ zeigen.

f) _______ die Politik _______ kommentieren, verhielten sie sich passiv.

6. 课文中的语法。

a) 回忆 47 社，当时的情况是：

Im Herbst 1947 trafen sich einige Autorinnen und Autoren, um einander ihre Texte vorzulesen. Hans Werner Richter leitete die Lesungen. Zur Gruppe 47 gehörten Ingeborg Bachmann, Martin Walser, Heinrich Böll, Günter Grass und viele andere. Heute gibt es die Tendenz, die Rolle der Gruppe zu idealisieren.

In der Sendung „Erinnerungen an die Gruppe 47" geben Zeitzeugen Auskunft darüber, wie es wirklich war. Sie versuchen in ihren Berichten, die Arbeit der Gruppe realistisch darzustellen.
(Bayern 2 Radio, Freitag 15.30 Uhr)

请划出动词不定式结构!

b) 来自意大利的保罗讲述关于他的德语学习经历:

Oscar Wilde hat einmal gesagt, das Leben ist viel zu kurz, um Deutsch zu lernen. Ich versuche es trotzdem weiter. Jeden Nachmittag lerne ich Grammatik: der Vater, des Vaters, dem Vater, den Vater, die Väter...
Ich habe beschlossen, die Märchen der Brüder Grimm zu lesen, weil ich sie gut verstehen kann. Manchmal versuche ich, etwas Schwieriges zu lesen, zum Beispiel einen Roman auf Deutsch, den ich schon auf Italienisch gelesen habe. Auch Zeitung lese ich manchmal, vor allem die Abendzeitung und tz. Die sind sprachlich einfacher als die Süddeutsche. Fernsehen bringt auch sehr viel. Wenn ich müde vom Sprachkurs heimkomme, genieße ich es, einen Krimi anzuschauen. Das ist ideal, um sich von den Infinitivkonstruktionen eines langen Schultags zu erholen.

请划出动词不定式结构! 此外,还有哪些是从句?

163 *技巧与诀窍*

技巧与诀窍

如果主句与动词不定式句中的主语一致，那么就请用动词不定式的结构，而不用 *dass* 从句。
从文体上看，动词不定式结构要流畅一些：Er hofft, den ersten Preis zu gewinnen. 他想得一等奖。（而不用 Er hofft, dass…）
有些动词只能与动词不定式结构一起用，而不能用 dass: Sie **fängt an/beginnt/hört auf**, Sport zu treiben. 他开始/停止进行体育活动。

被动态

164

形式

现在时

Ich	werde	fotografiert.
Du	wirst	fotografiert.
Er/Sie	wird	fotografiert.
Wir	werden	fotografiert.
Ihr	werdet	fotografiert.
Sie	werden	fotografiert.

过去时

Ich wurde fotografiert.
…

现在完成时

Ich bin fotografiert worden.
…

被动态的构成: *werden* + Partizip II (第二分词)

Die Produktion des Trabi **wurde eingestellt.**

Mehrere Filme **wurden gedreht.**

被动态常在描述性文章中出现。因此,第三人称单数和复数形式出现得很多。

Ich werde sofort **informiert.**

Bist du gefragt worden?

被动态能在所有的人称和所有的时态中出现。
在完成时中用 *worden*, 而不是 *geworden*。

主动态和被动态

165

现在时	被动态	Der Unfall **wird protokolliert.**
	主动态	Ein Polizist **protokolliert** den Unfall.
过去时	被动态	Der Unfall **wurde beobachtet.**
	主动态	Ein Passant **beobachtete** den Unfall.

现在完成时	被动态	Der Mann **ist** ins Krankenhaus **gebracht worden**.
	主动态	Ein Krankenwagen **hat** den Mann ins Krankenhaus **gebracht**.

Ein Passant hat **den Unfall** beobeachtet.
主语 第四格补足语

Der Unfall wurde (**von einem Passanten**) beobachtet.
主语 (*von* + 第三格)

(1)主动态变为被动态:
第四格补足语变成主语

主语变成 *von* + 第三格

Der Mann **wurde** ins Krankenhaus **gebracht**.
Er **ist** sofort **untersucht worden**.

(2) *von* + 第三格常常没有多大意义或者是不言而喻的(*von einem Arzt*).人们常常省略 *von* + 第三格。

Das Feuer wurde **von der Feuerwehr** gelöscht.
Das Haus wurde **durch ein Feuer** zerstört.

(3) *von* + 第三格表示"施事者";
durch + 第四格表示手段、工具

Man hat den Unfall **beobachtet.**
– Der Unfall ist beobachtet worden.
Man bringt den Mann ins Karnkenhaus.
– Der Mann wird ins Krankenhaus gebracht.

(4)不确定主语 *man* 出现在主动态中,但是不可能出现在被动态中。

Es wurde geraucht/getrunken/gegessen.

(5)如果"施事者"不存在的话,常用 *es* 作主语。(请参阅第 86 节。)

166 被动态中的情态动词

现在时	被动态	Der Mann **kann gerettet werden.**
	主动态	Man **kann** den Mann **retten.**
过去时	被动态	Der Mann **konnte gerettet werden.**
	主动态	Man **konnte** den Mann **retten.**
现在完成时	被动态	Der Mann **hat gerettet werden können.**
	主动态	Man **hat** den Mann **retten können.**

从文体上看，过去时要比复杂的现在完成时好一些。变位动词（*kann*, *hat*）位于第二位，动词不定式位于句末（请参阅情态动词第 26－38 节）。

从句中和不定式结构中的被动态

167

被动态	In der Zeitung stand, dass der Mann **gerettet werden konnte**.
主动态	In der Zeitung stand, dass man den Mann **retten konnte**
被动态	Der Mann hofft, **bald entlassen zu werden**.
主动态	Der Mann hofft, dass man ihn bald **entlässt**.

提示：

如果您能够用行动的主语构成主动态句子的话，那么就请避免使用被动态，主动态要简洁生动一些。

Der Mann **wurde** sofort von einem Hubschrauber ins Krankenhaus **gebracht**.

Ein Hubschrauber brachte den Mann sofort ins Krankenhaus.

Übungen

7. *请构成被动态的现在时、过去时和现在完成时。*

a) Die Ware (liefern)
b) Der Angeklagte (vernehmen)
c) Der Fernseher (reparieren)
d) Die Straße (sperren)
e) Das Konzert (verschieben)
f) Das Auto (verkaufen)

8. *什么时候人们最容易撒谎？请用被动态造句。*

a) beim Alter, lügen
b) die Haarfarbe, nicht verraten
c) die Größe, höher angeben
d) das Gewicht, geringer angeben
e) das Einkommen, erhöhen
f) beim Beruf, übertreiben
g) bei der Kinderzahl, untertreiben
h) die Hobbys, abenteuerlich darstellen

9. 今天我必须做什么？请造带 müssen 的被动态句子。

a) die Wäsche – waschen
b) die Briefe – einstecken
c) die Kinder – abholen
d) die Blumen – gießen
e) die Wohnung – aufräumen
f) die Schuhe – putzen

请用主动态表达这些句子：Ich muss heute noch... 并补充例句。

10. 选自一段编年史——请填写合适的第二分词，然后构成现在时的被动态。

a)	1820	Turnen in Preußen	verbieten
b)	1810	Oktoberfest in München	gründen
c)	1881	Erste Fernsprecher in Deutschland	einrichten
d)	1906	Hosenrock in Paris	ablehnen
e)	1878	Postkarte von Heinrich Stephan	einführen
f)	1948	der Staatsmann Mahatma Gandhi	ermorden

11. 如有可能，根据报纸上的标题构成被动态的句子。

Beispiel:
Räuber **verhaftet**
Der Räuber **wurde verhaftet.**

Kurz gemeldet
60-Meter-Sturz überlebt
Deutsches Museum international empfohlen
Radlerin angefahren und schwer verletzt
Konferenz erfolgreich beendet
Flugzeug notgelandet
300 Menschen erkrankt

那些标题不是被动态的形式？

规则：
标题经常以被动态的形式出现，或者 ______________________________ .

12. 课文中的语法。

被动态在描述性的文章中出现得很多，在报纸中也出现得多。

a)卫星牌汽车的诞生与消亡。

Am 7. November 1957 rollten die ersten Kleinwagen in der Automobilstadt Zwickau vom Band. Es war der vierzigste Jahrestag der Oktoberrevolution. Mehr als drei Millionen Exemplare wurden bis 1991 gebaut. Der Trabant war für zwei Erwachsene und zwei Kinder gedacht. Er war das Kultauto der kleinen Leute, liebevoll „Trabi“ genannt. Die Bundesbürger hatten ihren „Käfer“, die DDR-Bürger ihren „Sachsen-Porsche“, den Trabant.

Dann kam der Fall der Mauer. Den hat der Kleinwagen miterlebt, aber nicht lange überlebt. Um die Wendezeit wurde der Trabi noch begeistert gefeiert. Aber bald kam das Aus. Das „Auto des Jahres 1989“ war nicht umweltfreundlich und verpestete die Luft. Die Produktion wurde eingestellt und 12 000 Menschen verloren ihren Arbeitsplatz. Fahrzeuge und Materialien wurden in Automobilmuseen ausgestellt. Einzelne Exemplare wurden poppig angemalt, Kult und Nostalgie gaben sich die Hand. Nostalgisch waren auch die Filme, die über den Trabant und seine Geschichte gedreht wurden.

b) @符号的由来。

Bekannt wurde das Zeichen @ durch Internet und E-Mail. Es trennt in jeder E-Mail-Adresse den Namen des Empfängers von seinem elektronischen Postamt, zum Beispiel: VerlagfuerDeutsch@t-online.de. Ausgesprochen wird das Zeichen „ät“, wie Englisch „at“ („zu“ oder „bei“).

Dieses Zeichen, genannt Klammeraffe, hat seinen Ursprung im Mittelalter. Um sich die Arbeit in den Schreibstuben zu erleichtern, wurden Kurzzeichen für häufig vorkommende Wörter erfunden. So wurde das lateinische Wort „ad“ (Deutsch: zu, an, bei) durch ein Kurzzeichen ersetzt, das dem @ sehr ähnlich war. Im 16. Jahrhundert verwendeten Kaufleute das Zeichen bei Preisangaben: 3 Ziegenhäute @ (=zu) 1 Krone.
Später erschien es auf den Schreibmaschinen und wurde von Buchhaltern benutzt. Schließlich gelangte es in die Computerwelt. Programmierern gefiel das Kurzzeichen, weil es nicht gebräuchlich ist und keine Gefahr der Verwechslung besteht. Am PC wird das Zeichen aufgerufen mit den Tasten „Alt-GR“ und „Q“ oder „Alt+Shift“ und „1“.

(nach PM 11/1997, S. 68)

c) 什么将成为世界遗产?

Die Pyramiden in Ägypten, die Wasserfälle des Iguacu in Argentinien und der Kölner Dom in Deutschland sind Kultur- oder Naturdenkmäler, die in die Liste der „Welterbestätten“ aufgenommen wurden. Die Vorschläge werden von den einzelnen Staaten gemacht, die Entscheidung trifft die UNESCO (Organisation der Vereinten Nationen für Bildung, Wissenschaft, Kultur und Kommunikation). Sie hat die „Internationale Konvention für das Kultur- und Naturerbe der Menschheit“ beschlossen, die von 147 Staaten unterschrieben wurde.

Über 500 Objekte in über 100 Ländern wurden in die Welterbeliste aufgenommen, laufend kommen neue hinzu. Um „Welterbe“ zu werden, muss das Natur- oder Kulturdenkmal bestimmte Eigenschaften haben. Es muss einmalig und historisch echt sein, außerdem gut erhalten. Der jeweilige Staat wird verpflichtet, die Stätte zu pflegen und zu erhalten.

In Deutschland gehören zum Welterbe die Dome in Aachen, Speyer, Köln, Hildesheim, die Bauten der Römer in Trier, viele Schlösser und Kirchen, Altstädte und vieles mehr.

(nach PM 11/1997, S. 68)

Welterbestätte: die Welt + das Erbe + die Stätte
Kultur-oder Naturdenkmäler: Kulturdenkmäler (die Kultur + die Denkmäler) oder Naturdenkmäler (die Natur + die Denkmäler)

请划出被动态的句子! 哪些地方出现了 von +第三格的结构?

请将被动态的句子变成主动态的句子。

第二虚拟式 168

我们将句子分为直陈式和虚拟式

Er **war** Pilot. 他曾经是飞行员。 = 直陈式（现实的）
Er **wäre** gern Pilot. 他很想成为飞行员。 = 虚拟式（非现实的）

形式 169

第二虚拟式源于过去时：

er **war** 过去时
→ er wäre → 第二虚拟式

ich/er/sie/**wäre** 第一人称和第三人称单数形式是一样的(请参阅第 17 节过去时)。

虚拟式词尾：

	第一人称	第二人称	第三人称
单数	**-e**	**-(e)st**	**-e**
复数	**-en**	**-(e)t**	**-en**

助动词和情态动词 170

	sein	haben	dürfen	können	müssen	
(er	war	hat *te*	durf *te*	konn *te*	muss *te*)	(直陈式过去时)
ich	**ware**	**hatte**	**durfte**	**konnte**	**musste**	第二虚拟式
du	**wärst**	**hättest**	**dürftest**	**könntest**	**müsstest**	
er/sie/es/	**wäre**	**hätte**	**dürfte**	**könnte**	**müsste**	
wir	**wären**	**hätten**	**dürften**	**könnten**	**müssten**	
ihr	**wärt**	**hättet**	**dürftet**	**könntet**	**müsstet**	
sie	**wären**	**hätten**	**dürften**	**könnten**	**müssten**	

在第二虚拟式中元音要变音：*a* → *ä*, *o* → *ö*, *u* → *ü*。

171 规则变化动词

	wohnen		
(er	wohn*te*)	(过去时)	第二虚拟式的动词形式和规则变化动词过去时直陈式形式是一样的。
ich	wohn**te**	第二虚拟式	
du	wohn**test**		
er/sie/es	wohn**te**		
wir	wohn**ten**		
ihr	wohn**tet**		
sie	wohn**ten**		

172 不规则变化动词

	geben	gehen	bleiben	wissen	
er	gab	ging	blieb	wusste	(过去时)
ich	gäb**e**	ging**e**	blieb**e**	wüsst**e**	第二虚拟式
du	gäb(**e**)**st**	ging**est**	blieb**est**	wüsst**est**	
er/sie	gäb**e**	ging**e**	blieb**e**	wüsst**e**	
wir	gäb**en**	ging**en**	blieb**en**	wüsst**en**	
ihr	gäb(**e**)**t**	ging**et**	blieb**et**	wüsst**et**	
sie	gäb**en**	ging**en**	blieb**en**	wüsst**en**	

同样：

	kommen	lassen	
er	kam	ließ	(过去时)
ich	käm**e**	ließ**e**	第二虚拟式

特别在口语中，其它不规则变化动词的虚拟式形式出现得很少。

由 *würde* 构成的虚拟式 173

ich	**würde**	fahren
du	**würdest**	fahren
er/sie/es	**würde**	fahren
wir	**würden**	fahren
ihr	**würdet**	fahren
sie	**würden**	fahren

而不用 *ich führe, du führest . . .*

Ich **würde** gern in die Stadt **fahren.**
我很想乘车进城。
(而不用 Ich führe gern…)

(1)不规则变化动词在大多数情况下用 *würde* + Infinitiv，而不用已经过时了的第二虚拟式形式。

Wir **lebten** gern in Italien.
我们很想在意大利生活。
→Wir **würden** gern in Italien **leben.**

(2)在规则变化动词中，人们无法区别直陈式和虚拟式的形式，因此用 *würde* + Infinitiv。（请比较：*Als wir in Italien lebten,* …）

Er **wäre** gern im Ausland.
他很想呆在国外。
Er **könnte** dort arbeiten.
他或许能在那里工作。

(3)助动词和情态动词不用 *würde* 的结构。

现在时和过去时 174

Wenn du zu Hause **bleiben würdest,**
könntest du in Ruhe lesen.
假如你呆在家里，你可以在安静的环境中阅读。

= 现在时

Wenn du zu Hause **geblieben wärst,**
wäre der Unfall nicht passiert.
假如当时你呆在家里，事故就不会发生了。

= 过去时：*wäre/hätte* + 第二分词

为什么需要第二虚拟式？ 175

Könnten Sie mir helfen?
您能帮助我吗？
Hätten Sie Lust spazieren zu gehen?
您有兴趣去散步吗？

(1)客气地提问。

(2)建议、劝告

Du solltest mehr schlafen.
你应该多睡觉。
An deiner Stelle würde ich mehr sparen.
假如我是你,我会更节约一些。

(3)与 *doch, nur, bloß* 连用表达愿望

Wenn ich doch/nur/bloß Fremdsprachen könnte!
(= Ich kann keine Fremdsprachen.)
要是我会外语就好了!(实际上我不会外语。)

(4)一个非现实的愿望

Wenn ich fliegen könnte, würde ich nach Australien fliegen. (= Ich kann nicht fliegen.)
假如我会飞,我就会飞到澳大利亚去。(我实际上不会飞。)

(5)对某人进行指责

Du hättest mit deinem Freund reden sollen!
你本应该与你的朋友谈谈!

与 *als ob* 构成从句

Tu nicht so, als ob du nichts wüsstest!
(= Tu nicht so, als wüsstest du nichts!)
你别作出你不知道的样子!

(6)感到惊奇

Ich hätte nie gedacht, dass er das Examen schafft.
我从未想到他能通过考试。

(7)结果 = 带有 *sonst* 的从句

Er hat wieder kein Geld, sonst hätte er nicht angerufen. (= Er hat angerufen.)
他又没有钱了,否则他是不会打电话的。
(他打了电话。)

(8)差一点就发生了什么事情

Er hätte fast/beinahe den Zug verpasst.
(= Er hat den Zug nicht verpasst.)
他差一点就误了火车。
(他没有误火车。)

(9)推测某事(请参阅第 179 节)

Die Zahl könnte stimmen. (= 可能)
这个数字可能是对的。

Übungen

13. 第二虚拟式会使您说话的语气更加客气。

a) Borg mir mal dein Auto!
b) Gib mir ein Stück Kirschkuchen.
c) Ich brauche einen Löffel.
d) Hier fehlt Salz.
e) Sei mal still!
f) Bringen Sie mich nach Hause!

Könntest . . .
Ich hätte gern . . .
Würdest/Könntest du . . .

14. 请您用 *Wenn ich doch…!/Wenn doch …!* 表达愿望。

a) Der Urlaub ist noch fern. (schon Urlaub haben)
b) Ich habe keinen Hund. (einen Hund haben)
c) Es kommt kein Bus. (der Bus kommen)
d) Ich muss sparen. (nicht sparen müssen)
e) Irene will schon abfahren. (noch bleiben)
f) Paul ist krank. (bald gesund sein)

15. 请用第二虚拟式完成下面句子。

a) Wenn ich musikalisch ________ (sein), ________ (werden) ich ein Klavier kaufen.
b) Wenn ich malen ________ (können), ________ (werden) ich dir ein Bild schenken.
c) Wenn ich viel Geld ________ (haben), ________ (werden) ich ein Künstlerdorf bauen.
d) Wenn ich das Wetter ändern ________ (können), ________ (werden) ich am Wochenende die Sonne scheinen lassen.
e) Wenn ich du ________ (sein), ________ (werden) ich Thomas heiraten.
f) Wenn ich ein Flugzeug ________ (haben), ________ (werden) ich ans Ende der Welt fliegen.

16. 玛悌娜不满意。请用情态动词的第二虚拟式填写下面句子。

a) Du ________ mir öfters helfen. (können)
b) Du ________ weniger Fleisch essen. (sollen)
c) Christoph ________ mal wieder vorbeikommen. (können)
d) Die Geschäfte ________ länger aufhaben. (müssen)
e) Der Ober ________ höflicher sein. (können)
f) Das Essen ________ schon lange fertig sein. (müssen)

17. 艾菲琳感到无聊,坐在家里。请您给她提建议。

a) An deiner Stelle...	an die frische Luft gehen
b) Du (sollen) ...	sich mit Freunden treffen
c) Ich ...	ins Kino gehen
d) Wenn ich du wäre, ...	3 Tage wegfahren
e) Es wäre besser, wenn ...	etwas lesen
f) Du (können) doch ...	eine CD hören

18. 在复活节的时候我们将乘车出行。谁的建议最好?

a) Hättet ihr Lust, ... (+Infinitivsatz)?	auf die Zugspitze fahren
b) Wie wär's mit ...?	eine Radtour
c) Ich schlage vor, dass ...	zur Oma fahren
d) Wir könnten ...	gemütlich zu Hause bleiben
e) Was haltet ihr davon, wenn ...?	eine Wanderung
f) Wer hat etwas dagegen, wenn ...	nach Trier
g) ...	
h) ...	

19. 请按第 175 节中 1–9 的意思,划分下面第二虚拟式的句子。

a) Er gab an, als ob er im Lotto gewonnen hätte.
b) Wenn er doch ein bisschen bescheidener wäre!
c) Wenn ich du wäre, würde ich mit ihm sprechen.
d) Fast hätte ich ihm die Meinung gesagt.
e) Wenn ich in seiner Situation wäre, wäre ich mäuschenstill.
f) Kannst du vielleicht mit ihm reden?

20. 课文中的语法。

a)您个人的星座是——天蝎座

Jupiter schenkt Ihnen die Chance, einen wunderbaren Urlaub zu erleben. Sie sollten aber sorgfältig planen und nichts dem Zufall überlassen. Machen Sie lieber eine kleinere Reise und keinen großen Abenteuerurlaub. Dabei könnte es nämlich zu bösen Überraschungen kommen. Bleiben Sie im Land und machen Sie ein anstrengendes Sportprogramm. Das dürfte für Sie das Richtige sein. Auch würde es Ihren Nerven gut tun.

b)星星把它带来——人马座

Uranus bringt erfreuliche Überraschungen, aber der negative Jupiter könnte Unfallgefahren bedeuten. Deshalb keine Risiken wie Schitouren, Wildwasserfahrten und Abenteuer-Safaris. Das wäre zwar der ideale Urlaub für einen Schützen, aber nicht in diesem Jahr. Sonst könnten Sie im Krankenhaus landen.

Vorsichtig sollten Sie das ganze Jahr hindurch sein, denn es droht eine doppelte Gefahr. Erstens: Wenn Sie nicht aufpassen, könnte eine Beziehung kaputt gehen. Zweitens besteht Unfall- und Verletzungsgefahr. Ein persönliches Horoskop könnte Ihnen für das neue Jahr eine große Hilfe sein. Seien Sie diplomatisch und kompromissbereit – auch, wenn es um den Urlaub geht. Dann werden Sie gut durchs Jahr kommen.

标示出 a 和 b 中所有虚拟式的形式，并说出所有的形式，例如 sollen 的第二虚拟式的形式。
请解释为什么要用第二虚拟式！

第一虚拟式 176

形式

	直陈式		第一虚拟式		第二虚拟式
sein	er/sie	ist	sei		wäre
	sie	sind	sei**en**		wären
haben	er/sie	hat	hab**e**		hätte
	sie	haben	hab**en**	→	**hätten**
können	er/sie	kann	könn**e**		könnte
	sie	können	könn**en**	→	**könnten**
geben	er/sie	gibt	geb**e**		gäbe
	sie	geben	geb**en**	→	**gäben**

第三人称单数有容易辨认的词尾 - *e*，(关于虚拟式的词尾，请参阅第 169 节。)
如果第一虚拟式与直陈式的形式相同，就用第二虚拟式。
在口语中用第一虚拟式和第二虚拟式时，二者没有区别。

Übungen

21. 请填写虚拟式的形式。

	Konjunktiv I	Konjunktiv II
a) ich gebe	______	______
b) sie hat	______	______
c) wir brauchen	______	______
d) sie lesen	______	______
e) ich bin	______	______
f) er kommt	______	______

哪些虚拟式的形式与直陈式形式是一致的，请您提出取代形式并造例句！

22. 请填写虚拟式的形式。

In der Zeitung steht, dass . . .
a) Die Regierung will zurücktreten.
b) Sie hat nicht mehr die Mehrheit.
c) Es wird eine Debatte im Parlament geben.

Die Opposition sagt, dass . . .
d) Sie will sofort Reformen.
e) Die Steuern müssen gesenkt werden.
f) Die Bürger können die Preise nicht mehr bezahlen.

请重复这些句子，而不用 dass。

句法基本结构 17 177

间接引语

我们要把直接引语和间接引语区分开：
直接引语是把说话人的话逐字逐句地重复出来；
间接引语是由第三者把说话人的话转述出来。

Matina sagt: „ Friseurin ist mein Traumberuf. Ich habe schon eine Lehre angefangen. “	玛悌娜说：“理发师是我的理想职业。我已经开始学徒了。”	(1)玛悌娜自己说。(＝直接引语)
Matina sagt, dass Friseurin ihr Traumberuf sei. Sie **habe/hätte** schon eine Lehre angefangen.	玛悌娜说，理发师是她的理想职业。她已经开始学徒了。	(2)别人谈论玛悌娜。(＝间接引语)
Sie **sagt/erzählt/berichtet,** dass	她说/讲述/报告……	(3)dass 位于间接引语的开始
Sie sagt: „ **Ich** möchte Friseurin werden. “→ Sie sagt, dass sie Friseurin werden möchte.	她说：“我想成为女理发师。” 她说，她想成为女理发师。	(4)代词根据意思而发生变化：ich→er/sie
„**Mein** Traumberuf. . . “→ . . . **ihr** Traumberuf	“我的理想职业……” …… 她的理想职业	mein→ihr/sein
Der Meister fragt: „ **Wann** wollen Sie anfangen?“ → Er fragt, **wann** sie anfangen wolle.	师傅问：“您想什么时候开始？” 他问她想什么时候开始。	(5)间接疑问句
Der Meister fragt: „ **Wollen** sie bei mir anfangen?“ → Er fragt, **ob** sie bei ihm anfangen wolle.	师傅问：“您愿意在我这儿开始干活吗？” 师傅问她是否愿意在他那里开始干活。	

技巧与诀窍 178

如果您口头讲述什么事情，那么您在间接引语总可以用直陈式。在口语中人们说：*Mirko hat erzählt, dass Anna Fotomodell werden will und schon einen Vertrag hat.*（米尔克说，安娜想成为摄影模特，并且已经有了一个合同了。）（没有用 *. . . werden wolle, . . . habe*。）

23. *课文中的语法——年轻人寻找学徒名额。*

a)贝阿特·库莫尔说：

„Ich will Werkzeugmacherin werden und in keinem Mädchenberuf arbeiten. Ich kann das bestimmt und werde sicher noch etwas finden. Langsam weiß ich, was mir Spaß macht. “

Ihre Freundin sagt, dass Beate Werkzeugmacherin werden will. Sie will in keinem Mädchenberuf arbeiten. Sie kann das bestimmt und wird sicher etwas finden. Langsam weiß sie, was ihr Spaß macht.

In der Jugendzeitschrift steht：

Mädchen ergreifen immer öfter einen Jungenberuf. Zum Beispiel Beate Kummer. Sie will Werkzeugmacherin werden. Sie sagt, dass sie das könne und sicher auch etwas finden werde. Langsam wisse sie, was ihr Spaß macht.

请标示出间接引语中的动词。

b)克劳蒂亚说：

„Früher wollte ich Tischlerin werden. Aber meine Mutter war dagegen, weil es zu gefährlich ist. Jetzt such' ich was als Verkäuferin. Da gibt es aber viele Bewerbungen. “

请您用以下方式叙述：
Claudia hat erzählt, dass . . . (用直陈式)

青年杂志上有什么内容？请您用以下方式叙述：
Alle in der Klasse wissen , dass Claudia Tischlerin werden will. Sie sagt, dass. . . (用虚拟式)

24. *报纸摘录*

Der Alligator-Dompteur Kenny Press ist mit Bissen an beiden Seiten des Kopfes ins Krankenhaus gebracht worden, nachdem ein Trick in seiner Alligator-Schau misslungen war.

Press sagte, er habe das Programm erst vor kurzem erweitert. Bei dieser Nummer lege er seinen Kopf in das Maul des hundert Kilogramm schweren Alligators. Diesmal habe das Tier ihn aber gerochen, Hunger bekommen und begonnen, die Zähne zu bewegen.

请划出虚拟式形式。第二段请这样开始：
„Presse sagte, dass . . . . . . (用直陈式)“

25. 报纸摘录

Europameister im Brotverbrauch

Europaweit lagen die Deutschen beim Brotverbrauch mit 84 Kilogramm pro Kopf an der Spitze. Das teilte die Vereinigung Getreide-, Markt- und Ernährungsforschung am Freitag in Bonn mit. Belegte Brote und Semmeln seien die Hauptgewinner beim Essen außer Haus gewesen. Mehr als ein Drittel aller Brote und Semmeln hätten die Bundesbürger unterwegs gegessen. Der Brotverbrauch zu Hause sei dagegen gleich geblieben.

(nach tz vom 2. 1. 98)

请划出带间接引语的句子。

连词 dass 在此省略，请补充 dass，然后这样开始：

Die Vereinigung teilte am Freitag in Bonn mit, dass belegte Brote und . . .

26. 报纸摘录

Zum Rücktritt aufgefordert

Unionsabgeordnete haben den BDI-Chef zum Rücktritt aufgefordert. Der Bundesverband der Industrie müsse schnell seinen Präsidenten nach Hause schicken, sagte Vogt der Neuen Zeitung. Henkel verletze die Tarifverträge. Das „ ist nicht mehr tragbar. Er müsste den Hut nehmen. “ Henkel hatte in einem Interview gesagt, dass er es für richtig halte, dass sich Ostdeutschland nicht an die Verträge halte und gegen sie verstoßen werde. Vogt sagte, die Aussagen des BDI-Chefs seien „ nicht zu akzeptieren“.

(nach SZ vom 31. 12. 97/ 1. 1. 98)

BDI = Bundesverband der Deutschen Industrie

请划出带有间接引语的句子

27. 请用间接引语补充句子。

„ Ich möchte Spanisch lernen. “	Michaela hat erzählt, dass. . . .
„ Ich habe schon einen Kurs gemacht. “	
„ Ich bin aber nicht weit gekommen. “	______________________

„Ich lerne jetzt zu Hause.“ ______________________

„Im Sommer will ich nach
Spanien fahren.“ ______________________

您可以省略 *dass*,并这样开始:*Michaela hat erzählt, sie möchte . . .*

179 推测和意图

将来时和虚拟式可以有主观的意思。(= *Ich vermute/ glaube/ beabsichtige*… 我推测/想/打算……)

180 第二虚拟式

您可以用情态动词的第二虚拟式表达推测:

Fritz **könnte Recht haben.** *können*

弗里茨可能是对的。

(= Ich glaube, dass Fritz Recht hat.)

(= 我想弗里茨是对的。)

Du willst mit dem 6-Uhr-Zug fahren? *dürfen*

Das **dürfte** jetzt **zu spät sein**.

(= ich glaube, dass es zu spät ist.)

你想乘六点钟的火车?那么现在也许太晚了。

(= 我想现在太晚了。)

Onkel Ernst **müsste** eigentlich **reich sein**. Er ist so sparsam. *müssen*

(= Ich vermute, dass Onkel Ernst reich ist.)

恩斯特叔叔一定很富有,他是如此节约。

(= 我推测恩斯特叔叔很富有。)

第一将来时 181

werden + Infinitiv 表示将来的行为。（关于第一将来时，请参阅第 25 节。）

Ich **werde** dich **abholen**. 我将去接你。 —— 这是表示将来的行为。

Ich **werde** dich **bestimmt** abholen. 我将一定去接你。 —— 情态副词将意思表达得更准确些。

（= Ich habe die feste Absicht, dich abzuholen.）

werden + Infinitiv 表示一种推测，这种用法与将来无关。

Wo ist denn Manfred? 曼弗雷德在哪里？

– Er **wird** im Büro **sein**. 他可能在办公室里。

（= Ich vermute, dass er im Büro ist. 我猜想他在办公室里。）

Du **wirst wohl** keine Zeit **haben**. 你一定没有时间。

（= Ich nehme an, dass... 我认为……）

wohl, vielleicht, wahscheinlich 增强推测的语气。

第二将来时 182

Chritsel **wird** inzwischen nach Köln **gezogen sein**. 克里斯蒂在这期间一定迁往科隆了。

（= Ich vermute, dass sie inzwischen nach Köln gezogen ist.）

Sie **wird** ihren Jens **geheiratet haben**. 她一定与她的延斯结婚了。

（= Ich vermute, dass sie ihren Jens geheiratet hat.）

Übungen

28. 请用第二虚拟式。

a) Das kann stimmen.
b) Sie können Recht haben.
c) Das musst du wissen.
d) Das lässt sich machen.
e) Das darf er nicht tun.
f) Das kann man riskieren.

29. 请在练习 28 中，加进 bestimmt, eigentlich 或者 vielleicht：

30. 请用 Ich glaube, dass… 再做一次 Übung 28。有时您可以省略情态动词。

31. 请用第一将来时造句。

Es ist Silvester. Elisabeth hat viele gute Vorsätze für das neue Jahr.
Ich . . .

a) mehr sparen
b) früher ins Bett gehen
c) gesünder essen
d) mehr Sport treiben
e) den Freunden helfen
f) die Eltern oft besuchen

Elisabeth hat also die Absicht, mehr zu sparen, früher ins Bett zu gehen. . .

32. 菲里克斯是榜样。请用第一将来时或者第二将来时表达推测。

a) Felix macht eine große Reise. (Er hat gespart.)
b) Er ist nie müde. (Er geht früh ins Bett.)
c) Er ist fit. (Er treibt viel Sport.)
d) Er macht die Prüfung mit Eins. (Er hat viel gearbeitet.)
e) Er hat nie schlechte Laune. (Er hat keinen Ärger zu Hause.)
f) Er verträgt sich mit seinen Geschwistern. (Er ist freundlich und hilfsbereit.)

带有介词补足语的动词

183 动词 + 介词(第四格或者第三格)

有许多的动词带有固定的介词,这些介词接第四格或者第三格,这些介词数量有限。

an + Dativ	jmdn. erkennen	an der Nase
	leiden	am Heimweh
	sterben	an der Krankheit
	teilnehmen	an der Versammlung
	zweifeln	an der Aussage

an + Akkusativ	denken	an die Ferien, an den Winter
	sich/jmdn. erinnern	an den Urlaub
	sich gewöhnen	an den Lärm
	glauben	an die Gerechtigkeit, an Gott
	schreiben	an den Freund
	sich wenden	an den Schaffner
auf + Akkusativ	achten	auf den Verkehr
	aufpassen	auf die Kinder
	sich beziehen	auf das Fax
	sich freuen	auf das Wochenende
	hoffen	auf ein gutes Ende
	sich konzentrieren	auf die Arbeit
	sich verlassen	auf die Freunde
	vertrauen	auf das Glück
	verzichten	auf das Geld
	sich vorbereiten	auf die Prüfung
	warten	auf das Ergebnis
bei + Dativ	sich bedanken	bei den Eltern
	sich beschweren	bei dem Verkäufer (über den Preis)
	sich entschuldigen	bei dem Herrn
	sich erkundigen	bei der Bahn (nach dem Preis)
für + Akkusativ	jmdn. danken	für die Einladung
	sich eignen	für den Job
	sich entscheiden	für das Studium
	sich entschuldigen	für den Irrtum (bei dem Kollegen)
	jmdn. halten	für einen Dieb
	sich interessieren	für den Job
	sorgen	für die Eltern
gegen + Akkusativ	kämpfen	gegen den Wind
	protestieren	gegen die Entscheidung
in + Akkusativ	geraten	in eine Situation
	sich verlieben	in die Frau, in den Mann

mit + Dativ	aufhören	mit dem Streit
	beginnen	mit der Diskussion
	sich beschäftigen	mit dem Thema
	diskutieren	mit den Kollegen (über Politik)
	sprechen	mit den Eltern (über die Schule)
	streiten	mit den Nachbarn
	sich unterhalten	mit Freunden (über die Sendung)
nach + Dativ	sich erkundigen	(bei dem Wanderer) nach dem Weg
	jmdn. fragen	nach der Straße
	riechen	nach Parfüm
	schmecken	nach Knoblauch
über + Akkusativ	sich ärgern	über den Verlust
	sich aufregen	über die Preise
	berichten	über die Reise
	sich beschweren	über den Chef
	denken	über die politische Lage
	diskutieren	(mit dir)über das Problem
	sich freuen	über das Geschenk
	sich informieren	über die Verhältnisse
	klagen	über die Steuern
	lachen	über den Witz
	nachdenken	über ein Problem
	schreiben	über das Ergebnis
	sprechen	über die Situation
	sich streiten	über die Kosten
	sich unterhalten	(mit euch)über das Wetter
	sich wundern	über das Ergebnis
um + Akkusativ	sich bemühen	um die Familie
	sich bewerben	um die Stelle
	jmdn. bitten	um Feuer, um einen Gefallen
	es handelt sich	um dich
	sich kümmern	um die Eltern
	sich streiten	ums Geld

unter + Dativ	leiden	unter Stress, unter dem Wetter
von + Dativ	abhängen	von den Umständen
	abhängig sein	vom Vater
	sich erholen	von der Arbeit
	erzählen	von dem Erlebnis
	etwas/nichts halten	von dem Projekt
	sprechen	von ihm/ihr
	träumen	von ihm/ihr
	sich verabschieden	von dir
	etwas verstehen	von Psychologie, von der Sache
vor + Dativ	sich fürchten	vor Räubern
	sich schützen	vor Regen, vor Angriffen
	sterben	vor Angst
	warnen	vor Dieben
zu + Dativ	jmdn. einladen	zur Hochzeit
	gehören	zur Familie
	gratulieren	zum Geburtstag
	jmdm. raten	zum Studium

不加介词的用法 184

上面列表中大多数动词也可以不加介词使用：

	不加介词	加介词
denken	Denk nicht so viel!	Denk an mich!
teilnehmen	Nimm doch teil!	Nimm an dem Seminar teil!
sich erinnern	Erinnere dich!	Erinnerst du dich an Stefan?
sich beschäftigen	Beschäftige dich doch!	Beschäftige dich mit etwas!

185 总是带介词的用法

下列动词总是和介词一起使用。如果没有介词，这些动词有别的意思或者没有意义。

sich wenden an 求助，求教于	sich an den Lehrer wenden 向老师求教 Wende dich an ihn! 请你向他求助吧！
sich gewöhnen an 习惯于某事	sich an den Lärm gewöhnen 习惯噪音 Gewöhne dich daran! 请你习惯它！
achten auf 注意，关注	auf den Verkehr achten 注意交通 Achte darauf! 请注意此事！
sich beziehen auf 涉及，依据	sich auf das Fax beziehen 涉及到传真 Beziehen Sie sich darauf! 请以此为据！
sich verlassen auf 信赖，信任	sich auf die Freunde verlassen 信赖朋友 Verlass dich auf sie! 请你信赖他们！
jmdn. halten für 认为，把……看做	jmdn. für einen Dieb halten 把某人看作是小偷 Wir halten ihn dafür. 我们认为他是这个样子。
abhängen von 取决于	von den Umständen abhängen 取决于情形 Davon hängt alles ab! 一切取决于此。
etw. halten von 认为……好	nichts von dem Projekt halten 认为这个项目不好 Wir halten nichts davon. 我们认为此事不好。
verstehen von 懂得某事	etwas von Psychologie verstehen 懂些心理学 Ich verstehe viel davon. 对此我很在行。
gehören zu 属于	zur Familie gehören 是家庭的一员 Wir gehören nicht dazu. 我们不属于这个（家庭）。
jmdm. raten 劝告，建议	jmdm. zum Studium raten 建议某人上大学 Wir raten dir dazu. 我们建议你做此事。

Übungen

33. 请用介词填空。

a) Er vertraut ________ sein Glück.
b) Er spricht wenig ________ sich selbst.
c) Er glaubt ________ Freundschaft.
d) Er hält sich nicht ________ den Größten.
e) Er verzichtet ________ Dinge, die er nicht braucht.
f) Er kümmert sich ________ seine Mitmenschen.

34. 请填正确的介词。

a) Glauben Sie ________ die Vernunft?
b) Warten Sie ________ ein Wunder?
c) Verstehen Sie etwas ________ Pädagogik?
d) Ärgern Sie sich ________ die Politik?
e) Fürchten Sie sich ________ den Folgen?
f) Nehmen Sie ________ dem Seminar teil?

句法基本结构 18 186

在主从句中的介词补足语
denken an +(第四格)

Ich denke an dich. 我想你。

(1)主语 + 动词 + 介词补足语 *denken an* + 第四格(请参阅第 183 节动词表。)

Denk **an mich**! 你想着我!
An wen denkt er? 他在想谁?
Er denkt **an sie**. 他想她。

(2)(请参阅第 117—119 节疑问代词。)如果是人,那么 an + 人称代词

Denk **an die Reise**! 请你想着旅行!
Woran denkt er? 他在想什么?
Er denkt **daran**. 他想着这件事。

如果是物:*wo(r)-/da(r)* + 介词

Es ist Enrico, **an den** sie denkt.
她想的人是恩里克。

(3)关系从句

Er hat versprochen, **an sie** zu denken.
他答应想着她。
Er hat versprochen, **daran**(= an die Reise) zu denken. 他答应想着这件事。

(4)动词不定式结构

Bitte denk **daran**, morgen anzurufen.
请你记着明天打电话!
Bitte denk **daran**, dass du morgen anrufst!
请你记着明天打电话!

(5)指代一个从句或者不定式结构

35. 请您作出回答。

a) Wofür hältst du den Mann? – Ich halte ihn ________________ (ein Betrüger).
b) An wen erinnert dich die Frau? – Sie erinnert mich ________________ (eine Schauspielerin).
c) Über wen habt ihr gesprochen? – ________________ (du natürlich).
d) Wonach riecht es hier? – Es riecht ________________ (Benzin).
e) Wovon träumst du? – ________________ (die große Liebe).
f) Worüber freut sich Andreas? – ________________ (sein neues Fahrrad).

36. 选择疑问代词填空并找出合适的答案。

Wofür Welche Worüber Was Zu welchem für welchen

a) ________ Hobbys haben Sie?
b) ________ interessiert Sie besonders?
c) Wenn Sie noch einmal wählen könnten, ________ Beruf würden Sie sich entscheiden?
d) ________ Beruf würden Sie raten?
e) ________ würden Sie kämpfen?
f) ________ unterhalten Sie sich am liebsten?

☐ Schwimmen und Surfen.
☐ Im Internet surfen.
☐ Für den Naturschutz.
☐ Für denselben.
☐ Auf keinen Fall über das Wetter.
☐ Zu einem Dienstleistungsberuf.

37. 请填空。

a) Madeleine interessiert sich ________ das Angebot. – Sie interessiert sich ________.
b) Boris entschuldigt sich ________ den Fauxpas. – Er entschuldigt sich ________.
c) Katinka bedankt sich ________ die Glückwünsche. – Sie bedankt sich ________.
d) Pavel lacht ________ den Witz. – Er lacht ________.
e) Guy verlässt sich ________ sein Glück. – Er verlässt sich ________.
f) Olga hält nicht viel ________ der Schule. – Sie hält nicht viel ________.
g) Sophia beschäftigt sich ________ Sternkunde. – Sie beschäftigt sich ________.

38. *请您填写介词和代词。*

a) Brigitte verlässt sich auf ihren Mann. – Sie verlässt sich total ________ .
b) Streite nicht mit den Leuten! – Ich streite doch nicht ________ .
c) Warum bedankst du dich nicht bei den Kollegen? – Ich habe mich doch schon ________ bedankt.
d) Pass auf die Kinder auf ! – Ich passe schon seit Stunden ________ auf.
e) Sprich mit Karla! – Sprich du ________ !
f) Erinnerst du dich an den dicken Kellner? – Ich erinnere mich genau ________ . Warum fragst du?

39. *请猜一猜。请您填空并找出合适的回答。*

wofür	woran	was	wofür	woher	woran
worum	was	um	was	woraus	wo

a) ________ ist Bayern bekannt?
b) ________ erkennen Sie eine Burg?
c) Er ist 1759 in Marbach geboren und 1805 in Weimar gestorben. Er lernte Arzt und wurde Historiker. Als ________ ist er berühmt?
d) Wer wagt, gewinnt. ________ geht es hier?
e) Die Stichwörter lauten: Vater, Sohn, Apfel, Schweiz. ________ welches Stück handelt es sich?
f) ________ sind Kurt Weill und Hanns Eisler berühmt?
g) „Sie sind ein Herz und eine Seele." ________ bedeutet das und ________ stammt der Spruch?
h) ________ kommen die grammatischen Bezeichnungen?
i) Das Stichwort lautet: „Schöne, blaue Donau." ________ denken Sie?
j) ________ ist ein Heurigenlokal und ________ gibt es das?

– An dem Burgturm.
– Nicht nur fürs Bier, auch für Schlösser, Landschaften und seine Industrie.
– Als Dichter.
– Das ist ein Spruch. Er bedeutet, dass man etwas wagen muss, um zu gewinnen. Wer nichts tut, kann auch nichts erreichen.
– Das ist ein Weinlokal in Österreich.
– Um den „Wilhelm Tell" von Friedrich Schiller.
– An die Operette des österreichischen Komponisten Johann Strauß.
– Für die Musik zu Stücken von Bertolt Brecht.
– Er bedeutet: Sie verstehen sich sehr gut. Er stammt aus der Bibel.
– Aus der lateinischen Grammatik.

附录

不规则动词表

Infinitive	Präsens *3. P. Sg.*	Präteritum *3. P. Sg.*	Perfekt *3. P. Sg.*	Trennbare Verben ,Reflexive Verben *1. P. Sg.*
b				
befehlen	befiehlt	befahl	hat befohlen	
beginnen		begann	hat begonnen	
behalten	behält	behielt	hat behalten	
bekommen		bekam	hat bekommen	
beraten	berät	beriet	hat beraten	
beschließen		beschloss	hat beschlossen	
beschreiben		beschrieb	hat beschrieben	
besitzen		besaß	hat besessen	
bestehen		bestand	hat bestanden	
betragen	beträgt	betrug	hat betragen	
betrügen		betrog	hat betrogen	
beweisen		bewies	hat bewiesen	
sich bewerben	bewirbt	bewarb	hat beworben	ich bewerbe mich
sich beziehen		bezog	hat bezogen	ich beziehe mich
bieten		bot	hat geboten	an-
binden		band	hat gebunden	
bitten		bat	hat gebeten	
bleiben		blieb	ist geblieben	
braten	brät	briet	hat gebraten	
(sich)brechen	bricht	brach	hat gebrochen	ich breche mir

brennen		brannte	hat gebrannt	
bringen		brachte	hat gebracht	weg-, zurück-
d				
denken		dachte	hat gedacht	nach-
dürfen	darf	durfte	hat gedurft / dürfen	
e				
empfehlen	empfiehlt	empfahl	hat empfohlen	
enthalten	enthält	enthielt	hat enthalten	
entlassen	entlässt	entließ	hat entlassen	
(sich)entscheiden		entschied	hat entschieden	ich entscheide mich
sich entschließen		entschloss	hat entschlossen	ich entschließe mich
entsprechen	entspricht	entsprach	hat entsprochen	
entstehen		entstand	ist entstanden	
erfahren	erfährt	erfuhr	hat erfahren	
erfinden		erfand	hat erfunden	
erhalten	erhält	erhielt	hat erhalten	
erkennen		erkannte	hat erkannt	an-
erscheinen		erschien	ist erschienen	
erschrecken*	erschrickt	erschrak	ist erschrocken	
essen	isst	aß	hat gegessen	
f				
fahren	fährt	fuhr	ist gefahren	ab-, los-
fallen	fällt	fiel	ist gefallen	ein-
fangen	fängt	fing	hat gefangen	an-
finden		fand	hat gefunden	statt-
fliegen		flog	ist geflogen	ab-

fießen		floss	ist geflossen	
fressen	frisst	fraß	hat gefressen	
frieren		fror	hat gefroren	
g				
geben	gibt	gab	hat gegeben	ab-, auf-, aus-, zurück-
geboren werden	wird geboren	wurde geboren	ist geboren worden	
gefallen	gefällt	gefiel	hat gefallen	
gehen		ging	ist gegangen	an-, aus-, los-, vor-, wge-
gelingen		gelang	ist gelungen	
gelten	gilt	galt	hat gegolten	
geraten	gerät	geriet	ist geraten	
geschehen	geschieht	geschah	ist geschehen	
gewinnen		gewann	hat gewonnen	
gießen		goss	hat gegossen	
greifen		griff	hat gegriffen	
h				
hahen	hat	hatte	hat gehabt	
halten	hält	hielt	hat gehalten	an-, fest-
hängen*		hing	hat gehangen	ab-
heben		hob	hat gehoben	ab-, auf-
heißen		hieß	hat geheißen	
helfen	hilft	half	hat geholfen	
k				
kennen		kannte	hat gekannt	
kommen		kam	ist gekommen	an-, vor-, mit-
können	kann	konnte	hat gekonnt/können	

l				
laden	lädt	lud	hat geladen	ein-
lassen	lässt	ließ	hat gelassen / lassen	
laufen	läuft	lief	ist gelaufen	
leiden		litt	hat gelitten	
leihen		lieh	hat geliehen	
lesen	liest	las	hat gelesen	vor-
liegen		lag	hat gelegen	
lügen		log	hat gelogen	
m				
messen	misst	maß	hat gemessen	
mögen	mag	mochte	hat gemocht / mögen	
müssen	muss	musste	hat gemusst / müssen	
n				
nehmen	nimmt	nahm	hat genommen	ab-, an-, teil-, zu-
nennen		nannte	hat genannt	
p				
pfeifen		pfiff	hat gepfiffen	
r				
raten	rät	riet	hat geraten	
reißen		riss	hat gerissen	auf-, ab-
reiten		ritt	ist geritten	
rennen		rannte	ist gerannt	
riechen		roch	hat gerochen	
rufen		rief	hat gerufen	an-

S

schaffen*		schuf	hat geschaffen	
scheinen		schien	hat geschienen	
schieben		schob	hat geschoben	
schießen		schoss	hat geschossen	
schlafen	schläft	schlief	hat geschlafen	ein-
schlagen	schlägt	schlug	hat geschlagen	auf-, nach-, vor-
schließen		schloss	hat geschlossen	ab-, aus-
schmeißen		schmiss	hat geschmissen	
schneiden		schnitt	hat geschnitten	
schreiben		schrieb	hat geschrieben	auf-
schreien		schrie	hat geschrien	
schweigen		schwieg	hat geschwiegen	
schwimmen		schwamm	ist geschwommen	
sehen	sieht	sah	hat gesehen	an-, aus-, fern-, nach-, sich um-
sein	ist	war	ist gewesen	
senden*		sandte	hat gesandt	
singen		sang	hat gesungen	
sinken		sank	ist gesunken	
sitzen		saß	hat gesessen	
sprechen	spricht	sprach	hat gesprochen	aus-, nach-
springen		sprang	ist gesprungen	
stehen		stand	hat gestanden	auf-, fest-
stehlen	stiehlt	stahl	hat gestohlen	
steigen		stieg	ist gestiegen	aus-, ein-
sterben	stirbt	starb	ist gestorben	
stoßen	stößt	stieß	hat gestoßen	
(sich)streiten		stritt	hat gestritten	ich streite mich

t				
tragen	trägt	trug	hat getragen	bei-
treffen	trifft	traf	hat getroffen	
treiben		trieb	hat getrieben	
treten	tritt	trat	hat getreten	ein-, bei-
trinken		trank	hat getrunken	
tun		tat	hat getan	
ü				
überfahren	überfährt	überfuhr	hat überfahren	
übernehmen	übernimmt	übernahm	hat übernommen	
überweisen		überwies	hat überwiesen	
sich unterhalten	unterhält	unterhielt sich	hat sich unterhalten	ich unterhalte mich
unterscheiden		unterschied	hat unterschieden	
unterschreiben		unterschrieb	hat unterschrieben	
v				
verbieten		verbot	hat verboten	
verbinden		verband	hat verbunden	
verbringen		verbrachte	hat verbracht	
vergessen	vergisst	vergaß	hat vergessen	
vergleichen		verglich	hat verglichen	
sich verhalten	verhält	verhielt sich	hat sich verhalten	ich verhalte mich
(sich) verlassen	verlässt	verließ	hat verlassen	ich verlasse mich
verlieren		verlor	hat verloren	
verschreiben		verschrieb	hat verschrieben	
verschwinden		verschwand	ist verschwunden	
versprechen	verspricht	versprach	hat versprochen	
(sich) verstehen		verstand	hat verstanden	miss-, ich ~ e mich

vertreten	vertritt	vertrat	hat vertreten	
verzeihen		verzieh	hat verziehen	
w				
wachsen	wächst	wuchs	ist gewachsen	
(sich)waschen	wäscht	wusch	hat gewaschen	ich wasche mich
(sich)wenden		wandte	hat gewandt	an-, ich wende mich
werden	wird	wurde	ist geworden	
werfen	wirft	warf	hat geworfen	weg-
(sich) widersprechen	widerspricht	widersprach	hat widersprochen	ich widerspreche mir
wiegen		wog	hat gewogen	
wissen	weiß	wusste	hat gewusst	
z				
zerreißen		zerriss	hat zerrissen	
ziehen		zog	hat gezogen	(sich)an-, aus-, um-, ein-, vor-; ich ~e mich
zwingen		zwang	hat gezwungen	

* **erschrecken**(unregelmäßig): Sie erschrickt leicht.
jemanden erschrecken(regelmäßig), erschreckte, hat erschreckt: sie erschreckt ihn.
hängen(regelmäßig 请参阅第 143 节)
schaffen(unregelmäßig): Der Künstler schuf das Werk in einem Monat.
schaffen(regelmäßig), schaffte, hat geschafft: Wir schaffen die Arbeit nicht.
senden(unregelmäßig): Wir senden ein Fax.
senden(regelmäßig), sendete, hat gesendet: Nachrichten werden stündlich gesendet.

索引

表中数字为节号,不是页码。

I. 动词(1)

Übung 1 Infinitive sind: reisen, sammeln, wechseln, heißen, ändern, lernen
Regel: Der Infinitiv hat die Endung *-en* oder *-n*.

Übung 2 Ich heiße ...; Ich wohne in ...; Ich komme aus ...; Wohnen Sie in ...?; Arbeiten Sie bei ...?; Kommen Sie aus...?; Wie heißen Sie?; Wo wohnen Sie?; Woher kommen Sie?

Übung 4 b) arbeiten –er/sie arbeitet c) reisen –er/sie reist d) studieren –er/sie studiert e) fragen –er/sie fragt f) antworten –er/sie antwortet g) rechnen –er/sie rechnet

Übung 5 a) Fritz ist Elektrotechniker. b) Er ist jetzt fertig. c) Er hat eine gute Ausbildung. d) Er ist zufrieden. e) Er hat eine Stelle.

Übung 6 Rainer Faaß ist bei der Firma Sanders. Er ist von Beruf Diplom-Ingenieur. Er hat die Telefon-Nr. 08151/1922-15. Er hat auch eine E-Mail-Adresse. Die Firma ist in Starnberg.

Übung 7 a) Gibt es hier eine Kantine? b) Der Bus fährt in die Innenstadt. c) Im Restaurant „Mühle" isst man gut. d) Wir gehen essen. e) Nimmst du das Auto? f) Wir laufen.

Übung 8 Regel: Die 2. und die 3. Person Präsens von *haben* sind unregelmäßig. Die Formen haben kein *b*.
Die 2. und die 3. Person Präsens von *werden* sind unregelmäßig. Die Formen haben ein *i*.

Übung 9 a) Ich arbeite in Dresden. b) Wo arbeiten Sie? c) Mein Name ist Wilhelmsen. d) Wie heißen Sie? e) Ich heiße Naumann. f) Wo arbeiten Sie? g) Ich bin im Export. h) Haben Sie eine Wohnung? i) Nein, ich suche eine Wohnung in Dresden. j) Meine Familie wohnt in Bremen. k) Ich fahre am Wochenende nach Hause. l) Meine Frau und die Kinder kommen auch nach Dresden.

Übung 10 Mein Name ist → sein –er/sie ist; ich heiße → heißen –er/sie heißt; Ich arbeite → arbeiten –er/sie arbeitet; arbeiten Sie → arbeiten; Sind Sie → Sein; Ich wohne → wohnen –er/sie wohnt; suche ich → suchen –er/sie sucht; Helfen Sie → helfen –er/sie hilft; Das ist → sein; brauchen Sie → brauchen –er/sie braucht; Ich habe → haben –er/sie hat; Meine Familie ist → sein; Die Kinder gehen → gehen –er/sie geht; wohnen Sie → wohnen; Ich habe → haben; Ich bringe → bringen –er/sie bringt; finden Sie → finden –er/sie findet; das ist → sein.

Fragen: Und Sid? Sind Sie aus Frankfurt? Helfen Sie mir? Wie viele Zimmer brauchen Sie? Und wo wohnen Sie jetzt?

Übung 11 a) Ich bin viel Motorrad gefahren. b) Ich habe einen Unfall gehabt. c) Ich bin in eine Wiese gefallen. d) Ich habe später nichts mehr gewusst. e) Ich bin lange im Krankenhaus gewesen. f) Ich habe Glück im Unglück gehabt.

Übung 12 a) Habt ihr etwas gegessen? b) Warum hast du nicht gewartet? c) Sind Sie geflogen oder mit dem Zug gefahren? d) Wir haben uns um zehn getroffen. e) Was ist passiert?

Übung 13 a) Ich bin zuerst in die Gesamtschule gegangen. b) Dann bin ich in die Realschule gewechselt. c) Ich habe eine Lehre gemacht. d) Ich habe dann ein Tischlermeister-Stipendium bekommen. e) Die Prüfung habe ich mit Gut abgeschlossen. f) Ich habe zuerst bei meinem Vater gearbeitet. g) Aber dann bin ich selbständig geworden und habe eine Firma gegrundet, h) Wir haben viele Aufträge gehabt. i) Dann bin ich aber krank geworden und habe schließlich zugemacht. j) Jetzt habe ich Arbeit bei einer Baufirma gefunden.

Übung 14 a) Er war faul in der Schule. b) Aber er hatte ein Motorrad und viele Freunde. c) Er hatte keine Arbeit. d) Dann hatte er eine Idee. e) Jetzt hat er eine Firma und viele Mitarbeiter. f) Er ist bekannt in der Computerbranche.

Übung 15 a) Er war Physiker. b) Er lebte von 1879 bis 1955. c) Er besuchte in Munchen das Gymnasium. d) Er verließ es ohne Prüfung. e) Mathematik interessierte ihn sehr. f) Er studierte in Zürich. g)Mit 24 Jahren wurde er Professor. h) Mit 42 Jahren bekam er den Nobelpreis für Physik.

Der Mann heißt Albert Einstein.

a) Sie war Pianistin und Komponistin. b) Sie wurde in Leipzig geboren. c) Sie machte Reisen durch ganz Europa und gab Kon-

zerte. d) Sie heiratete den Komponisten Robert Schumann. e) Sie zog nach Berlin und lebte später in Baden-Baden und Frankfurt am Main. f) Sie lehrte am Konservatorium. g) Sie interpretierte die Werke ihres Mannes. h) Zusammen mit Johannes Brahms veröffentlichte sie die Werke Schumanns.
Die Frau heißt Clara Schumann.

a) Ich habe ein Buch über Clara Schumann gelesen. b) Das hat mich sehr fasziniert. c) Sie hat Konzerte in ganz Europa gegeben. d) Sie hat eine Familie mit acht Kindern gehabt. e) Sie hat Schumann, Beethoven und Brahms gespielt. f) Sie hat die Werke von Schumann veröffentlicht.

Übung 16

u: fuhr, wuchs
a: aß, fand, gewann, trank, kam, nahm
o: flog, fror, zog, schloss, verlor
ie: hieß, lief, blieb, schrieb, überwies, schlief
i: stritt, fing

Übung 17

besuchte – besuchen; arbeitete – arbeiten; lernte – lernen; blieb – bleiben; war – sein; ließ – lassen; wartete – warten; studierte – studieren; kam – kommen

Die Verben sind in der 1. und der 3. Person Singular gleich. Sie haben in der 1. und der 3. Person Singular keine Endung. Die regelmäßigen Verben haben -*te*- + Endung. Die unregelmäßigen Verben verändern meistens den Vokal.

Übung 18

a) fahren, gefahren b) kommen, gekommen c) sehen, gesehen d) fliegen, geflogen e) finden, gefunden f) helfen, geholfen g) lesen, gelesen h) wissen, gewusst i) rufen, gerufen j) mögen, gemocht k) geben, gegeben l) gehen, gegangen m) essen, gegessen n) trinken, getrunken o) bleiben, geblieben p) sein, gewesen q) schlafen, geschlafen r) senden, gesandt s) werden, geworden t) lassen, gelassen u) verlieren, verloren v) sitzen, gesessen

Übung 19

b) trainieren, er/sie trainiert, trainierte, hat trainiert c) buchstabieren, er/sie buchstabiert, buchstabierte, hat buchstabiert d) studieren, er/sie studiert, studierte, hat studiert e) demonstrieren, er/sie demonstriert, demonstrierte, hat demonstriert f) produzieren, er/sie produziert, produzierte, hat produziert

Regel: Verben auf -*ieren* sind regelmäßig.

Übung 20 a) Tom ist 1970 geboren. b) 1976 ist er in die Schule gekommen. c) 1988 hat er seinen Führerschein gemacht. d) 1989 hat er mit dem Studium angefangen. e) 5 Jahre später hat er endlich Geld verdient. f) Er hat eine Wohnung gemietet. g) Geheiratet hat er aber noch nicht.

Übung 21 a) Perfekt: *sind Sie gegangen*, gehen, unregelmäßig; *Ich bin gegangen; Ich habe besucht*, besuchen, regelmäßig; *Ich habe gemacht*, machen, regelmäßig; *Ich habe bekommen*, bekommen, unregelmäßig; *haben Sie studiert*, studieren, regelmäßig; *Ich habe gewechselt*, wechseln, regelmäßig; *Ich habe studiert*; *haben Sie studiert; habe ich gemacht; Haben Sie unterrichtet*, unterrichten, regelmäßig; *Ich habe gegeben*, geben, unregelmäßig; *habe ich gearbeitet*, arbeiten, regelmäßig; *Ich habe mitgebracht*, mitbringen, unregelmäßig

Präteritum: wollte ich, wollen; das war, sein; Ich musste, müssen; war ich, sein; Ich hatte, haben

Verb + Subjekt: sind Sie, ich bin, ich habe, wollte ich, das war, Ich habe, Ich musste, haben Sie, Ich habe, haben Sie, war ich, habe ich, Ich hatte, Haben Sie, Ich habe, habe ich, möchte ich, Ich habe

Übung 21 b) war, sein, unregelmäßig; musste, müssen, unregelmäßig; war, sein, unregelmäßig; lernte, lernen, regelmäßig; konnte, können, unregelmäßig; hatten, haben, unregelmäßig; kamen, kommen, unregelmäßig; qualifizierte, qualifizieren, regelmäßig

Übung 21 c) Präteritum: wollte, wollen; kam, kommen; lief, laufen; hatte, haben; passierte, passieren; konnte, können; wusste, wissen

Perfekt: hat verändert, verändern; ist passiert, passieren; sind gefahren, fahren; ist liegen geblieben, bleiben; bin geflogen, fliegen; gekommen bin, kommen; habe verbracht, verbringen

Position I	Position II	Position III
Die Saison	beginnt	im Frühjahr.
Da	passieren	*die Unfälle.*
Nach der Pause im Winter	haben	*die Motorradfahrer. . .*
Der April vor vier Jahren	hat	mein Leben. . .
Ich	wollte	eigentlich. . .
Aber dann	kam	*alles* anders.
Mein Leben	lief	nicht mehr normal.
Und so	ist	*es* passiert:
Ich	hatte	eine schwere Maschine
und		
wir	sind	zum Gardasee gefahren.
Plötzlich	passierte	*es.*
Ein Autofahrer	sieht	nicht . . .
Ich	bremse, schleudere	und stürze . . .
Dann	weiß	*ich nichts mehr.*
Mein Motorrad	ist	auf der Straße . . .
Ich	bin	über eine Mauer . . .
Später	konnte	*ich mich . . .*
Ich	wusste	nicht einmal . . .
In den folgenden Jahren	habe	*ich* viele Monate . . .
In meinen Träumen	falle	*ich* immer noch,
das	hört	nicht auf . . .
Heute	besuche	*ich* eine Grafikerschule.
Ich	bin	der Älteste . . .
Motorrad	fahre	*ich* inzwischen . . .

Übung 22 a) Was wird im Jahr 2000 sein? b) Rauchen wird verboten sein. c) Die Menschen werden noch mehr arbeiten. d) Die Arbeit wird knapp sein. e) Jeder wird mit jedem kommunizieren. f) Werden die Menschen glücklicher sein? g) Das wird wahrscheinlich nicht passieren.

Übung 23 a) Ende Juli fangen die Ferien an. / Ende Juli werden die Ferien anfangen. b) Ab Juli rollen die Autos nach Süden. / Ab Juli werden die Autos nach Süden rollen. c) Es wird ein Verkehrschaos geben. d) Der Verkehr wird jährlich zunehmen. e) Auch der Flugverkehr wird zunehmen. f) Wir werden Lösungen finden müssen. g) Das wird nicht einfach sein.

Übung 24 a) Um Mitternacht schlägt die Uhr zwölf Mal. / Um Mitternacht wird die Uhr zwölf Mal schlagen. b) Morgen gibt es Regen. / Morgen wird es Regen geben. c) Das Wochenende wird schön. / Das Wochenende wird schön werden. d) Die meisten fahren schon am Freitag ins Wochenende. / Die meisten werden schon am Freitag ins Wochenende fahren. e) Jeden Freitagnachmittag gibt es viele Verkehrsstaus. / Jeden Freitagnachmittag wird es viele Verkehrsstaus geben. f) Nur bei Regen bleiben die Menschen zu Hause. / Nur bei Regen werden die Menschen zu Hause bleiben.

Übung 25 a) Martin und Sigi, ihr werdet sofort euer Zimmer aufräumen. b) Klarissa, du wirst sofort deine Aufgaben machen. c) Martin, du wirst Papa helfen. d) Carola wird abtrocknen. e) Isa wird den Tisch decken. f) Um sieben werden wir essen.

Übung 26 2 Vollverben, 4 Hilfsverben

Übung 27 a) Kannst du kommen? b) Er will in Berlin arbeiten. c) Sie muss zu Hause bleiben. d) Sie darf/dürfen nicht arbeiten. e) Der Arzt sagt, sie soll/sollen zu Hause bleiben.

Übung 28 a) Wollen/Möchten Sie unsere Exportleiterin kennen lernen? –Ja, gern. b) Darf ich vorstellen? Das ist Herr Moser, unser Vertreter aus Italien, das ist Frau Wiedemann. c) Ich möchte / kann / darf / will Ihnen jetzt den Betrieb zeigen. d) Wir können zuerst in die Auftragsabteilung gehen. e) Möchten/Wollen Sie auch das Lager sehen? f) Sie können noch die Abteilung Fortbildung besuchen. g) Sie können / sollen / müssen an einer Besprechung der Marketing-Abteilung teilnehmen. h) Wir gehen um 12 Uhr in die Kantine. Möchten Sie lieber Fisch oder Fleisch?

Übung 29 Verben mit regelmäßigen Formen: reden, lernen
Verben mit -e + Endung: arbeiten
Verben mit unregelmäßigen Formen: sein, kommen, sprechen, haben, geben, werden, fahren
Modalverben: dürfen, müssen, sollen, können, wollen

Übung 30 a)Wōhnĕn, kŏmmĕn b) dīe Līste c) Ēvă und Pētĕr ĕssĕn. d) Dăs wīssĕn Sīe sĭchĕr.

Übung 31 a)Der Infinitiv heißt „ müssen“ . b) Wie schreiben Sie „er muss“? c) „Wissen“ müssen Sie mit ss schreiben. d) „Er weiß“ schreiben

Sie mit ß. e) „Die Straße“ hat ein ß. Das a ist lang. f) „essen“ hat ss. Das e ist kurz. „Er isst“ schreiben Sie mit ss. Das ist neu. g) Buchstabieren Sie bitte „reisen“ : r-e-i-s-e-n. Es gibt Geschäftsreisen und Urlaubsreisen.

Übung 32 a) Ich kann nicht Klavier spielen. b) Ich möchte nach Hause telefonieren. c) Ich möchte den Chef sprechen. d) Ich kann (nicht) Spanisch sprechen. e) Ich darf keinen Lärm machen. f) Ich darf nicht bei Rot über die Kreuzung gehen. g) Ich möchte Sie zum Kaffee einladen. h) Ich kann leider nicht früher kommen.

Übung 33 Ich mag dich. Du magst mich. Er/sie mag Mathematik. Wir mögen Sprachen. Ihr mögt Partys. Sie mögen keinen Kaffee.

Übung 34 wollen, müssen, sollen, können

Könntest du?

wollen und sollen

Übung 35 Wissen Sie was? –Ich weiß nichts. –Ich weiß schon lange, dass... –Das wusste ich auch. Aber ich hatte es vergessen. –Na sehen Sie. Alle haben es nämlich gewusst. Und seit gestern weiß ich auch ... –Na klar. Das weiß ich auch...

Übung 36 a) Arbeit zu Hause kann schön sein: kein Chef, keine Arbeitszeiten und Essen in der Familie. b) Man kann am Vormittag, am Nachmittag oder abends arbeiten. c) Tele-Arbeit kann die Lösung für die Zukunft sein. d) Besonders Berufe in der Textverarbeitung und Informatik sind geeignet. Tele-Arbeit kann viele Arbeitsplätze schaffen. e)Mütter mit Kindern möchten gern zu Hause arbeiten. f) Sie müssen kochen und die Kinder zur Schule bringen. Daneben können sie aber auch Geld verdienen. g)Tele-Arbeit heißt 60% der Zeit zu Hause arbeiten und 40% im Büro. D.h. Tele-Arbeiter können ihren Arbeitsplatz zu Hause verlassen und haben einen Schreibtisch im Büro. h) Sie müssen/sollen regelmäßig ihren Chef und ihre Kollegen sprechen. i) Allein zu Hause arbeiten kann ein Problem sein. Psychologen warnen: Isolation droht. Tele-Arbeiter sollen/müssen deshalb engen Kontakt zu ihrem Büro halten. j) Sie interessieren sich für Tele-Arbeit? Dann müssen Sie genau wissen, was Sie wollen. Tele-Arbeit ist neu und hat Vorteile, aber auch Nachteile.

Übung 37 a) Könnten Sie mir helfen? b) Könnte ich Sie etwas fragen? c) Dürfte ich kurz telefonieren? d) Dürften wir hier rauchen? e) Könnten wir eine Pause machen? f) Dürfte ich Sie unterbrechen? g) Könnte ich mal die Prospekte sehen? h) Könnten Sie mir ein Taxi rufen? i) Dürfte ich das kopieren? j) Könnten Sie die Auskunft anrufen? k) Könnte ich das Fenster aufmachen? l) Könnten wir einen Kaffee haben? m)Könnte ich ein Fax schicken? n) Könnte ich die CD-ROM haben?

Übung 38 sollen: Ratschlag; können: Möglichkeit; wollen: Wunsch

Übung 39 a) Er hat die Briefe liegen lassen. b) Sie hat den Computer reparieren lassen. c) Sie hat Dieter nicht an den Computer gelassen. d) Sie hat ihn links liegen lassen. (idiomatische Wendung: Sie hat ihn nicht beachtet.) e) Er hat den Computer laufen lassen. f) Sie hat das Gerät holen lassen.

Übung 40 a) Lass das! b) Da lässt sich nichts machen. c) Lass nur! Ich mache das schon. d) Das lässt sich machen. e) Lassen Sie sich nichts gefallen! f) Leben und leben lassen.

Übung 41 a) Brauchen Sie Hilfe? b) Ist alles in Ordnung oder braucht ihr etwas? c) Ich brauche jetzt einen Kaffee. d) Wir brauchen kein Handy. e) Du wirst ein Handy brauchen. Es ist praktisch. f) Ich brauche nicht mit einem Handy zu telefonieren, ich habe ein Telefon. g) In der Natur oder beim Sport brauche ich nicht zu telefonieren. h) Aber in der Firma oder unterwegs brauchst du die Kommunikation.
Im Satz f) und g) ist *brauchen* modales Hilfsverb.

Übung 42 Die Mischverben haben im Präteritum und Perfekt den Vokal *a*.

Übung 43 a) Warum bist du so gerannt? b) Hast du etwas mitgebracht? c) Tante Birgit hat ein Päckchen gesandt. d) Sie hat an deinen Geburtstag gedacht. e) Ich habe sie immer Tantchen genannt. f) Auf dem Foto habe ich sie sofort erkannt. g) Weihnachten hat unser Weihnachtsbaum gebrannt. h) Er rennt/rannte zum Bahnhof. i) Er bringt/brachte die Zeitung. j) Er kennt/kannte die Leute. k) Wir senden/sendeten eine E-Mail. l)Was denkst/dachtest du?

Übung 45 ab, an, aus, weg, vorbei, um

Es sind Präpositionen und Adverbien.

Übung 46 a) wiederhólen b) übersétzen c) wíedergeben d) zúhören e) zusámmenarbeiten f) vórschlagen g) fésthalten h) gefállen

Regel: Trennbare Verben betonen die Vorsilbe.
Untrennbare Verben betonen den Verbstamm.

Übung 47 Trennbare Verben:
ausholen – er holt aus – Er holt zum Schlag aus. *abholen* – er holt ab – Er hat seine Oma vom Bahnhof abgeholt. *zurückholen* – er holt zurück – Ihre Freundin hat sie um 50 Mark betrogen; sie hat sich das Geld zurückgeholt. *anmachen – er macht an – Kurz vor 8 macht er den Fernseher an. ausmachen – er macht aus – Er macht ihn gegen 12 Uhr aus. weitermachen – er macht weiter – Nach der Pause machen wir weiter. vormachen – er macht vor* – Der Lehrer macht uns die schwierigen Übungen vor. *angehen – etwas geht jemanden etwas an – Das geht dich nichts an. ausgehen – er geht aus – Gehen wir heute Abend aus? weitergehen – er geht weiter – Nach der Werbung geht der Film weiter. vorgehen* – er geht vor – Wie seid ihr bei der Lösung vorgegagen? *weggehen* – er geht weg – Nach dem Streit ging sie weg ohne etwas zu sagen. *Untergehen* – er geht unter – Nach der Kollision mit dem Eisberg ging die Titanic unter. *zurückgehen* – er geht zurück – Ich habe meinen Schirm vergessen. Ich gehe zurück und hole ihn.

Untrennbare Verben: *erholen* – er erholt sich – Er hat sich im Urlaub gut erholt. *wiederholen – er wiederholt – Wiederholen Sie bitte die trennbaren Verben. vermachen* – er vermacht – Seine Großmutter hat ihm das Haus vermacht. *vergehen* – er vergeht – Ich habe eine Tablette genommen; die Schmerzen vergehen gleich. *begehen* – er begeht – Er hat das Verbrechen nicht begangen.

Übung 48 a) Wann haben Sie gefrühstückt? Ich habe gestern nicht gefrühstückt. c) er/sie frühstückt d) *frühstücken* betont die Vorsilbe, das Verb ist aber nicht trennbar.

Übung 49 a) Schi fahren b) kennen lernen c) Auto fahren d) spazieren gehen e) Maschine schreiben f) sauber machen g) sitzen bleiben h) sitzen bleiben i) stehen bleiben j) wegfahren k) übrig bleiben

Übung 50 b) zusammenarbeiten – er/sie arbeitet zusammen c) anmelden – er/sie meldet an d) vorschlagen – er/sie schlägt vor e) beitragen – er/sie trägt bei f) einladen – er/sie lädt ein g) vorstellen – er/sie stellt vor h) übersetzen – er/sie übersetzt i) entscheiden – er/sie entscheidet j) verbrauchen – er/sie verbraucht k) verlieren – er/sie verliert

Übung 51 *Auto fahren*, er/sie fährt Auto, fuhr Auto, ist Auto gefahren; *Schi fahren*, er/sie fährt Ski, fuhr Ski, ist Ski gefahren; *Schlittschuh laufen*, er/sie läuft Schlittschuh, lief Schlittschuh, ist Schlittschuh gelaufen; *Maschine schreiben*, er/sie schreibt Maschine, schrieb Maschine, hat Maschine geschrieben; *sitzen bleiben*, er/sie bleibt sitzen, blieb sitzen, ist sitzen geblieben; *fernsehen*, er/sie sieht fern, sah fern, hat ferngesehen; *fest halten*, er/sie hält fest, hielt fest, hat festgehalten; *festhalten*, er/sie hält fest, hielt fest, hat fest gehalten

sitzen lassen, stehen lassen liegen lassen, kommen lassen, sich gefallen lassen

sitzen bleiben, stehen bleiben, liegen bleiben

Übung 52 er: sich; du: dich, dir; sie(Sg.): sich; wir: uns; sie(Pl.): sich; ich: mich, mir; Sie: sich; ihr: euch

Das Reflexivpronomen in der 3. Person Singular und Plural lautet *sich*. In der 1. und 2. Person Singular gibt es verschiedene Formen im Dativ und Akkusativ: *mich* und *mir*, *dich* und *dir*.

Übung 53 a) Ich habe mich bei der Firma Textil beworben. b) Ich habe mich für einen Beruf im Verkauf entschlossen. c) Das stelle ich mir interessant vor. d) Ich interessiere mich für Mode. e) Ich habe mich vorher genau über die Firma informiert. f) Jetzt freue ich mich auf den Job.

Übung 54 b) die Verlobung c) die Heirat d) der Streit e) die Trennung f) die Scheidung

Übung 55 a) sich freuen b) sich wünschen c) sich interessieren d) sich vorstellen e) sich informieren f) sich ereignen g) sich bewerben h) sich unterhalten i) sich anmelden j) sich ärgern k) sich erkälten l) sich irren

Übung 56 sich lohnen, sich bezahlt machen, sich weiterbilden, sich handeln

Übung 57 a) Hast du dich bedankt? b) Er interessiert sich für Fußball. c) Warum ärgerst du dich? d) Wir kaufen uns einen Laptop. e) Sie hat sich beeilt. f) Hast du dir den Namen gemerkt? g) Warum entschuldigst du dich nicht? h) Sie hat sich gerade verabschiedet. i) Er hat sich bei Siemens beworben. j) Wir haben uns gut unterhalten. k) Er hat sich zum Sprachkurs angemeldet. l) Was wünschst du dir?

Übung 58 b) Schreiben Sie bitte ein Fax an die Fa. Kölbel. c) Bereiten Sie bitte die Konferenz vor. d) Holen Sie bitte den Besuch am Empfang ab. e) Reservieren Sie bitte einen Tisch im Restaurant. f) Besorgen Sie bitte die Getränke. g) Bestellen Sie bitte ein Zimmer für eine Nacht. h) Legen Sie bitte die Prospekte hin.

a) Könnten Sie mir bitte den Brief der Firma Karl bringen? b) Könnten Sie bitte ein Fax an die Fa. Kölbel schreiben? c) Könnten Sie bitte die Konferenz vorbereiten? d) Könnten Sie bitte den Besuch am Empfang abholen? e) Könnten Sie bitte einen Tisch im Restaurant reservieren? f) Könnten Sie bitte die Getränke besorgen? g) Könnten Sie bitte ein Zimmer für eine Nacht bestellen? h) Könnten Sie bitte die Prospekte hinlegen?

Übung 59 b) Informier dich genau. c) Sprich mit Lehrern, Eltern und Freunden über deinen Berufswunsch. d) Diskutier die Vorteile und Nachteile. e) Entscheid dich doch für einen Jungenberuf. f) Sei doch nicht enttäuscht. g) Mach zuerst ein Praktikum.

Übung 60 a) Schalte das Gerät ein. b) Drück die Taste OPEN. c) Leg die CD ein. d) Starte die Wiedergabe und drücke PLAY. e) Such einen bestimmten Abschnitt. f) Halte die Taste. g) Lass die Taste los. h) Programmier die Titel in einer Reihenfolge. i) Stopp die Wiedergabe. j) Fass nie auf die CD. Halte sie am Rand. k) Spiel keine kaputte CD ab.

Übung 61 Rufen Sie uns an. – Informieren Sie sich. – Sprechen Sie mit uns. – Fordern Sie unseren Katalog an. – Rufen Sie uns an. – Dann kommen Sie zu uns. – . . ., dann rufen Sie uns an.

Übung 62 a) Das Wetter ist nicht schön. b) Das Essen ist nicht gut. c) Die Arbeit gefällt mir nicht. d) Ich trinke keinen Kaffee. e) Ich freue mich nicht auf den Urlaub. f) Ich rufe Herrn Schmidt nicht an.

Übung 63 a) Herr Eberl arbeitet nicht. b) Er arbeitet nicht gern. c) Er fährt nicht mit dem Auto ins Büro. d)Er interessiert sich nicht für Politik. e) Er hat dem Kollegen nicht gratuliert. f) Er hat kein Fax geschrieben. g)Er kann nicht Auto fahren. h)Er kann nicht gut Auto fahren.

Übung 64 a)Fahr auf Landstraßen nicht über 100. b) Trink keinen Alkohol. c)Fahr bei Nebel nicht so schnell. d)Brems nicht so plötzlich. e)Fahr nicht so schnell. f)Fahr in der Stadt nicht über 50. g) Telefonier beim Fahren nicht. h) Hup nicht so oft. i)Überhol(e) nicht in der Kurve. j)Fahr nicht so weit links.

II. 名词

Übung 1 a) der Norden b) das Motorrad c) die Rose d) der Motor e) die Wirtschaft f) die Kultur g) der Optimismus h) das Zentrum i) das Essen j) die Einladung k) der Praktikant l) der Nachmittag m) der Sonntag n) das Jahr o) die Partei p) der/die Reisende q) das Auto r) der Wagen s) der Kuchen t) die Woche

Übung 2 a) der Film b) der Ort c) der Tisch d) das Bett e) der Stuhl

Regel: Einsilbige Substantive sind oft maskulin.

Übung 3 die Mechanikerin, (die Chefin), die Frisörin / die Frisöse, der Arzthelfer, die Ingenieurin, die Elektronikerin, der Chef, der Leiter, die Schornsteinfegerin, der Redakteur, die Kollegin, die Fachfrau, (die Auszubildende), die Meisterin, die Handwerkerin, der Manager, der Flugzeugbauer

Übung 4 die Fachgehilfin, die Tischlerin, die Politikerin, die Schülerin, die Pilotin, die Frisörin / die Frisöse, die Gärtnerin, die Malerin, die Ärztin, die Verkäuferin, die Rechtsanwältin, die Kauffrau

Regel: Feminine Berufsbezeichnungen haben meistens die Endung -*in*.
Regel: Berufsbezeichnungen auf -*er* sind maskulin.

Übung 5 a) die EU b) der IC c) der FC Bayern d) der VW e) die SZ f) die SPD g) die CDU h) die DM i) der PKW j) der LKW

Übung 6 b)Ja, die ist wichtig. c) Ja, der ist wichtig. d) Ja, der ist wichtig. e) Ja, die ist wichtig. f) Ja, die ist wichtig. g) Ja, der ist wichtig. h) Ja, die ist wichtig. i) Ja, die ist wichtig. j) Ja, das ist wichtig. k) Ja, die ist wichtig.

Übung 7 Regel: Substantive auf -*e* sind meistens feminin.

Übung 8 Das Wort heißt: der / die Reisende

Übung 9 Sind Sie / sie berufstätig?; Was sind Sie von Beruf?

Übung 10 Das Haus ist eine Schule. Ich bin Motorradfahrer. Fritz fährt Fahrrad. Herr Imhoff kommt aus der Schweiz.

Übung 11 b) der Name, der Vorname, der Geburtsort, das Geburtsdatum, die Nationalität, die Adresse / die Anschrift, die Unterschrift

Übung 12 a) die Einheit b) die Tätigkeit c) die Krankheit d) die Geschwindigkeit e) die Gesundheit f) die Möglichkeit g) die Gelegenheit h) die Faulheit

Übung 13 a) der Maler, das Gemälde b) der Planer, der Plan, die Planung c) der Fahrer, die Rückfahrt d) der Student, das Studium e) der Leiter, die Leitung f) der Arbeiter, die Arbeit g) der Verkäufer, der Verkauf h) der Tischler, der Tisch, die Tischlerei i) der Fahrradfahrer

Übung 14 b) das Schifahren c) das Wandern d) der / das Junge e) der / die Jugendliche f) der Braune g) das Helle h) der Klare

Übung 15 a) das Erlebnis, -se → die Erlebnisse b) das Foto, -s → die Fotos c) der LKW, -s → die LKWs d) der Lehrer, - → die Lehrer e) die Kartoffel, -n → die Kartoffeln f) der Apfel, ¨ → die Äpfel

Übung 16 a) kein Plural b) die Straßen c) die Busse d) die PKWs e) kein Plural f) kein Plural

Übung 17 ein Glas / eine Flasche / ein Liter Wein; ein Pfund / eine Portion / ein Stück Butter; ein Liter / ein Pfund / eine Tasse / ein Becher / eine Portion Kaffee; eine Tasse / ein Teller Suppe; ein Glas / ein Pfund / ein Becher / eine Portion Jogurt; ein Glas / ein Pfund / eine Portion Honig; ein Pfund / eine Portion / eine Scheibe / ein Stück Käse; ein Pfund / eine Portion / eine Scheibe / ein Stück Schinken; ein Pfund / eine Portion / eine Scheibe / ein Stück Brot; ein Stück Kuchen; ein Pfund / eine Portion / eine Scheibe / ein Stück Wurst

Übung 18 der Schüler, die Schüler; das Zimmer, die Zimmer; der Manager, die Manager; der Handwerker, die Handwerker; das Häuschen, die Häuschen; der Maler, die Maler

Übung 19 Was es nur im Singular gibt: Mineralwasser * , Kaffee, Obst, Fleisch, Zucker, Butter, Tee*, Mehl*, Gemüse, Milch, Müsli*

* Die Plurale *Mineralwässer, Tees, Mehle, Müslis* bedeuten „verschiedene Sorten".
Was es im Singular und Plural gibt: Fisch, Apfel, Wurst, Kirsche, Erdäpfel, Erdbeere, Kartoffel, Getränk, Weintraube

Übung 21

Singular: Milch, Spinat, Brot, Becher, Sahne; Schnittkäse, Speisequark Plural: Kartoffeln, Brötchen, Eier, Tomaten

Substantive im Plural: Zwiebeln – die Zwiebel; Kartoffeln – die Kartoffel; Brötchen – das Brötchen; Äpfel – der Apfel; Weintrauben – die Weintraube; Bananen – die Banane; Getränke – das Getränk

Substantive im Singular: der Spinat, das Ei, die Sahne, das Mineralwasser, die Limo(nade), das/die Cola, das Bier, der Frankenwein, das Angebot

Übung 22

a) der Beruf des Fotografen b) die Mutter von Herrn Neumann c) Gabrieles Kinder d) der Bürgermeister von Bremen e) die Präsidentin des Bundestages f) die Vereinigung Deutschlands g) Er schreibt dem Bundeskanzler einen Brief. h) Sie schreibt einen Leserbrief. i) Kennen Sie meinen Kollegen? j) Ich werde Herrn Petrelli meinem Kollegen vorstellen.

Übung 23

a) des Mannes b) der Frau c) des Meisters d) der Praktikantin e) des Türken f) des Griechen g) des Namens h) des Albaners i) des Herrn j) der Dame k) des Dozenten l) des Lehrers m) der Lehrerin n) des Brief(e)s

Übung 24

Ich trage gern Pullover / Turnschuhe / Kleider / Hosenanzüge / Hemden / Hosen / Overalls.

Übung 25

a) Gib doch den Kindern ein Taschengeld! b) Schreib doch unseren Eltern eine Karte! c) Bring doch den Geschwistern ein Geschenk mit! d) Glaub doch den Politikern kein Wort! e) Schenk doch unseren Gästen einen Atlas!

Übung 26

Einen Mantel können Männer oder Frauen tragen. Einen Schal können ebenfalls Männer oder Frauen tragen. Frauen tragen eine Bluse. Frauen tragen ein Kleid. Männer tragen eine Badehose. Eine Jacke können Männer oder Frauen tragen. Handschuhe können ebenfalls Männer oder Frauen tragen. Männer tragen ein Hemd.

Einen Hut können Männer oder Frauen tragen. In Schottland tragen auch Männer einen Rock. Eine Hose können Männer oder Frauen tragen. Einen Schlips tragen normalerweise nur Männer. Einen Bikini tragen Frauen. Turnschuhe können Männer oder Frauen tragen. Frauen tragen einen Hosenanzug, Männer einen Anzug. Im letzten Jahrhundert trugen auch Männer einen Badeanzug.

Übung 27 Regel: Maskulin auf *-er* und feminin auf *-erinnen*.
Maskulin auf *-e* und feminin auf *-in* ohne *-e*.
Regel: *-er* bleibt im Plural *-er*.
Der Plural feminin hat die Endung *-erinnen* oder *-innen*.

Übung 28 a) Kennen Sie Herrn Maier? Nein? Warten Sie, ich stelle Sie vor. Guten Tag, Herr Maier. Darf ich Ihnen Frau Schulte vorstellen?. . .
der Herr, den Herrn, dem Herrn, des Herrn; die Herren, die Herren, den Herren, der Herren

Übung 28 b) geht spazieren –Dr. Faust, treffen –sie, benimmt –der, sind fasziniert –sie, nehmen mit –sie, bellt –der Pudel , beginnt zu wachsen –der Pudel, ist so groß –er, verschwindet –das Tier, tritt heraus –Mephisto, ist verkleidet –Mephisto, war –das, ruft –Faust

Übung 29 a) Was isst Klaus? b) Morgen schreibt er einen Aufsatz. c) Warum ist er wütend? d) Natürlich finden wir ihn nett. e) Nein, heute brauchst du nicht aufzuräumen. / musst du nicht aufräumen. f) Nächste Woche möchte Martina verreisen.

Übung 30 Die Subjekte sind: a) Klaus, b) Martin c) Er d) Helmut, ihr e) Du, ich, du f) Martina

Übung 31 die Hotelanmeldung, der Hotelportier, das Hotelzimmer, der Hoteldirektor, die Hotelrechnung, der Hotelgast

Ⅲ. 冠词

Übung 1 Ich kenne einen Experten. Ich kenne keinen Studenten. Ich kenne keine Biologen. Ich kenne viele Idealisten. Ich kenne einen Philosophen. Ich kenne keinen Juristen. Ich kenne keine Pessimisten. Ich kenne viele Architekten. Ich kenne keinen Bären. Ich kenne keine Bürokraten. Ich kenne viele Optimisten.

Übung 2 a) Er ist Musiker. b) Er ist sogar ein guter Musiker. c) Er ist aber kein Solist, sondern Orchestermusiker. d) Das/Ein Orchester reist viel, auch ins Ausland. e) Er war schon in Japan und in den USA. f) Die nächste Reise ist Ostern. Es ist eine Europa-Reise.

Übung 3 a) (Der) Urlaub am Bodensee. b) Der Bodensee ist beliebt. c) In letzter Zeit ist aber die Zahl der Besucher zurückgegangen. d) Die Schweiz, Österreich und die Bundesrepublik machen jetzt ein gemeinsames Programm. e) Im April erscheint die/eine neue Broschüre. f) Es gibt am Bodensee eine Oldtimer-Eisenbahn. g) Für die Eisenbahn sind Aktionstage geplant.

Übung 4 a) Ich möchte eine Tageszeitung. –Die Süddeutsche oder die Frankfurter Allgemeine? b) Hat die Gruppe einen Reiseleiter? –Ja, der Reiseleiter ist Herr Schwarz. c) Ich wünsche mir einen Urlaub am Meer. –O. k., buchen wir den Urlaub. d) Möchtest du Kaffee oder Tee? –Tee, bitte. Der Kaffee ist alle, glaube ich.

Übung 5 Was das/ein Konzert kostet; Musik im Fernsehen; Reise und Erholung; Der/Ein Abend im Fernsehen; (Der) Urlaub mit Sport und Spaß.

Übung 6 Musik im Fernsehen
In der Sendung „Apropos Musik“ berichten wir über die türkischen Rap-Superstars „Cartel“. Sie haben inzwischen auch in Deutschland ein großes Publikum.

Übung 7 a) der Urlaub, *Plural nicht üblich*; der Individualist, die Individualisten; der Sommer, die Sommer; das Gästehaus, die Gästehäuser; das Doppelzimmer, die Doppelzimmer; das Frühstücksbuffet, die Frühstücksbuffets; die Halbpension, *Plural nicht üblich*; das Schwimmbad, die Schwimmbäder; der Strand, die Strände; das Stadtzentrum, die Stadtzentren; der Massentourismus, *Plural nicht üblich*; die Atmosphäre, *Plural nicht üblich*

Übung 7 b) Artikelwörter mit Substantiven, Adjektiven und Präpositionen: der Urlaub, In diesem Jahr, das Wetter, Dieses Jahr, kein Regen, kein Urlaub, jedes Mal, eine Überraschung, in diesem Jahr, zum Schifahren, in dieselbe Gegend, in dasselbe Hotel, Im Gegenteil, Jedes Jahr

Ausdrücke ohne Artikelwort: Letztes Jahr, nur Sonne, Auf welche Wochentage, Weihnachten, an Urlaub, Auf Donnerstag und Freitag, schöner Schnee, frische Luft

Übung 7 c) eine Anzeige, in der Süddeutschen, eine Anzeige, die Woche, die Pension, jedes Jahr, Jeder Mensch, einer Pension, Die Autobahnen, im August, eine Woche, Den Rest des Urlaubs, ein Vorschlag

ohne Artikel: Insel Sylt, Pension mit Komfort, Mit Komfort, irgendwelche Angebote, viel Reklame, zu Hause, Urlaub, von zu Hause, Zu Hause, Bücher, Computer, Fernseher, Gott, Dank, Rad, zu Hause, Kompromiss, zu Hause

IV. 人称代词

Übung 1 Hallo, Max, wie geht's? Man sieht dich ja kaum noch.
Guten Abend, Frau Henrich.
Guten Abend, schön, Sie mal wieder zu sehen.
Guten Abend, herzlich willkommen. Geben Sie mir Ihre Jacke?
Haben Sie/Hast du den Weg gleich gefunden?
Kein Problem. Sie haben/Du hast alles sehr gut beschrieben.
Na, wie geht's denn so? Studierst du noch?
Wir haben uns lange nicht gesehen. Sie sehen/Du siehst ja gut aus.
Kompliment!
Komm, hier ist so viel Wirbel! Möchtest du auch eine Bowle?

Übung 2 Liebe Tina,
heute muss ich dir unbedingt schreiben. Was machen wir mit Mamas Geburtstag? Du weißt, es ist schwierig wie jedes Jahr. Sie sagt immer, sie braucht nichts, und dann freut sie sich natürlich doch, wenn wir uns etwas ausdenken. Ich möchte dir heute etwas vorschlagen. Wir schenken ihr wirklich nichts, d. h. nicht das Übliche, eine Tasche, einen Pullover oder so was. Wir schenken ihr einen Wochenendausflug und zwar mit uns allen. Wir fahren alle zusammen irgendwohin und essen gemütlich. Wir können auch übernachten. Was hältst du davon? Ruf mich bitte bald an. Herzlichst Rolf
PS: Wir können uns natürlich auch hier treffen. Vielleicht spielt das Wetter nicht mit. Dann könnt ihr alle zu uns kommen. Du weißt, wir haben genug Platz. Wir müssen natürlich ein Programm machen. Kennst du Spiele? Also melde dich!

Übung 3 Wir möchten euch gern mal wieder sehen. – Wann habt ihr mal Zeit? – Passt es euch nächsten Samstag? – Nicht so gut. Da sind wir in Hannover. Leider. – Und in vierzehn Tagen? Was macht ihr da? – Da ist Annette nicht zu Hause. Sie ist auf einer Dienstreise. – Na! Jetzt bist du an der Reihe. Was schlägst du vor? – Ich spreche erst mit Annette. Dann rufe ich dich/euch zurück. – Gut! Melde dich aber bald. Wir gehen noch in den Biergarten. – Ja, wir wollen auch noch weg. Ich melde mich sofort. Tschüs! – Bis gleich.

Übung 4 kennen wir, haben Sie... erzählt, Ich war... neidisch, fahre ich, wollen wir. . . „ du“ sagen, Ich bin, ich bin, müssen wir anstoßen, machst du

Übung 5 a) Markus hat mir zum Geburtstag gratuliert. b) Er hat mich angerufen. Er möchte mich besuchen. c) Jörg hat mir nicht geantwortet. d) Frag mich doch! Ich erklär es dir. e) Christine ist verreist. Sie hat mir nichts gesagt. f) Kannst du mir helfen?

Übung 6 a) Bernd hat mir geschrieben. Ich muss ihm sofort antworten. b) Beate, schmeckt es dir nicht? Was fehlt dir? c) Was wünscht ihr euch zu Weihnachten? d) Wir schenken ihnen etwas Praktisches. e) Ich habe einen Jogging-Anzug für Fred. Ich schenke ihn ihm. f) Für meine Schwester haben wir ein Fahrrad. Wir schenken es ihr.

Übung 7 a) Hast du deinem Bruder das Päckchen geschickt? b) Schreib mir eine Karte aus dem Urlaub! c) Christoph erklärt die Regel seinem Nachbarn. d) Der Ober empfiehlt dem Gast das Schnitzel. e) Ich erzähle dir jetzt eine Geschichte. f) Martin schenkt seiner Freundin eine Kette zum Geburtstag.

Übung 8 a) Das ist Maria Dolores Branco. Sie kommt aus Portugal. b) Kennen Sie Jan Maler? Er ist der Kollege von Konstantin. c) Das ist Paolo. Wir haben ihn in Florenz kennen gelernt. d) Wo sind denn die Kinder? Ich glaube, sie sind in Martins Zimmer. e) Kommt ihr? – Wir kommen sofort. f) Wir haben euch lange nicht gesehen.

Übung 9 a) Herr Ober, was können Sie uns heute empfehlen? b) Ich habe von Achim ein Lexikon. – Und wann musst du es ihm zurückgeben? c) Wolf braucht eine Zange. Kannst du sie ihm bringen? d) Felix kann den Brief nicht lesen. Kannst du ihn ihm übersetzen? e) Der Vater verbietet den Kindern das Fernsehen. – Warum verbietet er es ihnen denn? f) Mario hat dir eine Geschichte erzählt. Kannst du sie mir noch einmal erzählen? g) Das Buch ist etwas für Christine. Schenk es ihr doch!

Übung 10 a) Ich erkläre den Kollegen die Tabelle. b) Das Geschenk gefällt dem Jungen nicht. c) Der Fremdenführer zeigt den Touristen die Stadt. d) Frau Ehlers schreibt der Firma eine Karte aus dem Urlaub.

V. 物主冠词

Übung 1 Wo ist dein Fotoapparat? Oh, den habe ich vergessen. Wie dumm! – Wo ist deine Taucherbrille? Oh, die habe ich vergessen. – Wo sind deine Schischuhe. Oh, die habe ich vergessen. – Wo sind deine Flossen? Oh, die habe ich vergessen. – Wo sind deine Badeschuhe? Oh, die habe ich vergessen. – Wo sind deine Tabletten? Oh, die habe ich vergessen. – Wo sind deine Schisocken? Oh, die habe ich vergessen. – Wo ist deine Sonnenbrille? Oh, die habe ich vergessen. – Wo ist dein Pullover? Oh, den habe ich vergessen. – Wo sind deine Handschuhe? Oh, die habe ich vergessen.

Übung 2 Habt ihr euren Fotoapparat dabei? Habt ihr eure Taucherbrille dabei? Habt ihr eure Schischuhe dabei? Habt ihr eure Flossen dabei? Habt ihr eure Badeschuhe dabei? Habt ihr eure Tabletten dabei? Habt ihr eure Schisocken dabei? Habt ihr eure Sonnenbrille dabei? Habt ihr euren Pullover dabei? Habt ihr eure Handschuhe dabei?

Übung 3 a) Das sind ihre CDs. b) Das ist sein CD-Player. c) Das ist sein Computer. d) Das ist ihre Plattensammlung. e) Das ist ihr Handy. f) Das ist ihr Videorekorder. g) Das ist sein Segelboot. h) Das ist sein Tennisschläger. i) Das ist ihr Surfbrett. j) Das sind seine Schier.

Übung 4 a) Du meinst, unser nächster Urlaub. b) . . . unser Auto. c) . . . unsere Freunde d) . . . unser Feierabend e) . . . unser Wochenende f) . . . unsere Zeitung

Übung 5 a) Die Mutter von meinem Vater. Das ist meine Großmutter. b) Der Vater von meinem Vater. Das ist mein Großvater. c) Die Schwester von meiner Mutter. Das ist meine Tante. d) Der Bruder von meiner Mutter. Das ist mein Onkel. e) Mein Vater und meine Mutter haben drei Kinder, eine Tochter und zwei Söhne. Ich bin der jüngste Sohn/die jüngste Tochter. f) Ich habe also zwei Geschwister. g) Mein Bruder hat einen Sohn und eine Tochter. Das sind mein Neffe und meine Nichte. h) Die Frau von meinem Sohn. Das ist meine Schwiegertochter. i) Der Mann von meiner Tochter. Das ist mein Schwiegersohn.

Übung 7 mein Bruder, meine Schwägerin, dein Bruder, Meine Schwester,

Meine Schwester Eva, bei unseren Eltern, meine Schwester Christine, meine Eltern, meine Familie

VI. 形容词

Übung 1 a) Ich habe großen Durst und riesigen Hunger. b) Ich trinke gern heißen Tee mit Rum. c) Ich mag nichts Warmes, Bier ist mir lieber. d) Ich freue mich auf einen grünen/großen/gesunden Salat. e) Ich esse lieber etwas Süßes/Heißes/Warmes. f) Salat ist aber gesund. g) Das Essen ist ja kalt. h) Die Soße ist so dick/süß/bitter, die schmeckt mir nicht. i) Der Braten ist hart/Kalt/heiß/weich. j) Die Nudeln sind weich. k) Herr Ober, das Bier ist nicht kalt. l) Ich möchte frische Brötchen mit Butter und ein weiches Ei. m) Das Ei ist ja ganz hart! Die Konfitüre ist mir zu süß. n) Ich habe doch grüne Nudeln bestellt und keine Spagetti.

Übung 2 a) ein schneller VW, ein schneller BMW, ein schnelles Motorrad b) das kalte Jahr, das kalte Wetter c) eine teure Reparatur d) ein gutes Essen, ein guter Kuchen, ein guter Wagen e) die internationale Politik f) das weite Meer g) das hässliche Kleid

Übung 3 a) die großen Hotels b) die billigen Tickets c) die gelben Blumen d) die weißen Hemden e) die alten Villen f) die berufstätigen Menschen g) die neuen Büros h) die kalten Getränke

Übung 4 a) mit großen Koffern b) mit guten Freunden c) mit alten Fahrrädern d) in billigen Hotels e) auf schönen Inseln f) mit schnellen Schiffen g) auf kleinen Campingplätzen h) an ruhigen Stränden i) mit schweren Rucksäcken j) in feinen Restaurants

Übung 5 a) Regel: Das Adjektiv ohne Artikel übernimmt die Endung des Artikels. Ausnahmen: Genitiv Singular maskulin und neutral.

Übung 5 b) Singular: die gesunde Luft, die gesunde Luft, mit der gesunden Luft, die Folge der gesunden Luft; gesunde Luft, gesunde Luft, bei gesunder Luft, die Folge gesunder Luft

das schlechte Wetter, das schlechte Wetter, mit dem schlechten Wetter, die Folge des schlechten Wetters; schlechtes Wetter, schlechtes Wetter, bei schlechtem Wetter, die Folge schlechten Wetters

Übung 6 a) intelligent – dumm b) mutig – feige c) ordentlich – unordentlich/

chaotisch d)zufrieden-unzufrieden e) fair – unfair f) lustig – traurig g) zuverlässig – unzuverlässig h) aktiv – passiv i) groß – klein j) dünn— dick k) hübsch – hässlich l) jung-alt

Aussehen: i) bis l); Charaktereigenschaften: a) bis h)

Übung 7

a) Ich wollte ein dunkles Bier. Tut mir Leid, das Bier ist hell. Aber helles Bier schmeckt auch besser. b) Ich wollte trockenen Wein. Tut mir Leid, der Wein ist halbtrocken. Aber halbtrockener Wein schmeckt auch besser. c) Ich wollte reife Bananen. Tut mir Leid, die Bananen sind grün. Aber grüne Bananen sind auch nicht so weich. d) Ich wollte billige Orangen. Tut mir Leid, die Orangen sind teuer. Aber teure Orangen schmecken auch besser. e) Ich wollte kalten Saft. Tut mir Leid, der Saft ist warm. Aber warmer Saft ist auch besser für den Magen. f) Ich möchte (eine) gesunde Ernährung. Tut mir Leid, unsere Ernährung ist ungesund. Aber ungesunde Ernährung ist auch billiger.

Übung 8

a) Dieses Problem besprechen wir nicht. Das ist ein ganz heißes Eisen. b) Er hat viel versprochen und nichts gehalten. Er hat uns goldene Berge versprochen. c) Sie ist immer optimistisch, sie ist immer guter Dinge. d) Wir müssen ganz vorsichtig mit ihm sein. Wir müssen ihn wie ein rohes Ei behandeln. e) Tu das nicht! Das macht nur böses Blut. f) Das ist nicht seine Idee. Er schmückt sich wieder mit fremden Federn.

Übung 9

Deklinierte Adjektive: Guten, guten, bekanntes, gute, regionale, neue, leichte, bayerische, sächsische, westfälische, geringer, kalte

Undeklinierte Adjektive: kalt, dünn, kalt, trocken

Satzteile mit Adjektiv: Guten Appetit, einen guten Appetit, Ein bekanntes Sprichwort, die gute Küche, die regionale Küche, die neue Küche, die leichte Küche, die bayerische Küche, die sächsische Küche, die westfälische Küche, bei geringer Hitze, Das kalte Fleisch, ein Weißherbst trocken

Übung 10

a) ruhig b) täglich c) billig d) richtig e) schriftlich f) glücklich g) pünktlich h) farbig i) menschlich j) schwierig k) schuldig l) vergeblich

Übung 11 albanisch, der Albanier, die Albanierin; belgisch, der Belgier, die Belgierin, bulgarisch, der Bulgare, die Bulgarin; chinesisch, der Chinese, die Chinesin; dänisch, der Däne, die Dänin; deutsch, der Deutsche, die Deutsche; englisch, der Engländer, die Engländerin; finnisch, der Finne, die Finnin; französisch, der Franzose, die Französin; griechisch, der Grieche, die Griechin; irisch, der Ire, die Irin; isländisch, der Isländer, die Isländerin; italienisch, der Italiener, die Italienerin; japanisch, der Japaner, die Japanerin; koreanisch, der Koreaner, die Koreanerin, kroatisch, der Kroate, die Kroatin; luxemburgisch, der Luxemburger, die Luxemburgerin, niederländisch, der Niederländer, die Niederländerin; norwegisch, der Norweger, die Norwegerin; österreichisch, der Österreicher, die Österreicherin; polnisch, der Pole, die Polin; portugiesisch, der Portugiese, die Portugiesin; rumänisch, der Rumäne, die Rumänin; russisch, der Russe, die Russin; schwedisch, der Schwede, die Schwedin; schweizerisch/Schweizer, der Schweizer, die Schweizerin; serbisch, der Serbe, die Serbin; slowenisch, der Slowene, die Slowenin; spanisch, der Spanier, die Spanierin; tschechisch, der Tscheche, die Tschechin; türkisch, der Türke, die Türkin; ukrainisch, der Ukrainer, die Ukrainerin; ungarisch, der Ungar, die Ungarin; afrikanisch, der Afrikaner, die Afrikanerin, amerikanisch, der Amerikaner, die Amerikanerin; asiatisch, der Asiate, die Asiatin; australisch, der Australier, die Australierin; europäisch, der Europäer, die Europäerin

Übung 12 b) Das sind neuseeländische Äpfel. c) Das sind holländische Tomaten. d) Das sind israelische Erdbeeren. e) Das sind japanische Pilze. f) Das sind. polnische Kartoffeln. g) Das sind südafrikanische Weintrauben. h) Das sind französische Bananen. i) Das sind italienische Pfirsiche. j) Das sind spanische Apfelsinen. k) Das sind türkische Aprikosen.

Adjektive von Ländernamen und Erdteilen haben das Suffix -*isch*.

Übung 13 a) Gestern war er sehr unfreundlich. b) Ich bin sehr unglücklich. c) Da ist er leider unvorsichtig. d) Im Gegenteil, ich bin unzufrieden. e) Für Menschen ist das noch nicht möglich/unmöglich. Für eine Marssonde ist das schon möglich. f) So? Mir ist alles unklar. g) Man sagt: Das sind künstliche Blumen. Aber: Er benimmt sich unnatürlich.

Übung 14 b) süß c) gesund/krank d) arbeitslos e) tätig f) zufrieden g) wahr h) richtig i) krank j) verwandt k) fremd l) bekannt m) berufstätig n) arbeitslos o) verletzt p)verliebt

Gegenteil: c) ungesund e) untätig f) unzufrieden g) unwahr h) unrichtig l) unbekannt o) unverletzt

Übung 15 a) Wien ist eine sehr alte Stadt. b) Um Christi Geburt war das heutige Österreich Teil des römischen Reiches. c) Die Römer brachten die ersten Weinreben an die Donau. d) Die Wiener Küche ist eine der berühmtesten Küchen der Welt. e) Man bestellt einen Kleinen oder einen Großen, einen Schwarzen oder einen Braunen. Welcher Kaffee schmeckt am besten? f) Grüne Bohnen heißen Fisolen und Schlagobers ist süße Sahne.

Übung 16 a) Es könnte etwas wärmer sein. b) Er könnte etwas trockener sein. c) Er könnte etwas süßer sein. d) Es könnte etwas weicher sein. e) Er könnte etwas frischer sein. f) Es könnte etwas größer sein. g) Er könnte etwas reifer sein. h) Es könnte etwas kälter sein. i) Er könnte etwas stärker sein.

Übung 17 a) Der höchste Berg Deutschlands ist die Zugspitze mit 2962 Metern. b) Der größte See in Deutschland ist der Bodensee. c) Der längste Fluss in Europa ist die Wolga. d) Der kürzeste Tag ist der 21. Dezember. e) Der Sommer ist die wärmste Jahreszeit. f) Der Januar ist der kälteste Monat. g) Der heißeste Monat ist der Juli. h) Die teuersten Wohnungen gibt es in München. i) Die besten deutschen Weine wachsen im Rheintal. j) Die ältesten Universitätsstädte sind Prag, Wien und Heidelberg.

Übung 19 das Höchstgewicht, die Höchstgeschwindigkeit, der Höchstpreis, höchst einfach, höchst gefährlich, die Höchstleistung

Übung 20 Die Vorsilbe hat die Bedeutung eines Superlativs.

Übung 21 a) Das Obst ist sehr teuer. Es ist wieder teurer geworden. b) Das Obst ist mir zu teuer. Das kaufe ich heute nicht. c) Der Pullover ist dir zu groß. Du brauchst einen kleineren. d) Die neue Kamera ist sehr schön. Meine Bilder sind super geworden. e) Der Computer ist sehr/zu alt. Ich brauche einen neuen. f) Mit dem Lexikon kann ich nicht arbeiten. Das ist zu alt.

Übung 22 Wussten Sie schon, dass Frau Müller einen Hund im Büro hat? b) Wussten Sie schon, dass Herr Koch keine Spagetti isst? c) Wussten Sie schon, dass Franz Xaver gelogen hat? d) Wussten Sie schon, dass es keine weißen Mäuse mehr gibt? e) Wussten Sie schon, dass alle Charterflugzeuge blau sind? f) Wussten Sie schon, dass Menschen zum Mars fliegen können?

Übung 23 a) Die Ware ist teurer, als ich dachte. b) Der Kaffee ist stärker, als ich dachte. c) Das Gewürz ist schärfer, als ich dachte. d) Die Kirschen sind saurer, als ich dachte. e) Der Wein ist älter, als ich dachte. f) Die Jacke ist wärmer, als ich dachte.

Übung 24 a) der längste Fluss – Ich glaube, dass der Rhein der längste Fluss ist. b) die größte Stadt mit den meisten Einwohnern – Ich glaube, dass die größte Stadt mit den meisten Einwohnern Berlin ist. c) die älteste Messestadt – Ich glaube, dass die älteste Messestadt Leipzig ist. d) das berühmteste Volksfest – Ich glaube, dass das berühmteste Volksfest das Oktoberfest ist. e) das bekannteste Lied – Ich glaube, dass das bekannteste Lied das Lied von der Loreley ist. f) das Bundesland mit den meisten Einwohnern – Ich glaube, dass Nordrhein-Westfalen das Bundesland mit den meisten Einwohnern ist. g) das kleinste Bundesland – Ich glaube, dass das Saarland das kleinste Bundesland ist.

Übung 25 a) Er freut sich wie ein Schneekönig. b) Er frisst wie ein Scheunendrescher. c) Er raucht wie ein Schlot. d) Er fährt wie eine gesengte Sau. e) Er schläft wie ein Bär. f) Er arbeitet wie ein Pferd. g) Er schimpft wie ein Rohrspatz. h) Er benimmt sich wie ein Elefant im Porzellanladen.
Das sind Ausdrücke, für Superlative: *sehr, viel, sehr viel/ schnell / tief/ laut, unmöglich*

Übung 26 a) Er ist dreiundsechzig Komma sechs sechs Meter lang. b) Die Flügel sind sechzig Komma drei null Meter breit. c) Die Kabine ist fünf Komma vier null Meter breit. d) Das Flugzeug tankt (ein) hundertvierzigtausend Liter Kerosin. e) Das Flugzeug ist beim Start zweihunderteinundsiebzig Tonnen schwer. f) Das Flugzeug fliegt zwölf Komma fünf Kilometer hoch. g) In zwölf Kilometer Höhe ist es minus fünfzig Grad Celsius kalt. h) Das Flugzeug fliegt ohne Stopp fünfzehntausend Kilometer weit. i) Wie weit sind fünfzehntausend Kilometer? j) Das Flugzeug fliegt achthundert bis neunhundert Kilometer pro Stunde schnell. k) Eins Komma fünf Millionen Menschen fliegen jährlich weltweit.

Übung 27 zweihundertzwölf, zweiundfünfzig, eintausendfünf, siebenhundertachtundneunzig, achtundneunzig Komma neun null, fünfhundertdrei Komma acht null

Übung 29 Ja natürlich, es ist zwanzig nach zwölf. ... halb acht. ... Viertel vor sieben. ... Viertel nach acht. ... halb elf. ... fünf nach zwölf.

Übung 31 a) der Vierundzwanzigste Dezember b) der Erste Januar c) mein dreißigster Geburtstag d) Philipp der Zweite e) Das Brett ist einen Meter lang. f) Das kostet Milliarden. g) Geschichten aus tausendundeiner Nacht. h) Eine der Orangen war schlecht. i) Auf Landstraßen ist die Höchstgeschwindigkeit achtzig Kilometer pro Stunde. j) Es ist dreiundzwanzig Uhr fünfundfünfzig. Es ist kurz vor Mitternacht.

Übung 32 a) Die Französische Revolution war im Jahr siebzehnhundertneunundachtzig. b) Die Öffnung der Berliner Mauer war im Jahre neunzehnhundertneunundachtzig. c) Das Ende des Zweiten Weltkriegs war im Mai neunzehnhundertfünfundvierzig. d) Achtzehnhundertfünfundneunzig entdeckte Röntgen die X-Strahlen, die bald Röntgenstrahlen heißen. e) Fünfzehnhundertdreiundvierzig ist das Todesjahr des Kopernikus. Erst in diesem Jahr erschien sein Hauptwerk über das heliozentrische Weltbild. f) Neunzehnhundertdrei unternahmen die Brüder Wright einen ersten Flug von 39 Sekunden mit einem Motorflugzeug.

VII. 第一分词和第二分词

Übung 1 a) die kommende Woche b) die laufenden Kosten c) das fließende Wasser d) der haltende Bus e) der verletzte Passant f) das verliebte Paar g) die bezahlten Rechnungen h) die vor zehn Jahren gebauten Häuser

Übung 2 a) in der kommenden Woche b) mit laufendem Motor c) mit wachsender Begeisterung d) mit geeigneten Geräten e) auf verbotenen Wegen f) auf einer gut besuchten Messe g) mit enttäuschtem Gesicht h) bei strömendem Regen i) in geheizten Räumen j) mit frisch gewaschenem Hemd

Übung 3 Der wütende Herr bekam einen roten Kopf. Die Künstlerin ist eine faszinierende Frau. Wir haben einen aufregenden und spannenden Film gesehen. Das war ein anstrengender Tag. Sie nimmt ein erfrischendes Bad. Eine ausreichende Note ist oft nicht ausreichend. Dies ist ein ausgezeichneter Wein. Sie hat eine geeignete Arbeit gefunden. Die befreundeten Kollegen machen gemeinsam Urlaub. Die viel beschäftigten Eltern haben keine Zeit. Der beliebte Fernsehstar gibt ein Interview. Er macht einen entschlossenen Eindruck. Dieser Film ist nicht für Kinder, das ist ein für Kinder verbotener Film. In dem voll besetzten Flugzeug gab es ein erfrischendes Getränk.

Übung 4 a) Wir nehmen das empfohlene Essen. b) Was machst du mit der gewonnenen Million? c) Ein zerrissenes Seil kann man nicht reparieren. d) Sie schläft bei geschlossenem Fenster. e) Er fährt mit dem gestohlenen Fahrrad davon. f) Sie bekommt das verlorene Portmonee zurück. g) Der Patient kauft die verschriebenen Tabletten. h) Die importierte Ware ist versichert.

Übung 5 a) Achtung, spielende Kinder. b) Springen Sie nicht auf einen fahrenden Bus! c) Die Menschen hatten das brennende Haus verlassen. d) Wir beobachten das startende Flugzeug. e) Es gibt Bodenpersonal und fliegendes Personal. f) Wir haben strahlendes Wetter.

Übung 6 a) Es gab zum Glück nur Leichtverletzte. b) Der Film ist für Jugendliche empfohlen. c) Die Hälfte der Abgeordneten war anwesend. d) Habt ihr etwas Schönes erlebt? – Nein, nichts Besonderes. e) Wir müssen den Auszubildenden helfen.

Übung 7 a) die verletzten Fahrgäste b) das behinderte Mädchen c) die angeklagten Männer d) der gefangene Räuber

Übung 8 a) Familienstand: Eva ist ledig. Frau Franz war verheiratet, jetzt ist sie geschieden. b) Ein altes Spiel geht so: Sie zupfen die Blätter einer Blume. 1. Blatt: verliebt, 2. Blatt verlobt, 3. Blatt verheiratet und wieder von vorn verliebt, verlobt, verheiratet. Das letzte Blatt sagt Ihnen die Zukunft.

Übung 9 a) Gut, ich bin erholt. ... ausgeschlafen. b) Schlecht, ich bin wütend. ... völlig geschafft. ... verzweifelt. ... gestresst. ... beleidigt.

Übung 10 a) Sie waren Freunde, jetzt sind sie geschiedene Leute. b) Es hat lange gedauert, aber dann war das Eis gebrochen. c) Er hat wieder einmal kein Geld, er ist völlig abgebrannt. d) Ich habe wenig geschlafen, jetzt bin ich total kaputt. Ich bin völlig gerädert. e) Was ist mit ihm los? Er spricht kaum und ist unfreundlich. Er ist so kurz angebunden.

VIII. 代词

Übung 1 a) Wer hat angerufen? b) Was hat er bestellt? c) Was hat er? d) Wessen Sekretärin kommt? Wer kommt? e) Mit wem hat sie gesprochen? f) Was hat sie gemacht?

Übung 2 a) Wen hast du heute getroffen? b) Mit wem hast du dich unterhalten? c) Von wem habt ihr gesprochen? d) Von was habt ihr gesprochen? e) Wem hast du von Herrn Hunzinger erzählt?/Von wem hast du Erika erzählt? f) Was hast du ihr erzählt?

Übung 3 a) Was für eine Uhr? Eine Swatch? b) Welches Stockwerk? Das Stockwerk mit Dachgarten? c) Welche Tür? Die Tür zum Garten? d) Was für eine Vase? Eine Vase aus Frankreich? e) Was für ein Museum? Das Museum in Köln? f) Was für eine Schule? Eine Schule für Lernbehinderte?

Übung 4 a) Auf wen wartest du? b) Womit fahrt ihr? c) Warum fahrt ihr nicht mit dem Auto? d) Wie lange werdet ihr unterwegs sein? e) Wisst ihr, wann ihr ankommt? f) Mit welchem Zug fahrt ihr? g) Mit was für einem Zug fahrt ihr?

Übung 5 a) Theodor Fontane ist Dichter. b) Der alte Goethe lebte in Weimar. c) Bremen ist die Hauptstadt des Bundeslandes Bremen und Hafenstadt. d) „Das Tüpfelchen auf dem i“ bedeutet „das letzte, aber auch wichtige Detail“. e) Das Gebirge im Süden Deutschlands heißt Alpen. f) In Deutschland gibt es zwei Meere, die Nordsee und die Ostsee.

Übung 6 b) Manuela weiß, was wir für die Reise brauchen. c) ... wann wir losfahren. d) ... wer die Tickets hat. e) ... wen wir benachrichtigen. f)... wem der Schlüssel gehört. g)... wessen Schlüssel das ist. h)... worauf/auf was wir warten. i)... auf wen wir warten. j)... mit was/wie/womit wir fahren. k)... mit wem wir fahren. l) Manuela weiß nicht, ob wir sofort fahren. m) Manuela fragt ihn, ob er uns abholt.

Übung 7 a) Weißt du, wer Theodor Fontane ist? b) Weißt du, wo der alte Goethe lebte? c) Weißt du, was für eine Stadt Bremen ist? d) Weißt du, was das „Tüpfelchen auf dem i“ bedeutet? e) Weißt du, wie das Gebirge im Süden Deutschlands heißt? f) Weißt du, wie viele Meere es in Deutschland gibt?

Übung 8 Im Nebensatz wandert das konjugierte Verb ans Satzende. Das konjugierte Verb kann sein: a) ein Vollverb b) ein Modalverb c) ein Hilfsverb.

Übung 9 a) Ja, das ist meine. b) Ja, das ist meiner. c) Ja, das ist meines/meins. d) Ja, das sind meine. e) Ja, das ist meine. f) Ja, das ist meiner. g) Ja, das ist meiner. h) Ja, das sind meine. i) Ja, das ist ihre. j) Ja, das sind seine. k) Ja, das ist unseres. l) Ja, das ist unsere.

Übung 10 a) Erich, ist das deine? b) Monika, ist das deines/deins? c) Frau Ullrich, ist das Ihre? d) Peter, ist das deine? e) Peter und Monika, sind das eure? f) Fritz, ist das deines?/deins? g) Herr Paulsen, ist das Ihrer? h) Claudia, ist das deiner? i) Wolf und Isa, sind das eure? j) Kurt, sind das deine?

Übung 11 a) das alte Haus – unser altes Haus – Das ist unseres. b) der alte Kassettenrekorder – mein alter Kassettenrekorder – Das ist meiner. c) der neue Koffer – dein neuer Koffer – Das ist deiner. d) das schwere Gepäck – euer schweres Gepäck – Das ist eures. e) die schöne Kamera – seine schöne Kamera – Das ist seine. f) der teure Kugelschreiber – ihr teurer Kugelschreiber – Das ist ihrer. g) der weiße Bademantel – mein weißer Bademantel – Das ist meiner. h) das gelbe T-Shirt – sein gelbes T-Shirt – Das ist seines. /seins. i) die engen Jeans – ihre engen Jeans – Das sind ihre. j) die bequemen Turnschuhe – unsere bequemen Turnschuhe – Das sind unsere.

Übung 12 a) Ich brauche ein neues Fahrrad. Meines/Meins hat keine Gangschaltung. b) Ihr braucht eine neue Kamera. Eure ist schon zu alt. c) Er braucht einen dicken Pullover. Seiner ist zu dünn. d) Du brauchst einen neuen Badeanzug. Deiner ist nicht mehr schön. e) Meine Eltern brauchen einen neuen Koffer. Ihrer hat keine Räder. f) Sie braucht einen neuen Reisewecker. Ihren hat sie verloren.

Übung 13 du, deinen Ausweis, Den, ich, Man; euer Autoschlüssel, unserer, Den, ich; dir, die Sonnenbrille, Die, Meine; das Portmonee, Das, es; T-Shirts, das, deine, das, meine, deine Sachen

Übung 14 a) Der kopiert viel zu langsam. b) Der ist viel zu klein. c) Die ist nicht hell genug. d) Der ist nicht leistungsfähig genug. e) Das ist viel zu alt. f) Die ist viel zu unmodern.

Übung 15 a) Der ist viel zu teuer. b) Auf dem kann ich nicht sitzen. c) Ja, den brauchen wir dringend. d) Die sind nicht schöner als die alten. e) Ja, die können wir gebrauchen. f) Ja, von denen brauchen wir zwanzig Stück. g) Die kenne ich. Mit der war ich nicht zufrieden. h) Das ist schön. Von dem nehmen wir drei Stück.

Übung 16 a) Der ist aber schön! b) Das ist aber modern! c) Die ist ja supermodern! d) Ach was, das ist viel zu bunt. e) Ach was, der ist viel zu unpraktisch. f) Ach was, die sehen doch unnatürlich aus. g) Das ist nicht sicher. Das werden wir sehen. h) Ich glaube, unsere Kinder haben dieselben. – Nein, sie haben nicht dieselben, sie haben die gleichen . i) Jetzt hast du zwei Mal dasselbe erzählt. j) Hans ist derjenige, der im Haus alles repariert.

Übung 17 Den . . . – Das ist unserer. Den . . . – Die sieht teuer aus. Meine ist . . . – Das ist meins. Sind das deine? Ja, das sind meine.
Redewendungen: Das ist ein heißes Eisen. (ein heikles Thema, das man vorsichtig behandeln muss) Das schlägt dem Fass den Boden aus. (etwas Unerhörtes, Unverschämtes)

Übung 18 b) ein Motor, der läuft c) die Sonne, die aufgeht d) ein Flugzeug, das startet e) ein Geschäft, das gut geht f) die Arbeiter, die streiken g) Preise, die steigen

Übung 19 b) ein Fest, das gelungen ist c) eine Ausstellung, die gut besucht ist d) Wäsche, die frisch gewaschen ist e) Liebe, die verboten ist

Übung 20 a) Eine Büroangestellte ist eine Frau, die in einem Büro angestellt ist. b) Ein Reisewecker ist ein Wecker, den man auf eine Reise mitnehmen kann. c) Ein Fahrradhändler ist jemand, der mit Fahrrädern handelt. d) Ein Hotelschlüssel ist ein Schlüssel, den man für sein Hotelzimmer bekommt. e) Reiseerlebnisse sind Erlebnisse, die man auf einer Reise hat. f) Ein Holzhäuschen ist ein kleines Haus, das aus Holz gebaut ist. g) Ein Anmeldeformular ist ein Formular, mit dem man sich anmelden kann.

Übung 21 a) Wie gefällt dir die Kamera? Du suchst doch eine. Ich brauche keine. b) Wie gefällt euch der Küchenschrank? Ihr sucht doch einen. Wir brauchen keinen. c) Wie gefallen euch die Stühle? Ihr sucht doch welche. Wir brauchen keine. d) Wie gefällt dir der Geschirrspüler? Du suchst doch einen. Ich brauche keinen. e) Wie gefällt dir die Mikrowelle? Du suchst doch eine. Ich brauche keine. f) Wie gefällt euch der Tisch? Ihr sucht doch einen. Wir brauchen keinen. g) Wie gefällt dir das Geschirr. Du suchst doch welches? Ich brauche kein(e)s. h) Wie gefällt euch der Fernseher? Ihr sucht doch einen. Wir brauchen keinen. i) Wie gefällt Ihnen die Kaffeemaschine? Sie brauchen doch eine. Ich brauche keine.

Übung 22 a) Das ist jemand, der auch abends und am Wochenende arbeitet. b) Das ist jemand, der keine Pause nach der Büroarbeit macht. c) Das ist jemand, dessen Gedanken immer um die Arbeit kreisen. d) Das ist jemand, der seine Freundin vergisst. e) Das ist jemand, der keine Feste mag. f) Das ist jemand, für den Freizeit ein Fremdwort ist. g) Das ist jemand, der in der Freizeit Schuldgefühle hat. h) Das ist jemand, der den Stress braucht. i) Das ist jemand, der nichts liegen lassen kann. j) Das ist jemand, der für alles länger als andere braucht.

Übung 23 a) Derjenige, der als Letzter geht, muss das Licht ausmachen . b) Keiner verlässt den Raum! Wo ist. . . ? c) Was ist hier eigentlich los? d) Etwas stimmt hier nicht. e) Alles in Ordnung! Keine Panik! f) Nichts passiert.

Übung 24 a) Der Nominativ lautet: einer. b) Dieses unbestimmte Pronomen bezeichnet etwas Allgemeines. c) Das macht mir nichts. Das freut mich . Das kann mir egal sein.

Übung 25 1. Herr Schuster hat schon drei Mal in Augsburg angerufen. Er möchte Herrn Oertl sprechen. 2. Keiner ist ans Telefon gegangen. 3. Er hat auch seine Privatnummer. 4. Die ruft er dann an. 5. Auch dort geht niemand ans Telefon. 6. Es ist immer dasselbe. 7. Wieder nichts. 8. Herr Schuster ist verzweifelt. Was für ein Tag. 9. Da kommt ihm eine Idee. In Bayern ist bestimmt wieder ein Feiertag. 10. Alle sind auf dem Weg in die Berge und an die Seen.

Übung 26 Mein, ich, Sie, etwas, worum, es, Ich, jemand, der, Das, ich, Unsere, Ihr, welcher, Sie, was für, Sie, Ich , ich, Sie, Sie, meinen, Das, Sie, mich

Ich, Es, niemand, Ich, mich, wen, Sie, er, seine, Sie, die, Das, Was, alle

IX. 介词

Übung 1 a) In der Nähe von Dipfelfingen. b) Dipfelfingen liegt bei Holzkirchen. c) Das ist zehn Kilometer südlich von München. d) Von Holzkirchen nach Dipfelfingen geht eine Landstraße. e) Bis Entenhausen sind es noch drei Kilometer. f) Das ist ein schöner Ausflug mit dem Fahrrad.

Übung 2 a) Vom Sportplatz. b) Vom Baden. c) Aus der Schule. d) Aus dem Kino. e) Von Frau Müller. f) Von der Arbeit. g) Aus der Fabrik. h) Aus dem Wasser.

a) Zum Sportplatz. b) Zum Baden. c) In die Schule. d) Ins Kino. e) Zu Frau Müller. f) Zur Arbeit. g) In die Fabrik. h) Ins Wasser.

Übung 3 a) Mit einem bequemen Reisebus. b) Mit dem eigenen Auto. c) Mit der Deutschen Bahn. d) Mit dem schnellsten Verkehrsmittel, mit dem Flugzeug. e) Mit dem Fahrrad. f) Mit dem Schiff.

Übung 4 a) Nehmen Sie zuerst den Zug ab Hauptbahnhof. b) Fahren Sie in Richtung Holzkirchen. c) Steigen Sie in Holzkirchen um. d) Fahren Sie mit dem Bus. e) Dann kommen Sie durch Dipfelfingen. f) Gehen Sie am besten die letzten zwei Kilometer zu Fuß.

Übung 5 a) Wir fahren mit den Kindern/... ohne die Kinder. b) Wir verreisen mit großem Gepäck. /... ohne großes Gepäck. c) Ich fahre mit der Familie. /... ohne die Familie. d) Ich komme mit meinem Hund. / ... ohne meinen Hund. e) Ich komme mit meiner Freundin. / ... ohne meine Freundin. f) Ihr fahrt doch mit eurem Campingbus?/ ... ohne euren Campingbus?

Übung 6 a) bis in die Innenstadt b) bis zum Bahnhof c) bis zur Haltestelle d) bis an die Nordsee/bis zur Nordsee e) bis in die Alpen f) bis nach Australien g) durch Amerika h) einmal um die Welt i) zum Mond j) zu den Sternen

Übung 7 a) aus dem Haus b) zum Metzger c) mit dem Schiff d) zu den Großeltern e) aus der Schweiz f) nach Kärnten in Österreich g) zum Gärtnerplatz h) in die Salzburger Straße i) aus dem Bad j) in die Volkshochschule, zur Volkshochschule

Übung 8 Das Gebäude ist ein Bahnhof.

Übung 9 a) in der Garage b) auf der Terrasse c) im Keller d) auf dem Dach e) im Garten f) auf der Treppe g) im Hof h) im Bad i) in der Dusche j) in der Küche k) im Wohnzimmer l) auf der Toilette m) in der Badewanne

Übung 10 a) im Sessel b) auf der Couch c) auf dem Stuhl d) am Ofen e) an der Heizung f) auf der Bank

Übung 11 a) auf der/in der/bei der Sparkasse/Bank. b) auf der/in der/bei der Post. c) bei den Eltern. d)auf der Autobahn. e) im Restaurant. f) im Zug. g)bei meinem Freund. h) bei Claudia.
Merke: Bei Personen sagt man *bei*.

Übung 12 a) Nach Hause. b) In den Süden. c) Nach Polen. d) In die Tschechische Republik. e) Nach Asien. f) In die Vereinigten Staaten/In die USA.

Übung 13 a) Aus dem/Vom Supermarkt. Im Supermarkt. Zum/In den Supermarkt. b) Aus der/Von der Bank. Auf der/In der Bank. In die/Zur Bank. c) Vom Arzt. Beim Arzt. Zum Arzt. d) Aus dem Büro. Im Büro. Ins Büro. e) Vom Baden. Beim Baden. zum Baden. f) Aus dem Schwimmbad. Im Schwimmbad. Ins Schwimmbad. g) Von meiner Schwester. Bei meiner Schwester. Zu meiner Schwester. h) Vom Karlsplatz. Auf dem/Am Karlsplatz. Zum Karlsplatz.

Übung 14 a) Wir stehen nicht vor 9 Uhr auf. b) Dann frühstücken wir bis 10. c) Danach fahren wir an einen See oder in die Stadt Zum Einkaufen oder steigen auf einen Berg oder rennen durch den Wald oder fahren zu Freunden oder bleiben zu Hause.

Übung 15 a) Gehen Sie zuerst geradeaus bis zur Kirche. b) Dann um die Kirche herum. Hinter der Kirche ist die Verdistraße. c) Die Verdistraße gehen Sie geradeaus bis zum Alpenplatz. d) Vom Alpenplatz bis zu der kleinen Brücke ist es nicht weit. e) Gehen Sie über die Brücke. f) An der großen Schule vorbei. g) Dann sehen Sie den Aussichtsturm auf einem kleinen Berg. h) Gehen Sie durch den Wald den Berg hoch bis zum Aussichtsturm.

Übung 16 a) Butter und Wurst sind im Kühlschrank. b) Fertiggerichte sind in der Tiefkühltruhe. c) Handtücher habe ich ins Bad gehängt. d) Getränke findest du im Keller. e) Die Bettwäsche liegt auf dem Bett. f) Die Fahrräder stehen hinter dem Haus.

Übung 17

a) Warum stellst du das Fahrrad nicht in den Keller? Es steht doch schon im Keller. - Ach so, entschuldige! b) Warum räumst du das Geschirr nicht in den Schrank? Es steht doch schon im Schrank. c)Warum setzt du dich nicht bequem auf die Couch? Ich sitze lieber auf dem Stuhl. d) Warum hängst du den Mantel nicht an die Garderobe? Der hängt doch an der Garderobe. e) Warum stellst du die Schuhe nicht vor die Tür? Die stehen doch vor der Tür. Hast du die nicht gesehen? f) Warum legst du dich nicht in den Liegestuhl? Ich habe doch zwei Stunden im Liegestuhl gelegen.

Übung 18

a) im Jahr 2000 b) in einer Stunde c) um Mitternacht d) an einem Sonntag e) am Wochenende f) in der nächsten Woche g) im Frühling h) am frühen Morgen i) zu Ostern j) in 14 Tagen k) zur Zeit Napoleons

Übung 19

a) Die liegt auf dem Tisch. b) Das ist in deiner Aktentasche. c) Die liegt auf der Couch. d) Der liegt in der zweiten Schublade. e) Der ist im Keller. f) Das Werkzeug gehört ins Regal . g) Die Zeitungen gehören in den Papierkorb. h) Die schmutzige Tischdecke gehört in die Wäsche. i) Das kaputte Glas gehört in den Mülleimer. j) Der Abfall gehört in die verschiedenen Abfalltonnen.

Übung 20

a) Er lacht aus vollem Hals. b) Er kriecht auf allen Vieren. c) Er spricht mit vollem Mund. d) Er träumt mit offenen Augen. e) Er fällt aus der Rolle. f) Er kommt gleich an die Reihe.

Übung 21

a) etwas nicht übers Herz bringen. Wir haben es nicht übers Herz gebracht. b) jemanden ins Herz schließen. c) etwas auf dem Herzen haben d) sich etwas zu Herzen nehmen e) das Herz auf dem rechten Fleck haben f) jemandem etwas ans Herz legen

Übung 22

Herkunft: aus, von
Ort: entlang, um, ab, bei, gegenüber, außerhalb, innerhalb, an, auf, hinter, in, neben, unter, vor, zwischen
Richtung: bis, durch, gegen, nach, zu, an, auf, hinter, in, neben, unter, vor, zwischen

Übung 23 Zeitpunkt: gegen, um, nach, von, zu, während, an, auf, in, vor, zwischen
Zeitdauer: bis, für, ab, seit, über

Übung 24 a) Wechselpräpositionen sind: über, in, vor, an, zwischen

Übung 24 b) 1) für die Leser 2) Auf dem schnellsten Weg 3) an die Ostsee 4) mit Augsburg Airways 5) im ... Flugzeug 6) für Sie 7) mit max. 37 Passagieren

Übung 24 c) durch das Land der Magyaren, Für die Leser, Dank seiner Geschichte, in Ungarn, neben barocken Kirchen und Schlössern, aus türkischer Zeit, neben Ziehbrunnen und Csardas, zu der Weite der Puszta, mit ihren verstreuten Gasthöfen, am Plattensee, in eine mediterrane Landschaft, auf dieser Reise, im Salonbus, in guten Hotels, in Budapest

Übung 24 d) Aus dem Reiseführer, Von Garmisch-Partenkirchen, auf die Zugspitze, vom Bahnhof Garmisch, mit der Bahn, durch das Dorf Grainau, am Eibsee entlang, zum Schneefernerhaus, in 2650 m Höhe, Von dort, auf den 2963 m hohen Gipfel, mit dem Auto, zum Eibsee, in die Seilbahn, Bei gutem Wetter, von Deutschlands höchstem Berg, Von Einsamkeit in der Natur, für Hunderte von Touristen, Bis zum Gipfelkreuz

X. 副词与小品词

Übung 1 c) Du siehst auch ausgeschlafen aus. d) Du siehst auch nicht müde aus. e) Du siehst auch topfit aus. f) Du hast auch gestresst ausgesehen. g) Du hast auch nervös ausgesehen. h) Du hast auch schlecht gelaunt ausgesehen.

Übung 2 a) Heute ist er rückwärts in eine Parklücke gefahren. b) Vorwärts ist es einfacher. Das kann er schon. c) Er ist zuerst den Berg raufgefahren, dann wieder runter. Am Berg hat er gestoppt. d) Er ist zuerst rechts eingebogen, dann links. e) Mitten auf der Kreuzung hat er den Motor abgewürgt. f) Von rechts ist nämlich ein Auto gekommen. g) Er hat nach vorn geschaut und das Auto nicht gesehen. h) Plötzlich kamen von überall her viele Autos und es gab ein großes Chaos. i) Trotzdem ist er bald mit dem Führerschein nach Hause gekommen.

Übung 3 a) Hast du jemals gedacht, dass wir noch einmal hierher kommen? b) Wir haben neulich mit dem alten Herrn gesprochen. Er hat erzählt, dass er früher zur See gefahren ist. c) Ich habe jetzt keine Zeit. Kannst du später noch einmal vorbeikommen? Kein Problem. Ich komme dann gegen drei. d) Du bist nie zu Hause und zum Essen kommst du immer zu spät. Ich bin abends oft weg, das stimmt. Am Nachmittag bin ich aber fast immer da und mache Schulaufgaben. e) Wir essen gleich und nachher gibt's einen Pudding. Ich muss aber jetzt weg! /Wir essen jetzt und nachher gibt's einen Pudding. Ich muss aber gleich weg. f) Ich wasche jetzt ab. Du kannst inzwischen mit Christine spielen.

Übung 4 a) Ich komme sofort. b) Wir waren kürzlich/vor kurzem bei Neumanns. c) Heike hat gerade/eben angerufen. d) Habt ihr später noch etwas Zeit? e) Was machen wir danach?/hinterher? f)Fritz ruft kaum an.

Übung 5 a) Bitte kommen Sie doch rein. b) Karla ist gerade unten im Keller. c)Der Verkehr von rechts hat Vorfahrt. d) Tut mir Leid, ich muss jetzt nach Hause. e) Wir sind eingeladen. Gehst du hin? f) Ralph hat bereits/vorhin/vor kurzem seinen Führerschein gemacht. g) Zuerst kam er oft/immer, dann immer seltener. h) Du musst die Tropfen morgens nehmen. i) Es ist schon ziemlich spät. j) Zuerst wollte er nicht, dann hat er überlegt, danach hat er noch gezögert, zuletzt war er fast dafür und schließlich hat er ja gesagt.

Übung 6 a) Er hat wahrscheinlich den Bus verpasst. /Wahrscheinlich hat er den Bus verpasst. b) Sie hat vor kurzem die Prüfung gemacht. /Vor kurzem hat sie die Prüfung gemacht. c) Danke, ich habe gerade gegessen. d) Siehst, du, er hat doch Recht. e) Es hat gestern hier auf dem Tisch gelegen. /Gestern hat es hier auf dem Tisch gelegen. f) Zuerst war sie ruhig. Dann taute sie auf.

Übung 7 b) Manchmal – sind – es – sogar – sechs Ampeln – auf 500 Meter. Verkehrsexperten – halten – sie – aber – trotz Staugefahr – wegen der hohen Verkehrsdichte – für notwendig. Ein Versuch der Versicherungen – ergab – dass – bei abgeschalteten Ampeln – die Unfallzahlen – auf das Drei- bis Achtfache – steigen. In der Bundesrepublik – sind – etwa 50 000 Kreuzungen – mit Ampeln – geregelt. Der Kauf einer Anlage – kostet – rund 100 000 Mark. Wartung und Strom – kosten – jährlich – bis zu 30 000 Mark.

Übung 8 a) Sie macht deshalb eine Fortbildung. b) Er macht trotzdem das Abitur. c) Er hilft gleichzeitig im Betrieb seines Vaters. d) Er macht danach den Zivildienst. e) Sie ist nämlich schon viele Jahre in der Firma. f) Sie hat dadurch viel Erfahrung.

Übung 9 a) Deshalb macht Sie eine Fortbildung. b) Trotzdem macht er das Abitur. c) Gleichzeitig hilft er im Betrieb seines Vaters. d) Danach macht er den Zivildienst. f) Dadurch hat sie viel Erfahrung.
Satz e) kann man nicht umformen.

Übung 10 a) Warum? Wie spät ist es denn? b) Ach, ist er denn schon achtzehn? c) Kommt er denn aus Bayern? d) Das stimmt nicht. Was willst du denn? e) Ja was gibt es denn? f) Was ist denn passiert?

Übung 11 a) Das ist doch der Schumacher. b) Kommen Sie doch mit! c) Nimm doch den Bus! d) Frag doch mal den Mann da! e) Das ist doch nicht wahr. f) Das macht doch nichts.

Übung 12 a) Du hast ja Nerven! b) Das ist ja phantastisch. c) Du hast ja gar kein Geld. d) Icn komme ja schon. e) Du hast ja Recht.

Übung 13 Kennen Sie Vorurteile? – Und ob! Sie etwa nicht? – Klar. Geben Sie mal ein Beispiel. – Es heißt, das meiste Bier kommt aus München. –Das ist doch richtig, oder etwa nicht? –Nein, das meiste Bier kommt aus Dortmund, nicht aus München. Die Dortmunder produzieren circa 6 Millionen Hektoliter im Jahr, die Münchner aber nur 5, 5 Millionen. Die Hauptstadt des Biers liegt also in Nordrhein-Westfalen. Zweites Vorurteil: Stierkampf ist eine spanische Erfindung. –Aber, das stimmt doch. –Falsch. Stierkampf ist keine spanische Erfindung. Schon die Römer und sogar die Chinesen haben Stierkämpfe veranstaltet. –Aha. Sie sind also ein Spezialist! –Drittes Vorurteil: Blitz und Donner gehören zusammen. –Etwa nicht? –Nein. Die meisten Blitze, circa 40 Prozent, haben keinen Donner. Das haben Statistiker festgestellt. Und die Blitze gehen auch nicht alle vom Himmel zur Erde. –Wie denn sonst? –Viele gehen von der Erde zum Himmel. –Na, da können wir doch froh sein!

Übung 14

a) Komm mal her! b) Frierst du denn nicht? c) Wirf doch die alten Zeitungen weg! /Wirf die alten Zeitungen doch weg! d) Frag mal den Schaffner, wann wir ankommen. /Frag den Schaffner mal, wann wir ankommen. e) Das ist vielleicht eine Pleite! f) Sei bloß vorsichtig! g) Sag einfach ja! h) Wir haben eben kein Glück.

Partikeln stehen meistens gleich nach dem Verb, manchmal auch nach dem Subjekt.

XI. 句子的连接，连词

Übung 1 a) Er ging durch die Straßen und es regnete. b) Es war dunkel und die Laternen brannten noch. c) Er ging am Rathaus vorbei und überquerte den Großen Platz. d) Schritte folgten ihm und er lief schneller. e) Die Schritte kamen näher und er lief zum Fluss hinunter. f) Er sah den Fluss und fühlte eine Hand an der Schulter.

Übung 2 a) Edith wollte Malerin werden, aber sie hatte keinen Erfolg. b) Knut ist nicht im Büro, sondern beim Segeln. c) Er ist in Italien oder Slowenien. d) Sie hat sich bei der Lufthansa beworben, denn sie möchte Stewardess werden. e) Nina tanzt sehr gut und möchte Tänzerin werden. f) Sie möchte Tänzerin werden, aber zuerst macht sie die Schule fertig.

Übung 3 a) Ein Brötchen heißt in Süddeutschland Semmel und in Berlin Schrippe. b) Viele meinen: Bairisch klingt gut und Sächsisch klingt nicht so gut. c) Das war einmal anders, denn Sächsisch galt im 17. Jahrhundert als sprachliches Vorbild. d) „Hart arbeiten" oder „schuften" heißt „roboten" oder „wurachen" in Sachsen und „wurzeln" und „haudern" in Hessen und „schinageln" in Schwaben und Bayern. e) Unser Lehrer spricht mehrere Sprachen und verschiedene Dialekte. f) Die Bäuerin spricht Dialekt, aber kein Hochdeutsch.

Übung 4 a) Ich binde mir eine Krawatte um, wenn ich heirate. ..., wenn ich mich vorstellen muss. ..., wenn ich einen guten Eindruck machen will. b) Ich binde mir keine Krawatte um, wenn ich Urlaub habe. ..., wenn ich keine Lust habe. ..., wenn ich ein wenig schockieren möchte.

Übung 5 a) Ich fühle mich so richtig wohl, wenn ich Besuch von Freunden habe. b) ..., wenn mein Fußballclub gewonnen hat. c) ..., wenn es nur einen Tag regnet und die Sonne dann wieder scheint. d) ..., wenn 40 Jahre alt kein Thema ist. e) ..., wenn meine Partei die Wahlen gewinnt. f) ..., wenn mich Freunde nach einem guten Essen nach Hause fahren.

Übung 6 a) Ich fahre nach Ägypten, weil die Pyramiden hoch sind und die Sonne schön heiß ist. b) Ich fahre nack Kiribati, weil niemand weiß, wo das liegt. c) Ich fahre nach Bayern, weil die Berge dort am höchsten sind. d) Ich fahre nach Spitzbergen, weil ich auch mal Eisberge sehen will. e) Ich fliege nach Spanien, weil alle Nachbarn schon dort waren. f) Ich mache eine Schiffsfahrt, weil ich mich einmal richtig ausschlafen möchte.

Übung 7 a) Berlin, weil die Stadt die größte Baustelle der Welt ist. b) Hamburg, weil die Nächte dort lang sind. c) Köln, weil das Kölsch so gut schmeckt. d) München, weil das Oktoberfest dort stattfindet. e) Trier, weil man überall römischen Ruinen begegnet. f) Dresden, weil ich alles über die Frauenkirche wissen muss. g) Hinteroberbergheim, weil Sie bestimmt nicht wissen, wo das liegt. h) Füssen, weil ich das Schloss Neuschwanstein sehen will. i) Bad Birnbach, weil dort aufregend wenig los ist und ich mich richtig erholen kann. j) Frankfurt, weil es dort Deutschlands höchste Hochhäuser gibt.

Übung 8 a) Fassen Sie nie ein Elektrogerät an, wenn Sie nasse Hände haben oder wenn Sie auf nassem Boden stehen. b) Prüfen Sie, wo elektrische Leitungen in der Wand sind, bevor Sie die Bohrmaschine bedienen. c) Benutzen Sie kein elektrisches Gerät beim Baden, weil das lebensgefährlich ist. d) Wenn Sie sich mit einer heißen Flüssigkeit den Mund verbrannt haben, hilft Butter oder süße Sahne. e) Lassen Sie nie Zigaretten liegen, damit Kleinkinder sie nicht verschlucken. f) Achtung mit Plastiktüten, weil Kinderspiele tödlich sein können, wenn Kinder diese Tüte vor Mund und Nase pressen. g) Rasenpflege ist einfach, seitdem es Rasenmäher gibt. h) Fassen Sie nie in die Messer des Rasenmähers. Es könnte sein, dass sie sich noch drehen, obwohl das Gerät schon ausgeschaltet ist.

Übung 9 a) 3 Infinitivsatz b) 2 Kausalsatz c) 4 Indirekter Fragesatz d) 5 *dass*-Satz e)4 Indirekter Fragesatz f) 1 Relativsatz
Alle Sätze haben einen Nebensatz.

Übung 10 a) 1. Wenn man Zwiebeln zwei Minuten in kochendes Wasser legt, kann man sie besser schälen. 2. Wenn man Gewürze in Olivenöl legt, halten sie länger. 3. Da Öle empfindlich gegen Licht sind, sollte man Senf in den Kühlschrank tun. 4. (In diesem Satz ist der Nebensatz schon auf Position I). 5. Wenn Sie einen reifen Apfel mit in die Papiertüte tun , reifen Kiwis schneller. 6. Wenn Sie Paranüsse 10 Minuten bei 200 Grad erhitzen, lassen sie sich leichter knacken.

Übung 10 b) Der Nebensatz steht am Anfang in Satz 5, 6, 9 und 10. Nach dem Komma steht immer das Verb.

Übung 10 c) Seit Jahren lerne ich Deutsch in der Schule. Aber es wird noch etwas dauern, bis ich es richtig kann. Ich glaube, jeder Mensch ist so wie die Sprache, die er spricht. Französisch zum Beispiel ist eine schöne Sprache, die aber ein bisschen affektiv wirkt. Englisch klingt trocken und pointiert wie die Engländer. Deutsch klingt in meinen Ohren exakt, kantig, praktisch wie ein Automotor. Passt zu einem Land, in dem jede Familie ungefähr zwei Autos in der Garage hat. In unserem Deutschbuch ist sogar ein ganzes Kapitel über das Auto. Damit haben wir das Passiv gelernt und Vokabeln wie ein Automechaniker. Wenn ich in ein paar Wochen mein Abschlussexamen habe, werde ich an der Uni anfangen. Weil wir in Polen neben Englisch auch Deutsch brauchen, möchte ich auch nach Deutschland fahren und mich auf Deutsch unterhalten, damit ich später Deutschlehrerin werden kann.

XII. 动词(2)

Übung 1 a) Christine möchte Schi fahren lernen. b) Christine und Gerhard beschließen, in Schiurlaub zu fahren. c) Sie hat immer Angst, hinzufallen und sich etwas zu brechen. d)Sie hat vor, einen Kurs zu machen. e) Dort braucht sie keine Angst zu haben. f) Sie lässt sich vom Schilehrer die Übungen zeigen. g) Sie vergisst immer, sich auf den richtigen Schi zu stellen. h) Sie beschließt, schneller zu fahren. i) Das scheint leichter zu gehen. j) Sie fängt an, ehrgeizig zu werden. k) Zum Schluss möchte sie eine Privatstunde nehmen. l) Sie hat das Gefühl, schon sicherer zu sein.

Übung 2 Ich fliege mit dem Paragleiter. Ich fliege mit dem Drachen. Ich boxe. Ich klettere auf Berge. Ich fliege mit dem Segelflugzeug. Ich spiele Fußball. Ich springe mit dem Fallschirm. Ich spiele Eishockey. Ich fahre Kanu und Kajak. Ich tauche. Ich mache Schitouren. Ich mache Snowboarding. Ich mache Rafting.

Es ist am gefährlichsten, mit dem Paragleiter zu fliegen und mit dem Drachen zu fliegen. Es ist sehr gefährlich, zu boxen. Es ist gefährlich, zu klettern, mit dem Segelflugzeug zu fliegen, Fußball zu spielen und Fallschirm zu springen. Fast genauso gefährlich ist es, Eishockey zu spielen. Es ist weniger gefährlich Kanu und Kajak zu fahren und zu tauchen. Am wenigsten gefährlich ist es, Schitouren, Snowboarding und Rafting zu machen.

Übung 3 a) 80% der Menschen schlucken und sagen nichts, wenn sie Stress und Ärger haben. 67% reden mit Freunden darüber, während 60% sich sportlich betätigen. 55% machen Spaziergänge und 50% werden wütend. 31% trinken Alkohol und nur 5% meditieren.

Übung 3 b) Der Schispezialist rät, zuerst die müden Knochen auf Trab zu bringen und Schigymnastik zu machen. Er schlägt vor, die schönsten Schiorte nachzuschlagen und rechtzeitig das Hotel zu buchen. Er empfiehlt, bei Sportgeräten auf Qualität zu achten. Er rät, nicht Schlange zu stehen, sondern neue Pisten auszuprobieren und etwas Neues auszuprobieren, z. B. Snowboarden.

Übung 4 a) Wir empfehlen Ihnen, das neueste Schimodell zu kaufen. b) Wir raten allen, nicht außerhalb der Piste zu fahren. c) Die Sportlerin glaubt gewinnen zu können. d) nicht möglich e) nicht möglich f) Sie verspricht ihr Bestes zu geben.

Übung 5 a) Die Freunde treffen sich, um zu diskutieren. b) Sie machten Lesungen, um/ohne/anstatt zu diskutieren und zu kritisieren. c) Anstatt zu arbeiten, feierten sie oft. d) Sie bildeten eine Gruppe, ohne ein Programm zu haben. e) Sie kamen zusammen, um Verantwortung zu zeigen. f) Anstatt die Politik zu kommentieren, verhielten sie sich passiv.

Übung 6 a) Infinitivkonstruktionen: um einander ihre Texte vorzulesen; die Rolle der Gruppe zu idealisieren, die Arbeit der Gruppe realistisch darzustellen

Übung 6 b) Infinitivkonstruktionen: um Deutsch zu lernen; die Märchen der Brüder Grimm zu lesen; etwas Schwieriges zu lesen; einen Krimi anzuschauen; um sich von den Infinitivkonstruktionen eines langen Schultags zu erholen.

Außerdem gibt es : weil ich sie gut verstehen kann (Kausalsatz); den ich schon auf Italienisch gelesen habe (Relativsatz); Wenn ich müde vom Sprachkurs heimkomme (Temporalsatz)

Übung 7 a) Die Ware wird geliefert. Die Ware wurde geliefert. Die Ware ist geliefert worden. b) Der Angeklagte wird vernommen. Der Angeklagte wurde vernommen. Der Angeklagte ist vernommen worden. c) Der Fernseher wird repariert. Der Fernseher wurde repariert. Der Fernseher ist repariert worden. d) Die Straße wird gesperrt. Die Straße wurde gesperrt. Die Straße ist gesperrt worden. e) Das Konzert wird verschoben. Das Konzert wurde verschoben. Das Konzert ist verschoben worden. f) Das Auto wird verkauft. Das Auto wurde verkauft. Das Auto ist verkauft worden.

Übung 8 a) Beim Alter wird am häufigsten gelogen. b) Auch die Haarfarbe wird nicht verraten. c) Die Größe wird höher angegeben. d) Das Gewicht wird geringer angegeben. e) Das Einkommen wird oft erhöht. f) Sehr oft wird beim Beruf übertrieben. g) Bei der Kinderzahl wird untertrieben. h) Die Hobbys werden abenteuerlich dargestellt

Übung 9 a) Die Wäsche muss gewaschen werden. b) Die Briefe müssen eingesteckt werden. c) Die Kinder müssen abgeholt werden. d) Die Blumen müssen gegossen werden. e) Die Wohnung muss aufgeräumt werden. f) Die Schuhe müssen geputzt werden.

a) Ich muss heute noch die Wäsche waschen. b) Ich muss die Briefe einstecken. c) Ich muss die Kinder abholen. d) Auch die Blumen muss ich noch gießen. e) Ich muss die Wohnung aufräumen. f) Ich muss die Schuhe putzen.

Übung 10 a) 1820 wird in Preußen das Turnen verboten. b) 1810 wird in München das Oktoberfest gegründet. c) 1881 wird in Deutschland der erste Fernsprecher eingerichtet. d) 1906 wird in Paris der Hosenrock abgelehnt. e) 1878 wird die Postkarte von Heinrich Stephan eingeführt. f) 1948 wird der Staatsmann Mahatma Gandhi ermordet.

Übung 11 Es wurde kurz gemeldet. Das Deutsche Museum wird international empfohlen. Eine Radlerin wurde angefahren und schwer verletzt. Die Konferenz wurde erfolgreich beendet.

Keine Passivformen sind: 60-Meter-Sturz überlebt; Flugzeug notgelandet; 300 Menschen erkrankt.

Regel: Überschriften sind oft Passivformen oder Perfektformen.

Übung 12 a) Passivsätze: Mehr als drei Millionen Exemplare wurden bis 1991 gebaut. – Um die Wendezeit wurde der Trabi noch begeistert gefeiert. – Die Produktion wurde eingestellt... – Fahrzeuge und Materialien wurden in Automobilmuseen ausgestellt. Einzelne Exemplare wurden poppig angemalt... –... die über den Trabant und seine Geschichte gedreht wurden.

Aktiv: Man baute bis 1991 mehr als 3 Millionen Exemplare. – Um die Wendezeit feierte man den Trabi noch begeistert. – Man stellte die Produktion ein... – Fahrzeuge und Materialien stellte man in Automobilmuseen aus – Einzelne Exemplare malte man poppig an, ... – die man über den Trabant und seine Geschichte drehte.

Übung 12 b) Passivsätze: Ausgesprochen wird das Zeichen „ät“, ... – ... wurden Kurzzeichen für häufig vorkommende Wörter erfunden. – So wurde das lateinische Wort „ad“ durch ein Kurzzeichen ersetzt,

... –... und wurde von Buchhaltern benutzt. –Am PC wird das Zeichen aufgerufen mit den Tasten „Alt-GR“ und „Q“ oder „Alt + Shift“ und „1“.

Aktiv: Man spricht das Zeichen „ät“ aus, ...-... erfand man Kurzzeichen für häufig vorkommende Wörter. – So ersetzte man das lateinische Wort „ad“ durch ein Kurzzeichen, ...-... und Buchhalter benutzten es. –Am PC ruft man das Zeichen mit den Tasten „Alt-GR“ und „Q“ oder „Alt + Shift“ und „1“ auf.

Übung 12 c) Passivsätze: ... die in die Liste der „Welterbestätten“ aufgenommen wurden. – Die Vorschläge werden von den einzelnen Staaten gemacht, ... –... die von 147 Staaten unterschrieben wurde. – Über 500 Objekte in über 100 Ländern wurden in die Welterbeliste aufgenommen, ... – Der jeweilige Staat wird verpflichtet...
Aktiv: ... die man in die Liste der „Welerbestätten“ aufgenommen hat. - Die einzelnen Staaten machen die Vorschläge, ... –... die 147 Staaten unterschrieben haben. – Man hat über 500 Objekte in über 100 Ländern in die Welterbeliste aufgenommen, ... – Man verpflichtet den jeweiligen Staat, ...

Übung 13 a) Würdest du mir dein Auto borgen? b) Ich hätte gern ein Stück Kirschkuchen. c) Könntest du mir einen Löffel geben? d) Ich hätte gern Salz. e) Würdest du mal bitte still sein? f) Könntest du mich nach Hause bringen?

Übung 14 a)Wenn ich doch schon Urlaub hätte. b) Wenn ich doch einen Hund hätte. c) Wenn der Bus doch kommen würde. /käme. d) Wenn ich doch nicht sparen müsste. e) Wenn Irene doch noch bleiben würde. /bliebe. f) Wenn Paul doch bald gesund wäre.

Übung 15 a)Wenn ich musikalisch wäre, würde ich ein Klavier kaufen. b)Wenn ich malen könnte, würde ich dir ein Bild schenken. c) Wenn ich viel Geld hätte, würde ich ein Künstlerdorf bauen. d) Wenn ich das Wetter ändern könnte, würde ich am Wochenende die Sonne scheinen lassen. e) Wenn ich du wäre, würde ich Thomas heiraten. f) Wenn ich ein Flugzeug hätte, würde ich ans Ende der Welt fliegen.

Übung 16 a) Du könntest mir öfters helfen. b) Du solltest weniger Fleisch essen. c) Christoph könnte mal wieder vorbeikommen. d) Die

Geschäfte müssten länger aufhaben. e) Der Ober könnte höflicher sein. f) Das Essen müsste schon lange fertig sein.

Übung 17 a)An deiner Stelle würde ich an die frische Luft gehen. b) Du solltest dich mit Freunden treffen. c) Ich würde ins Kino gehen. d) Wenn ich du wäre, würde ich 3 Tage wegfahren. e) Es wäre besser, wenn du etwas lesen würdest. f) Du könntest doch eine CD hören.

Übung 18 a)Hättet ihr Lust auf die Zugspitze zu fahren? b) Wie wär's mit einer Radtour? c) Ich schlage vor, dass wir zur Oma fahren. d) Wir könnten gemütlich zu Hause bleiben. e) Was haltet ihr davon, wenn wir eine Wanderung machen? f) Wer hat etwas dagegen, wenn wir nach Trier fahren?

Übung 19 a)irrealer Vergleichssatz b) Wunsch c) Vorschlag/Rat d) Fast wäre etwas passiert. e) Vorschlag/Rat f) Höfliche Frage (Indikativ)

Übung 20 a) sollten, könnte, dürfte, würde . . . tun

Übung 20 b) könnte, wäre, könnten, sollten, könnte, könnte

Übung 21 a)ich gebe – ich gebe – ich gäbe b) sie hat – sie habe – sie hätte c) wir brauchen – wir brauchen – wir brauchten (wir würden brauchen) d) sie lesen – sie lesen – sie läsen (sie würden lesen) e) ich bin – ich sei – ich wäre f) er kommt – er komme – er käme(er würde kommen)

Übung 22 a) In der Zeitung steht, dass die Regierung zurücktreten wolle. b) . . ., dass sie nicht mehr die Mehrheit habe. c) . . ., es im Parlament eine Debatte geben werde. d) Die Opposition sagt, dass sie sofort Reformen wolle. e) . . ., dass die Steuern gesenkt werden müssten. f) . . .,dass die Bürger die Preise nicht mehr bezahlen könnten.

a)In der Zeitung steht, die Regierung wolle zurücktreten. b) . . .,sie habe nicht mehr die Mehrheit. c) . . ., es werde eine Debatte im Parlament geben. d) Die Opposition sagt, sie wolle sofort Reformen. e) . . ., die Steuern müssten gesenkt werden. f) . . .,die Bürger könnten die Preise nicht mehr bezahlen.

Übung 23 a) Indirekte Rede: sie sagt, dass sie das könne und sicher auch etwas finden werde. Langsam wisse sie, . . .

Übung 23 b) Claudia hat erzählt, dass sie früher Tischlerin werden wollte. Aber ihre Mutter war dagegen, weil es zu gefährlich ist. Jetzt sucht sie was als Verkäuferin. Da gibt es aber viele Bewerbungen.

Alle in der Klasse wissen, dass Claudia Tischlerin werden will. Sie sagt, dass ihre Mutter dagegen gewesen sei, weil es zu gefährlich sei. Jetzt suche sie was als Verkäuferin. Da gebe es aber viele Bewerbungen.

Übung 24 Konjunktivformen: er habe; lege er; habe das Tier

Press sagte, dass er das Programm erst vor kurzem erweitert hat. Bei dieser Nummer legt er seinen Kopf in das Maul des hundert Kilogramm schweren Alligators. Diesmal hat das Tier ihn aber gerochen, Hunger bekommen und begonnen, die Zähne zu bewegen.

Übung 25 Sätze mit indirekter Rede: Belegte Brote und Semmeln seien die Hauptgewinner beim Essen außer Haus gewesen. Mehr als ein Drittel aller Brote und Semmeln hätten die Bundesbürger unterwegs gegessen. Der Brotverbrauch zu Hause sei dagegen gleich geblieben.

Die Vereinigung Getreide-, Markt- und Ernährungsforschung teilte am Freitag in Bonn mit, dass belegte Brote und Semmeln die Hauptgewinner beim Essen außer Haus gewesen seien. Sie sagte außerdem, dass die Bundesbürger mehr als ein Drittel aller Brote und Semmeln unterwegs gegessen hätten, und ergänzte, dass der Brotverbrauch zu Hause dagegen gleich geblieben sei.

Übung 26 Sätze mit indirekter Rede: Der Bundesverband der Industrie müsse schnell seinen Präsidenten nach Hause schicken, ... Henkel verletze die Tarifverträge. ..., dass er es für richtig halte, dass sich Ostdeutschland nicht an die Verträge halte und gegen sie verstoßen werde. ..., die Aussagen des BDI-Chefs seien „nicht zu akzeptieren“.

Übung 27 Michaela hat erzählt, dass sie Spanisch lernen möchte. ..., dass sie schon einen Kurs gemacht hat. ..., dass sie aber nicht weit gekommen ist. ..., dass sie jetzt zu Hause lernt. ..., dass sie im Sommer nach Spanien fahren will.

Michaela hat erzählt, sie möchte Spanisch lernen. Sie hat schon einen Kurs gemacht. Sie ist aber nicht weit gekommen. Sie lernt jetzt zu Hause. Im Sommer will sie nach Spanien fahren.

Übung 28 a) Das könnte stimmen. b) Sie könnten Recht haben. c) Das müsstest du wissen. d) Das ließe sich machen. e) Das dürfte er nicht tun. f) Das könnte man riskieren.

Übung 29 a) Das könnte vielleicht stimmen. b) Sie könnten vielleicht Recht haben. c) Das müsstest du bestimmt wissen. d) Das ließe sich bestimmt machen. e) Das dürfte er bestimmt nicht tun. f) Das könnte man bestimmt riskieren.

Übung 30 a) Ich glaube, dass das stimmt. b) Ich glaube, dass Sie Recht haben. c) Ich glaube, dass du das wissen musst. d) Ich glaube, dass sich das machen lässt. e) Ich glaube, dass er das nicht tun darf. f) Ich glaube, dass man das riskieren kann.

Übung 31 a)Ich werde mehr sparen. b) Ich werde früher ins Bett gehen. c)Ich werde gesünder essen. d) Ich werde mehr Sport treiben. e) Ich werde den Freunden helfen. f) Ich werde die Eltern oft besuchen.

Elisabeth hat also die Absicht, mehr zu sparen, früher ins Bett zu gehen, gesünder zu essen, mehr Sport zu treiben, den Freunden zu helfen und die Eltern oft zu besuchen.

Übung 32 a)Er wird gespart haben. b) Er wird früh ins Bett gehen. c) Er wird viel Sport treiben. d) Er wird viel gearbeitet haben. e) Er wird zu Hause keinen Ärger haben. f) Er wird freundlich und hilfsbereit sein.

Übung 33 a) Er vertraut auf sein Glück. b) Er spricht wenig über sich selbst. c) Er glaubt an die Freundschaft. d) Er hält sich nicht für den Größten. e) Er verzichtet auf Dinge, die er nicht braucht. f) Er kümmert sich um seine Mitmenschen.

Übung 34 a) Glauben sie an die Vernunft? b) Warten Sie auf ein Wunder? c) Verstehen Sie etwas von Pädagogik? d) Ärgern sie sich über die Politik? e) Fürchten Sie sich vor den Folgen? f) Nehmen Sie an dem Seminar teil?

Übung 35 a) Ich halte ihn für einen Betrüger. b) Sie erinnert mich an eine

Schauspielerin. c) Über dich natürlich. d) Es riecht nach Benzin. e)Ich träume von der großen Liebe. f) Er freut sich über sein neues Fahrrad.

Übung 36 a) Welche Hobbys haben Sie? b) Was interessiert Sie besonders? c) Wenn Sie noch einmal wählen könnten, für welchen Beruf würden Sie sich entscheiden? d) Zu welchem Beruf würden Sie mir raten? e) Wofür würden Sie kämpfen? f) Worüber unterhalten Sie sich am liebsten?

Übung 37 a) Madeleine interessiert sich für das Angebot. Sie interessiert sich dafür. b) Boris entschuldigt sich für den Fauxpas. Er entschuldigt sich dafür. c) Katinka bedankt sich für die Glückwünsche. Sie bedankt sich dafür. d) Pavel lacht über den Witz. Er lacht darüber. e) Guy verlässt sich auf sein Glück. Er verlässt sich darauf. f) Olga hält nicht viel von der Schule. Sie hält nicht viel davon. g) Sophia beschäftigt sich mit Sternkunde. Sie beschäftigt sich damit.

Übung 38 a) Sie verlässt sich total auf ihn. b) Ich streite doch nicht mit Ihnen. c) Ich habe mich doch schon bei Ihnen bedankt. d) Ich passe schon seit Stunden auf sie auf. e) Sprich du mit ihr! f) Ich erinnere mich genau an ihn. Warum fragst du?

Übung 39 a)Wofür ist Bayern bekannt? Nicht nur fürs Bier, auch für Schlösser, Landschaften und seine Industrie. b) Woran erkennen Sie eine Burg? An dem Burgturm. c) Er ist 1759 in Marbach geboren und 1805 in Weimar gestorben. Er lernte Arzt und wurde Historiker. Als was ist er berühmt? Als Dichter (Friedrich Schiller). d) Wer wagt, gewinnt. Worum geht es hier? Das ist ein Spruch. Er bedeutet, dass man etwas wagen muss, um zu gewinnen. Wer nichts tut, kann auch nichts erreichen. e) Die Stichwörter lauten: Vater, Sohn, Apfel, Schweiz. Um welches Stück handelt es sich? Um den „Wilhelm Tell“ von Friedrich Schiller. f) Wofür sind Kurt Weill und Hanns Eisler berühmt? Für die Musik zu Stücken von Bertolt Brecht. g) „Sie sind ein Herz und eine Seele.“ Was bedeutet das und woher stammt der Spruch? Er bedeutet. Sie verstehen sich sehr gut. Er stammt aus der Bibel. h) Woher kommen die grammatischen Bezeichnungen? Aus der lateinischen Grammatik. i) Das Stichwort lautet: „Schöne, blaue Donau.“ Woran denken Sie? An die Operette des österreichischen Komponisten Richard Strauß. j) Was ist ein Heurigenlokal und wo gibt es das? Das ist ein Weinlokal in Österreich.